遊戯療法における「遊ぶこと」の意味

なぜ遊ぶことでクライエントは変化するのか

田中秀紀

The Significance of "Playing" in Play Therapy:
Why Playing Transforms Clients

Hidenori TANAKA

創元社

刊行によせて

　箱庭療法（Sandplay Therapy）は、スイスの心理療法家カルフ氏によって創案され、河合隼雄（本学会創設者）により1965年に日本に導入された。その非言語的な性質や適用範囲の広さ、そして日本で古くから親しまれてきた箱庭との親近性などから、心理療法の一技法として、以降広く国内でも発展を遂げてきたことは周知のことであろう。現在でも、心理相談、司法臨床、精神科・小児科等の医療、さらに学校・教育など、さまざまな領域での心理臨床活動において、広く施行されている。

　一般社団法人日本箱庭療法学会は、我が国唯一の箱庭療法学に関する学術団体として1987年7月に設立された。以来、箱庭療法学の基本的課題や原理に関して、面接事例およびその理論的考察などの発表を通して、会員の臨床活動および研究活動の相互発展を支援することを目的に活動を行ってきた。

　そして、本会学会誌『箱庭療法学研究』では、創刊10周年を機に、夢・描画などの、箱庭療法と共通するイメージへの深い関与が認められる研究も取り上げることとなった。今後ますます社会的な要請に応えていかなければならない心理臨床活動において、「イメージ」を根底から見据えていく研究は必須でありまた急務である。こうして本学会は、箱庭療法研究推進の中核的役割を担うとともに、広く心理療法の「イメージ」に関する研究推進を目指し、会員の研究、研修や活動支援を行う学術団体へと発展しつつある。

　このような経緯のなか、このたび、「木村晴子記念基金」から予算を拠出し『箱庭療法学モノグラフ』シリーズを刊行する運びと

なった。本シリーズは、箱庭をはじめとする、心理臨床における「イメージ」に関わる優れた研究を、世に問おうとするものである。

　故・木村晴子氏は、長年にわたり箱庭療法の実践と研究に取り組まれ、本学会においても理事や編集委員として大きな貢献をされてきたが、まことに残念なことながら、本会理事在任中の2010年にご逝去された。その後、箱庭療法を通じた深いご縁により、本学会が氏の特別縁故者として受けた財産分与金によって設立されたのが「木村晴子記念基金」である。

　氏は、生前より若手研究者の研究促進を真に願っておられた。本シリーズの刊行は、そうした氏の生前の願いを受ける形で企画されている。本シリーズが、箱庭療法学ならびに「イメージ」に関わる心理臨床研究の発展に寄与することを願ってやまない。

2014年10月

一般社団法人　日本箱庭療法学会

木村晴子記念基金について

　故・木村晴子氏は、長年にわたり箱庭療法の実践・研究に力を尽くされ、主著『箱庭療法――基礎的研究と実践』（1985，創元社）をはじめとする多くの業績を通し、箱庭療法の発展に大きな貢献をされました。また、氏は本学会の設立当初より会員（世話人）として活動され、その後も理事および編集委員として本学会の発展に多大な貢献をされました。2008年には、本学会への貢献、並びに箱庭療法学発展への功績を評され、学会賞を受賞されています。

　木村晴子記念基金は、上記のように箱庭療法に取り組まれ、本学会とも深い縁をもつ氏の特別縁故者として本学会が受けた財産分与金によって、2013年に設立されました。『箱庭療法学モノグラフ』シリーズと題した、博士論文に相当する学術論文の出版助成や、本会学会誌『箱庭療法学研究』に掲載される外国語論文の校閲費等として、箱庭療法学の発展を支援するために使途されています。

　なお、詳細につきましては、本学会ウェブサイト内「木村晴子記念基金」のページ（URL：http://www.sandplay.jp/memorial_fund.html）をご覧ください。

　　　　　　　　　　　　　　　　　一般社団法人　日本箱庭療法学会

目　次

刊行によせて　i
木村晴子記念基金について　iii

まえがき　3

序　章　遊戯療法における遊ぶことの捉えにくさ ⸺ 5

1. 遊戯療法の理論の現状　5
2. 治療者の、遊戯療法の理論　20
3. 遊ぶことの捉えにくさ　34

第1章　Huizinga, J. と人間性心理学における遊ぶこと ⸺ 42

1. Huizinga, J. における遊ぶこと　42
2. 人間性心理学における遊ぶこと　50

第2章　精神分析における遊ぶこと ⸺ 57

1. Freud, A. の遊ぶこと　57
2. Klein, M. の遊ぶこと　66
3. Freud, S. の「糸巻き遊び」　75
4. Winnicott, D. W. の遊ぶこと⸺『遊ぶことと現実』の検討　83
5. まとめ　105

第3章 ユング心理学における遊ぶこと ……………… 112
Jung, C. G.の遊びを通して

1. ユング心理学と遊戯療法　112
2. 最初のイメージ──即自的なもの　114
3. 魂としての石　119
4. 人形と石の遊び──向かい合う形　120
5. 行為の中で生じる主体　123
6. 遊びという形式──神話的意識から近代意識へ　125
7. Jung, C. G.における遊ぶこと　132
8. 思考や概念としての遊ぶこと　137

第4章 事例1 自閉症児における遊ぶことの生成 …………… 141

1. はじめに　141
2. 事例の概要　144
3. 事例の経過　145
4. 考察　153

第5章 事例2 遊ぶことによる語る主体の生成 …………… 165

1. はじめに　165
2. 事例の概要　168
3. 事例の経過　169
4. 考察　176

第6章 事例3 遊ぶことにおける入る動きと否定する動き ……… 187

1. はじめに　187
2. 事例の概要　189
3. 事例の経過　190
4. 考察　201

目　次　　vii

第7章　まとめ……………………………………………………214
遊戯療法における遊ぶこと

1. はじめに　214

2. 遊べないこと　215

3. 遊ぶことに閉じられるクライエントのあり方　217

4. 遊ぶことによる主体の生成　220

5. 遊ぶことによる認識する主体の生成　231

6. 本書の限界と今後の課題　242

註　247

引用文献　249

索　引　257

初出一覧　260

謝　辞　261

遊戯療法における「遊ぶこと」の意味

なぜ遊ぶことでクライエントは変化するのか

まえがき

　遊戯療法は、遊ぶことを通じてクライエントが心の問題や症状などを解決していくと考えられているし、また実際にそうである。なぜ遊ぶことでクライエントの心のあり様が変化していくのであろうか。ある意味でそれはとても不思議なことである。

　そのような疑問に対して、例えばユング心理学の用語を使って、それは子どもが「自己の全体性」を表現したからだとか、「太母殺し」の遊びを行ったからだとかと説明し、遊ぶことを「無意識の象徴性」という視点をもとに解釈することが多い。ところが別の見方をすると、その説明はその遊びに「全体性」「太母」という用語を当てはめただけであるともいえる。あるいは少なくともこのような解釈で、遊ぶことで表現される無意識的な象徴性が表現されたと一旦は理解できるかもしれない。それではなぜそれらの象徴を表現すると心が変容していくのかと問うこともできる。遊ぶことと治療の関係についての疑問が、象徴性と治療の関係についての疑問に置き換わる。

　時には一見理解できないと思われるような遊びを繰り返していくうちに、徐々にクライエントの問題が解決していったり、症状が和らいでいったりすることもある。そこで遊戯療法の事例を辿ってみると、クライエントの遊ぶことが何かしら深まっていると感じられたり、セラピストとの関係性もまたどことなく深まっていると感じられたりする。しかしながら当のセラピストですら、なぜその遊びを遊ぶことでクライエントに変化が訪れたのかについては説明ができないことが多い。遊ぶことについて釈然としない思いや不思議な印象は依然として残るのである。本書はこのような遊ぶことに対する素朴な疑問を出発点としている。

序　章

遊戯療法における
遊ぶことの捉えにくさ

1. 遊戯療法の理論の現状

1-1　はじめに

　遊戯療法とは、心の問題を呈する子どものクライエントを対象に、プレイルームで遊ぶことを中心にして関わり、子どもの心の変容を目指す心理療法である。日本の心理臨床において遊戯療法はその実践が広く浸透している（河合，2005）。教育領域、児童福祉領域など、子どもに関わる様々な臨床の現場で遊戯療法が行われている（伊藤，2017）。

　その一方で、遊戯療法に関する理論は多様であり、遊戯療法は統一した理論に基づいた心理療法ではなく、それぞれの理論的立場から遊びを通して子どもになされる心理技法の総称といった位置づけがなされているという（弘中，2014）。遊戯療法の理論は大きく分けて、精神分析から遊戯療法を捉える考え、ユング心理学から捉える考え、そして子ども中心遊戯療法から捉える考えの三つがある（弘中，2014；山中，1971，1981）。なお、森（1991）の論文では精神分析と子ども中心遊戯療法の二つのみ項を立てているが、その中で河合隼雄やJung, C. G.の考えも紹介されている。また、伊藤（2017）は三つの理論を章立てして解説している。日本の心理臨床では遊戯療法はこれら三つの理論によって捉えられていると思われる。そこでまず遊戯療法の代表的な三つ

の理論を概観することとする。

1-2　精神分析における遊戯療法

　精神分析が子どもを対象として心理療法を行った例は、Freud, S.(1909/2008)のハンスの事例に遡る。しかし、この事例はハンス少年の"語り"を分析したものであり、またFreud, S.はハンス少年の語りを聞いた父親と会い、父親を通したハンス少年の語りの分析を行っていた。精神分析において遊びを子どもの心理療法に導入したのはFreud, A.とKlein, M.であり、彼女たちはほぼ同時期に子どもの遊びを治療に取り入れた。

　Freud, A.は、"児童分析"と称する子どもに対する精神分析を提唱した。Freud, A.は、子どもに対しても言葉を語ることによる"自由連想"を行い、それを通じて症状に関する"洞察"を意識にもたらすべきであると考えた。Freud, A.の児童分析においては、遊びはあくまで治療者への陽性転移を引き起こすための手段である。遊びによって引き起こされた治療者への陽性転移によって、子どもが語ることによる"自由連想"を行うことを期待した。Freud, A.(1927/1981)は遊びの内容に「子どもの世界が、またたく間に再現される」(p.36)ことを認めてはいたが、子どもには分析家に対する転移が生じないため、その遊びの内容が解釈可能な象徴であるかどうか疑わしいとして、遊びの内容を精神分析的に解釈することは差し控えた。それゆえFreud, A.は遊び自体が治療的であるとは捉えなかった。

　Freud, A.(1927/1981)にとって遊びは自由連想を行うための手段であった。それでも子どもが遊ぶ際に「はじめは何も干渉せずに、分析家は自分の眼の前で、子どもを自由に動き回らせる。このやり方は、子どもの様々な反応、つまり攻撃的な衝動の強さや、情愛の強さ、玩具を使う中で見られる、身近な人に対する子どもの態度について知る」(p.36)ことができると指摘している。遊ぶことを自由連想のための手段と捉えていたにせよ、Freud, A.は子どもが自発的に遊ぶことの意義を一部認めていたといえる。

　一方Klein, M.(1926/1983)は遊びを子どもの治療の中心に据え、子どもへの

精神分析的心理療法を遊戯技法（play-technique）と称した。Klein, M.（1926/1983）は「遊びの中で、子どもたちは空想・願望・体験を象徴的に表現する」（p.158）と述べ、子どもの遊びを大人の自由連想——語り——と同じ構造を持ち、性－象徴的意味を帯びた無意識の活動であることを強く主張した。Klein, M.（1926/1983）は、子どもの遊びも大人の精神分析のすべての原則と本質はまったく同じであるとし、「一貫した解釈・抵抗の段階的解消・転移を最早期の状況まで絶えずたどっていくこと」（p.161）が必要であると強調した。それゆえ Klein, M. は遊びの内容に大人の語りと同じ意味を認めた。Klein, M. は遊ぶことそれ自体に治療的な意味があるというよりも、治療者からの解釈を重視していた。Klein, M.（1927/1983）は小さな玩具類を用意し、「もし子どもが望めば自由に使ってよい」（p.176）と述べていて、子どもの無意識的空想が表現されるのは子どもが自発的に遊ぶことのなかにあると見抜いており、遊ぶことに治療上重要な位置を与えた。

　Erikson, E. H. は Freud, A. の自我心理学を受け継ぎながらも、彼独自の視点から遊びを捉え直そうとした。Erikson, E. H. は自らの遊戯療法の経験や子どもに対する調査を通じて、子どもが遊びで表現した「空間的様態の中に、器官様式の力が現れる」（1950/1977, p.119）とし、子どもの遊びは「ある人生諸段階の諸経験および葛藤状態の諸経験が一つの時空配置に翻訳され融合される」（1977/1981, p.32）と指摘した。Erikson, E. H. もまた、遊びの内容に子どもの心的世界が如実に映し出されることを見て取った。そして「子どもの遊びとは、ある事態の雛型を創造することによって経験を処理し、また実験し計画することによって現実を支配するという人間の能力の幼児的表現形式である」（Erikson, E. H., 1950/1977, p.284）とした。つまり、遊びの内容にはそれ自体のうちに子どもの不安や問題の「雛形」が創り出され、それらに対する解決への試みも行われていて、現実に自ら関わっていく力の表れでもあるとみなした。つまり、遊ぶことそのものが治療的であるとした。Erikson, E. H. は、主体が各身体器官の様式を通じて他者と出会う場が、同時に主体が社会・文化に適応していく場であるとする、自我心理学的発達論を提唱した。Erikson,

E. H. は遊びの中で、子どもの内的世界と子どもの住む社会との交渉が表現されていると捉えた。

　Erikson, E. H. と時を同じくして Zulliger, H. も、遊ぶことを通じて子どもの心理的な治療を提唱した者の一人である。Zulliger, H. 自身は精神分析家ではなかったが、Freud, S. の精神分析をもとに子どもの症状や遊びを理解した。そして彼もまた、子どもは遊ぶこと自体の中で心の作業を行うと主張した。Zulliger, H.(1951/1978) によると、子どもは「遊びの中で、きまってその葛藤を表現し加工」(p.94) し、遊ぶことそれ自体に「すでに言語表象という方法で欲動のうごめきが加工される。昇華の試みがはっきり認められる」(p.79) という。Zulliger, H.(1951/1978) は「無意識の内容に何の解釈をも加えない一つの『純遊び療法』」(p.102) を提唱した。これは現在の日本の遊戯療法の実践にも近い考え方であるといえる。

　そして Winnicott, D. W. も遊ぶこと playing そのものが治療的であるとみなした。「遊ぶこと playing という動名詞」(p.54) とはっきり述べているように、Winnicott, D. W.(1971) は遊びの内容だけに注目するのではなく、遊びを動きとして捉えたのが特徴である。

　以上、精神分析における遊戯療法を概観した。精神分析というカテゴリーで遊戯療法を概観したとしても、それぞれの精神分析家によって遊戯療法の捉え方が大きく異なっている。その理由の一つは、遊ぶことの捉え方が異なっているからであると思われる。Freud, A. は遊びの内容に子どもの内的世界が表現されることは認めていたものの、遊びを子どもが自由連想をする動機づけのための手段として捉えていた。Klein, M. は遊ぶ内容を子どもの内的世界の表現であると捉えて、遊びによって表現された内的世界を解釈することで、子どもの超自我を弱めることを目指した。Erikson, E. H. は遊ぶこと自体に治療的な働きを認めつつ、遊ぶことは社会・文化的な適応の過程とみなした。

　その一方で、どの精神分析的な立場においても、子どもが自発的に遊ぶことを重視すること、そして遊びの内容は子どもの内的世界のあり様が映し出

されていて、そこから子どもの世界を理解することが重視されている。また Erikson, E. H.、Zulliger, H.、Winnicott, D. W. は、遊ぶことそれ自体が治療的であることを指摘し、解釈による洞察を重視した技法を差し控えた。

1-3　ユング心理学における遊戯療法

　日本では意外なことかもしれないが、子どもの遊戯療法に対して国際分析心理学会（IAAP）はあまり価値を置いていない。国際分析心理学会はユング派分析家の訓練として大人に対する心理療法を中心に取り扱っており、子どもの遊戯療法には積極的ではないという（河合, 2019）。Jung, C. G. 自身も自らの実践を大人の心理療法に限定しており、子どもの遊戯療法を行っていない。このことは、Freud, S. の精神分析を礎に Klein, M. や Freud, A. が子どもの遊びを精神分析技法に導入したことからはじまり、Erikson, E. H. や Winnicott, D. W. が"遊ぶこと"を軸とした子どもへの遊戯療法を自らの実践の中に含めていったこととは状況が異なっている。

　その一方で、ユング派として子どもの事例を扱うことは、特に東ヨーロッパ・東アジア・ラテンアメリカで積極的に行われているという（河合, 2019）。日本においても、河合隼雄がユング派分析家の資格を取得して帰国し、ユング心理学の考え方を広めていく中で、子どもの遊戯療法もユング心理学の視点から捉えられてきた。ここでは主に日本においてユング心理学的な立場の遊戯療法がどのように導入されていったのかを概観する。

　ユング心理学における子どもの心理療法の源泉は Kalff, D. M. の箱庭療法であると思われる。Kalff, D. M. は、Lowenfeld, M. の世界技法を箱庭療法に発展させた。Lowenfeld, M. の世界技法とは、箱に人形や玩具を用意し、子どもの内的世界を具現化しようとする技法である。Lowenfeld, M. は Klein, M. が子どもの治療の根幹に遊びを据えたことは評価したものの、Freud, S. の理論を当てはめ、遊びの解釈を直接子どもに与える点を批判した。Lowenfeld, M.(1939) は、子どもは大人ができるような思考をせず「思考・感情・感覚・概念・記憶が全て密接にからみあっている」(p.67) と述べ、子ども

の考えを十分表現させることが重要であるとした。そこで解釈や転移なしに治療できる方法として、世界技法を発表した。当時の精神分析は遊びの内容の象徴的意味を解釈することに重点を置いたが、Lowenfeld, M. は遊びの内容とその形態の両方を重視し、子どもが箱の中に作る型と配置に注意を向けた。Lowenfeld, M. が子どもの表現の内容と形態の両面に子どもの世界が表れると捉えたことや、解釈による介入を行わず子ども自身が内面を十分表現することを重視したことに、ユング心理学と同様の観点が見出される。

　Lowenfeld, M. にこの技法を習った Kalff, D. M. が、世界技法を「箱庭療法」として発展させ子どもの心理療法に導入した。Kalff, D. M. は箱庭療法のみを子どもの心理療法として使用したように思えるかもしれない。しかし、Kalff, D. M. が箱庭療法を Sandspiel（砂遊び）と呼んだように、Kalff, D. M. は子どもが遊ぶことを重視している。Kalff, D. M. (1966/1999) は子どもの心理療法を自宅で行ったが、「さしあたって、したいと思うことを、してもしなくても一向にかまわない。すなわち、暖炉の上に座るのも、横になるのも自由だし、上から部屋を観察したり、あるいは窓から庭の小さな噴水の中で水遊びしたりする鳥を見たりすることも出来る」(p.15) という態度で子どもに接している。「子どもは自分に対して開かれ、自分が〈充分に迎えられ、受容される〉世界をここに見出す」(p.18) 場を設えようとしたことからも分かるように、Kalff, D. M. (1966/1999) は子どもにプレイルームを提供したといえる。

　したがって Kalff, D. M. (1966/1999) が「自由であると同時に保護された一つのある空間を、われわれの関係の中に作り出す」(p.4) としたことに対して、彼女は予めこのような治療者としての態度を準備していたことを理解しておく必要があるだろう。この治療者の態度には、その場で生じるあらゆる出来事に、誠実に、積極的に関与することも含まれていた。そこで生じる治療者と子どもとの関係を母子一体性と呼び、Kalff, D. M. はこの母子一体性のもとでユング心理学的な意味における象徴的表現が現れてくるとした。そこでは治療者の洞察は言葉によって伝えられる必要はなく、保護された空間における象徴体験こそが治療的に働くと強調した。

Kalff, D. M. の箱庭療法は河合隼雄によって日本に導入され、広く普及している。遊戯療法についても「箱庭療法の導入以来、これ（筆者注：遊戯療法）をユング派的に見てゆく素地が開かれた」（山中，1995，p.264）という。河合（1978）は「治療者と子どもの関係がもっとも重要であるとしつつ、Kalff, D. M. がなお箱庭療法という技法を用いるのも、そのような適切な場を与えてこそ、子どもの自己治癒力の力が発揮されやすい」（p.223）と述べ、ユング心理学では子どもに適切な表現の場を与えることが重視される。そして治療者は「子どもの行動をたんなる遊びとしてみずに、それを心像（image）の表現とみる」（河合，1967，p.132）ことが特徴である。山中（1971）も「〈あそび〉において、児童は、身体と玩具その他をつかって、象徴的な体験をしていくからなのであり、いわば、身体言語と心像言語とをもって語る」（p.749）と指摘する。ユング心理学における心像すなわちイメージとは、「意識と無意識の相互関係の間に成立するもので、そのときそのときの無意識的ならびに意識的な心の状況の集約的な表現」（河合，1967，p.104）であるとされる。ユング心理学は遊戯療法を、「『象徴性』にかかわる考え方や、『拡充法』的見方を大幅に取り入れること、『治療全体をイメージの流れとしてとらえる』こと」（山中，1995，p.264）を通じて捉えてきたと考えられる。

1-4　人間性心理学における遊戯療法

　子ども中心遊戯療法家たちは、解釈によって最早期の状況まで転移をたどる Klein, M. の遊戯療法に対し、子どもの遊びを今・ここで表現されたものと捉えずに過去の外傷経験に還元しようとしていると批判した。彼らは Rogers, C. R. の人間性心理学の考え方をもとに子どもにアプローチしようとした。

　Allen, F. は『問題児の心理療法』において、Rogers, C. R. の人間性心理学の考えをほぼ踏襲している。例えば Allen, F. (1942/1955) は、人間は「自己自身の中に一つの能力をもっているものであって、この力を創造的に生かしていきさえすれば、現実の生活に十分適応していける」（p.48）と述べた。Allen,

F. (1942/1955) は、精神分析のように子どもの心理的問題に対して過去の原因を探る還元的方法ではなく、現在の生きた経験、治療者と患者の二人の人間の間に出来上がる体験そのもののもつ生々しい現実を利用して子どもの「自我を確立し、自己を個性化してゆく」(p.48) "関係療法" を提唱した。

　彼は子ども自身が治療に自発的に参加することで、子どもに本来備わっている自己を成長させる能力が発現するとした。それに加えて、制限の重要性、子どもをあるがまま受け入れること、治療者の応答によって子どもに新しい自己意識を得られるようにすること、子どもに与えられる自由は子ども自身に責任を負わせることが重要であると述べ、Axline, V. M.の八原則と同じ考えを提示している。なおAllen, F.(1942/1955) は、子どもの遊びや発言の内容は重要ではなく、子どもが今・ここで行ったり感じたりしている「その現実」(p.70)、「彼独自の感情の動き」(p.87)、子どもの「経験そのもの」(p.89) に注目する。子どもの発言について、彼がその発言によってそのように「呼んでいるところのものを表現しようとするその気持ち」(p.227) を受け取るべきであるという。Allen, F.の実際の事例から考えられることは、彼は治療での子どもの言動を治療者とクライエントの間で生じる転移関係と捉えて、精神分析的に理解していると思われる。Allen, F.は子どもの遊びを過去の関係や外傷の反復として捉える還元的方法は取らなかったが、今現在の子どもと治療者との関係が反映されている転移関係とみなして、それを心理療法に生かそうとした。

　人間性心理学の遊戯療法における中心的人物はAxline, V. M.であろう。Axline, V. M.はRogers, C. R.の考えをもとに子ども中心遊戯療法を提唱した。Axline, V. M.(1947/1972) によると「各個人の内部には、自己実現を完全になしとげようとして、たえまない努力を続けている、ある強い力がある」(p.12) という。Axline, V. M.(1947/1972) は、遊びは子どもにとって「自己表現の自然な媒体」(p.11) であるとし、「成人向きの治療において、個人が自己の困難な事情を『話すことにより表出する』ように、自分の気持ちや問題を子どもが『遊ぶことにより表出する』」(p.11) と捉えた。子どもの遊びを認める治療者とともに子どもが自発的に遊ぶことで自己実現の傾向が発現し、子ども

は心理的な成長を遂げるとした。それゆえ治療者は子どもの遊びを解釈することではなく、子どもの遊びを受け入れることを重視する。そして遊戯療法の治療者の八つの基本原理を提案し、それらは「ほとんどの遊戯療法の実践家が実際に遵守している原理」(弘中, 2014, p.29) となっている。Axline, V. M. は、子どもが自ら選択したものではない行動はとるに足らないものであることや、子どもが「よい」気持ちだけでなく「悪い」気持ちも表現することも治療的であることなど、遊戯療法を実践する上で有効な原則を提示したと思われる。

　一方遊戯療法の理論という観点から見た場合、遊戯療法の治療者の八つの基本原理をはじめとする子ども中心遊戯療法には、少なくとも三つの問題点が挙げられる。

　まず一つ目は、小倉 (1995) が「良きアメリカ時代の申し子にしていえる言葉」(p.66) と指摘するように、人間性心理学の理論は一つの理論というよりもむしろ一つの理念と捉えられることである。それは形而上学的な観念である。Axline, V. M. が何度も提示する"子どもを完全に受け入れる""真実の自分""自己実現"といった概念は、ある種のヒューマニズムという主義・主張であり、それゆえこのヒューマニズム的な理念と子どもに対する遊戯療法の実践に解離が生じていると思われる。

　Axline, V. M. は絶え間なく自己実現に向けて成長を促す"動因"を個人内に想定する。この想定に続いて遊ぶことは自然な自己表現であるとする。そして、子どもの遊びに対して治療者が反射し、子ども自身が自己理解を行うことによって、その動因が「より建設的で生産的な方向に」(p.17) 向けられる。それゆえ遊ぶこと自体が治療であると、Axline, V. M. は結論づける。Axline, V. M. の問題点は、遊戯療法を実践するうえで有効な原則を示すものの、心理療法の経過がおおよそ「遊ぶことで、自己実現に向けて成長を促す動因が創造的な方向へ向かった」という理念的——形而上学的——説明で一括されてしまうことにある。この理論には、この・クライエントがこの・遊びをすることに、あるいはこの・事例の経過にどのような心理学的な意味があるの

かという観点が備わっていない。つまり、理論が実践から解離した形而上学的理念であるがゆえに、この理論ではクライエントが遊ぶことを通じて変容したという事実にのみ注目し、それ以外が捨象されてしまう。この理論を基礎に置くMoustakas, C. E.(1959/1968)や、最近ではLandreth, G. L.(2012/2014)の論述もこの問題を引き継いでいる。

このことは同時に第二の問題を指し示す。Axline, V. M.(1947/1972)は「治療者は子どもの目を通してものを見ようとすべきだし、子どもとともに、感情移入の気持ちを発展させるべき」(p.172)と述べる。Axline, V. M.(1947/1972)はまた、子どもに「正しい認識を持っていること」(p.83)、子どもの「あそびや会話に表現されている気持ちを把握し、正確に反射」(p.85)することを強調する。この正しい認識の根拠や子どもの理解の手がかりとなる理論的論述が、子ども中心遊戯療法では明確にされることはない。クライエントである子どもの問題がどこにあり、その行動にはどのような意味があるのか、という見立てについてはまったく触れられない。Axline, V. M.(1947/1972)は個々の事例において、治療者の反射が適切であるか不適切であるかの見解をそのつど示している。子どもへの反応の正確さを事実上事例以外で知ることができないことも、子ども理解の理論的視点がないからである。

実はこれら二つの問題は、Allen, F.の実践において既に示されている。先ほど、Allen, F.の治療観は、Rogers, C. R.の考え方を踏襲している一方で子どもの感情や治療関係の理解を精神分析的に捉えていると述べた。Allen, F.の治療観は精神分析の還元的な見方を批判しているが、その一方で個々の子どもや治療プロセスに対する具体的な理解は、精神分析に委ねているのである。林(1999)も、クライエント中心療法には技法論、発達論、無意識の象徴に対する理論が欠如していることを指摘しており、これらはRogers, C. R.由来の人間性心理学の問題であると思われる。東山(1982)も、遊戯療法事例においてセラピストが理想的な態度をとったならば、クライエントは治療的な経過を辿るけれども「理想的態度をとったからと言って（…）クライエントがセラピィの中で何をしたか、何を残したかは、明確ではない」(p.18)と指

摘している。

　Axline, V. M. の基本原理は、治療者の行動や態度についての臨床実践上の要請に近いものである。Axline, V. M. の八原則は、治療者のとるべき態度について多くの示唆を得ることができる。これらの八原則について、それぞれの原理がどのように関連し、あるいはいつどのようにクライエントに影響を与えるのかの理論的説明が不十分である。これが、三つ目の問題である。そのことはAxline, V. M. 自身が述べた「非指示的療法の過程はいろいろからみあっていて、ある原理がどこからはじまり、また別の原理がどこで終わるか、などというのはむずかしいことです。もろもろの原理は重複していたり、相互依存的であったりします」(1947/1972, p.120) という言葉にも表れている。遊戯療法の治療者の八つの基本原理について、それらが事例においてどのように生きているのかを議論するのは難しいということと、その議論を差し控えたり探究することを諦めたりすることとは、別の問題である。遊戯療法の八つの基本原則を丁寧に検討することは、遊戯療法それ自体を考えるうえでも重要な示唆を得られる作業となるであろう。例えば治療者の"制限"の問題は他の原則と重複するどころか、一見したところ鋭く対立しさえもする。治療者が子どもに制限を示すときとは、子どもがプレイルームから飛び出してしまうなど、治療者の瞬時の判断や対応が求められるときでもある。その制限が妥当であったかどうかは、むしろ後から分かる場合もある。制限は「治療が現実に根を下ろし、子どもにその関係における自分の責任を気づかせる」(Axline, V. M., 1947/1972, p.174) ために行われる、治療上重要な働きがある。それゆえ、たとえ瞬時の判断であっても、制限が遊戯療法の事例でどのように働いたのかを論理的に考え、制限という原理が事例の中でどのように生きうるのかを明確にする必要がある。子ども中心遊戯療法を遊戯療法の理論として考えた場合、不適切とはいわないまでもやや難しい位置にいると思われる。

1-5　遊戯療法理論の現状

　これまで遊戯療法の代表的な三つの理論を概観した。さてここで、理論を

使い分ける実践が孕む問題を考察していきたい。日本の心理臨床において、遊戯療法の実践は、特定の理論的立場から行われているというよりも、実際にはいろいろな理論を折衷し「複数の理論を適宜使い分けながら、個々の子どもに合ったアプローチを行い、かつ自分なりのスタンスの確立を試みている」（弘中，2014）という。山中（1981）も「患児の病理を理解する上で精神分析の理論を借り、実践に関しては非分析的な（筆者注：子ども中心遊戯療法的な）接近方法を用いたりすることが少なくない」(p.78)と述べている。これらは、子ども中心遊戯療法が、子どもの病理や見立ては精神分析的な観点から行い、原理的に治療理論を備えていないことを示しているだけでなく、――より深刻なことに――クライエントへ関わる際にそのつどの臨床場面に応じて遊戯療法の理論が使い分けられている現状を示唆している。

　このような遊戯療法の実践は、個々の場面やクライエントに柔軟に応じた有効な実践であると素朴に捉えることもできる。その一方で、いくつかの理論を折衷しいわゆる理論の“統合”と称して、その場に応じて理論を使い分ける態度は、必然的にある問題を孕むことになる。その問題とは、理論を折衷することにより臨床の実践が場当たり的・モザイク的となることである。臨床の実践を捉える理論は、その場その場で恣意的に選び出されうる。また自ら行った遊戯療法の過程を振り返る際に、それが決して展開していないにもかかわらず、最も都合のよい――単に治療者の自己愛が傷つくのを避けるためだけの――解釈が恣意的に選ばれることも生じうる。このことを弘中（2014）が「事態を曖昧にする原因ともなっている」(p.18)と指摘するように、理論を折衷することは、恣意的で曖昧な実践が行われることに繋がる。

　ここでは、臨床の実践において「個々の子どもに合ったアプローチ」を行うことと、理論を使い分けることが同じ事柄として考えられている。そこで起きる現象が多種多様であることと、遊戯療法の理論が多種多様であることが論理的に同じこととして捉えられている。しかし心理臨床の理論とは、事例――臨床の実践――において何が心理的な課題となっていて、また何が生じていて、そしてそれをどのように理解するのかという、実践を見る視点のこ

とである。Giegerich, W.(1978/2000) は、「理論におけるわれわれの関心事は、患者の問題を実際的なレベルから離して、内的な姿勢のレベルにまで高めること」(p.17) と述べている。これは、理論的な視点が患者（クライエント）の内的な変容に関心があることを述べたものであるけれども、治療者の理論にも当てはまる。治療者の理論には、個々の臨床の実践に右往左往するレベルから離れた内的な姿勢が求められている。付け加えるならば、どれだけ稚拙で未熟なものであれ、治療者は「個々の子ども」とのそのつどの関わりにおいて、「内的な姿勢のレベル」としての理論を確かに携えている。そのうえで理論が「個々の子どもに合ったアプローチ」を生み出す。もちろん「そこでは理論と治療という両方のそれぞれが、そのつど相手の上位概念なのである」(p.196) と Giegerich, W.(1987/2000) が端的に指摘しているように、実践もまた理論を生み出す。当然のことながら、実践——「個々の子どもに合ったアプローチ」——が上位であるからといって、理論を恣意的に捉えたり、自由勝手に作り出したりすることは控えなければならない。実践から理論を生み出すことも、意識的できわめて骨の折れるプロセスを伴う論理的な作業である。

　もう一つの問題は、折衷という考え方そのものにある。折衷という考え方は、一つの理論を切り離したりあるいは別々の理論を継ぎ足したりすることが可能であることを前提としている。その考え方は、左手である理論、右手で別の理論を用いることが可能であると捉えている。この時、理論が物理的な物のように捉えられている。つまり理論が実体化されている。そのように捉えられた理論とは、単なる治療マニュアルや治療レシピである。それは、ある状況で理論Aを適用したのちに、別の状況で理論Bを適用すると考えられて、重要になるのはその状況とその理論のマッチングの正否や、それらを適用する順番だけになる。

　また、遊戯療法において生じる次のような事態も、理論をその場で使い分けることと同じ態度が引き起こしているように思われる。弘中 (2014) によると、日本においてはAxline, V. M.の考え方が広く浸透したものの、非指示的

な方法がややもすれば安易に教条的に取り入れられ、「彼らの考え方の根幹にあるクライエントに対して主体的な責任を求める観点が抜け落ちる傾向」(p.17) があるという。また鵜飼 (2010) も "日本流" の子どもの心理療法について、「子どもと楽しく遊ぶことがもっとも大切なことであり、そのためには、できる限り子どもの言動を『受容』すること (…) あるいは、子どもの攻撃性などを最大限に発揮させることが大切である」(p. ii) という考え方が根強いことを指摘している。田中 (2011) も「楽しく遊び、ただ子どものしていることを許容し、発散させればいい、というのは次元の低いプレイセラピー」(p.11) でしかないと述べる。クライエントの主体的な責任という観点が抜け落ちた「非指示的な」方法は、Axline, V. M. の八原則のうち「非指示的」という原則を素朴に受け取り、その意味や限界を考えることもなく、また、他の原則とどのように影響しあい関係するのかを考えることもなく、「非指示的」という言葉だけが重要となって他の原則はすべて無視するあり方であろう。遊戯療法では、ただ子どもを受容したり、ただ攻撃性を発揮させたり、ただ鬱積した感情を発散させり、ただ楽しく遊んだりすることが大切であるという考えも、遊んでいるという現象を、そこに心がどのように動いているのかについて、専門家として考えることを放棄して、日常的で一般的なレベルでの理解に留まり、どの理論にも取り組もうとしないあり方であろう。

　遊戯療法を論じている文献を見てみると、先ほど概観したように遊戯療法の代表的な理論が挙げられ、それぞれの理論の要約と簡単なコメントがなされている (弘中, 2014;伊藤, 2017;村瀬, 1990;高野, 1972)。しかしながら、それらの文献は、章ごとに述べているにせよ、数行でまとめているにせよ、いくつかの理論を並列させてそれぞれのカテゴリーに留めている。この並列させて留めておくというあり方もまた、それらの理論を吟味したり理論と向かい合ったりすることもなく、それらの理論から距離をとってただ眺めていて、それらの理論の意味を推し量ることを保留している。

　それゆえ弘中 (2002a) は「遊戯療法は他の心理療法と比べて、十分な理論的検討がなされていない現状がある」(p.283) と指摘し、田中 (2011) もまた、遊

戯療法についての概念が知的に理解されているものの「腑に落ちるような感じで『わかる』ところまでには到底至っていない」(p.22)と指摘する。このように、遊戯療法はその実践が広く行われているにもかかわらず、その理論化が十分でない脆弱性を含んだ心理療法であるともいえる。Giegerich, W.(1978/2000)は「われわれの事柄、すなわち心理学が根本から神経症的である」(p.31)と述べた。それに続けて、我々が拠って立つ心理学の理論自体が神経症的であるゆえに「理論も同じくらいに差し迫って分析を必要としている」(Giegerich, W., 1978/2000, pp.31-32)と述べている。同じように、遊戯療法の理論それ自身もまた神経症を病んでいる。

　確かに遊戯療法の代表的な三つの理論は、歴史的な成り立ちも遊戯療法を捉える視点も異なっており、それぞれ相互に独立している。それゆえ「それを総体として括る理論は現実にはありえない」(弘中, 2002a, p.284)のであろう。その一方で小倉(1966)は、心理療法についてはあまりにも多くのことが未知数であり、「その未熟さが認識されればされる程、われわれは学問的発達のために多くの努力を払わねばならない」(p.29)と述べた。そのうえで小倉(1966)は遊戯療法の理論が複数あることについて、「いろいろの理論が存在することは、この分野における将来への可能性を示唆するものといえるのではなかろうか」(p.29)と提案する。このことを踏まえると、遊戯療法はむしろ多義性や両義性に満ちており、それ自身の深みがあるからこそどの理論からもアプローチが可能となるのであろう。筆者もまた遊戯療法を取り巻く困難な現状を認識するとともに、遊戯療法それ自身の深みや可能性を感じている。

　それでは遊戯療法それ自身の深みや可能性にどのように迫ることができるのであろうか。三つの理論をただ並列させることが問題であるならば、先ほど概説した遊戯療法の三つの理論が共通して重視していることを抽出する方法を採ることができるかもしれない。三つの理論が共に重視していることの一つ目は、子どもが自発的に遊ぶことを尊重していることである。二つ目は、Klein, M.を例外として、遊ぶこと自体に治療的な効果を認めていることである。三つ目は、治療者と子どもとの間の関係性を重視していることである。

精神分析ではそれは転移という点から、子ども中心遊戯療法ではラポールや受容という点から、ユング心理学では保護されると同時に自由な空間という点から、遊戯療法における治療関係を重視している。四つ目は、子どもの遊びから子どもの心の世界が理解でき、治療者はそれを理解しなければならないとしていることである。

　これら四つの共通点は、「プレイルームや玩具など遊戯療法の基本的セッティングに流派間に違いはさほどなく、また子どもとセラピストのやりとりの外見的な違いも、ごく一部の流派を除いてはさほど大きくない」(弘中, 2014, p.15) といわれているように、現在行われている遊戯療法の実践におおよそ一致していると思われる。その一方で、これらの共通点はAxline, V. M. の八原則が再度示されているのみであって、臨床実践上の原則を掲げているにすぎない。単にそれぞれの理論の共通点を抽出するという方法も、「いくつかの共通点」という物が再び並列されて、再びその「いくつかの共通点」は距離をとって眺められているだけである。つまり「三つの理論」という言葉が「いくつかの共通点」という言葉に変わっただけで、先ほど述べた三つの理論を並列させることで留まるあり方と論理的に同じことを繰り返している。

2. 治療者の、遊戯療法の理論

2-1　治療者と遊戯療法の理論

　ここまで、遊戯療法の実践と理論が孕む問題を明らかにするよう試みてきた。遊戯療法は個々の場面やクライエントに応じた柔軟な実践と称して、その場その場で理論が使い分けられる現状を指摘した。「心理療法の理論」という言葉で、我々はまず精神分析やユング心理学などの、それ独自の視点を持っていると思われる理論のことを思い浮かべる。その一方で、個々の治療者もまた理論を携えており、それは治療者の「内的な姿勢」(Giegerich, W., 1978/2000, p.17) となっているのであった。

　もちろん、治療者の携えている理論と心理療法の理論には密接な関係があ

る。個々の治療者の理論はこれらの心理療法の理論に拠っている。個々の治療者の実践の背景やバックボーンとして、それらの理論がある。先ほど遊戯療法の理論について、日常的な思考のレベルでの理解に留まり、どの理論にも取り組まないような態度を指摘した。だからといって心理療法の理論は、それを辞書やマニュアルのようにみなして、コピーして覚えたりするような形で関わればよいわけではない。例えば我々は、Freud, S. や Jung, C. G. をただ漫然と読み──あるいは必死に覚えて──、それを辞書のように羅列された知識として理解することはできない。それもまた日常的な思考で理論を捉えている。また逆に──稀に見受けられるが──その理論のお気に入りの記述にだけ目を奪われ、その言葉の調べの感動に浸るような形で関わればよいわけではない。それでは理論を神秘化していることになる。

　心理療法の理論に対して、我々は一人の治療者として常に解釈を行っている。個々の治療者の理論とは、簡単に言うとそれぞれの治療者の理論への理解ということになる。本節では、この個々の治療者の理論への理解もまた物のように捉えられ、実践からかけ離れる場合があることを示したい。そこで、筆者が心理臨床を始めて間もない時期に考察した遊戯療法の事例研究を一部取り上げ、当時の筆者の携えていた理論を批判的に振り返ることとする。そこでは、遊戯療法についての筆者の理解が示されている。

2-2　事例の呈示

　提示するのは第6章で取り上げる事例である。執筆当時は、遊戯療法を始めて3年程度経った時期であった。ここでは事例を詳細に呈示することはせず、当時の理論的な観点を導き出せる記述のみに注目する。

　クライエントは小学校3年生女児。全14回。生育歴・現症歴では「このような状況だったために、クライエントは愛着が必要な時期に安定した気持ちでいることが難しかったと思われる」。「母親が弟に気持ちを向けると、クライエントは殴る、蹴る、暴言で母親に向かってくる、弟とは取っ組み合いの喧嘩になるなど、母親との心理的融合が強い一方、激しい嫉妬・羨望で弟と

の争いが目立ってきた」という指摘がなされた。見立ては「嫉妬・羨望による攻撃性がこの頃に発展し、恐怖症症状や強迫性の制止症状や嘔吐など、多様な神経症症状を呈していた」と考えられた（田中, 2005, p.86）。本節では、第1期の事例の考察のみを紹介する。

「初回面接ではクライエントの対人関係を作る力が示され、このクライエントの可能性を感じさせる。はじめから『いっぱいある』とプレイルームへの驚きと関心を示し、興味のないことは断る力もある。砂にも『さらさらやー』と素直に触れ、箱庭制作を開始できている。その後は多くのアイテムで豊かな世界が表現される。『家にもこういうのあるねん』と自己紹介もする。『すごい面白かったー』というのはクライエントにも初回が手応えのある体験だったのだろう。その中でクライエントの症状と関係することも示された。『赤ちゃん』『ゆっくりする』と何度も語ったことは、クライエントには乳幼児期の安らぎがまだ必要であることを示唆していると考える。また『女の子ばっかりいるねん(#2)』という発言にみられるように、実際にクライエントの家に父は不在で、弟も攻撃の対象となっており、ラカンが示す『父の法』が施行されてないことを示した」。「一枚目のセラピストの『船』のスクイグルに『赤ちゃん』が乗っているというクライエントの幻想は、クライエントがセラピーの場を安心感のある場と捉えていることをうかがわせた」（田中, 2005, p.93）。

さてここから、事例についてどのように捉えることができたであろうか？

2-3 ないものを埋める

「愛着が必要な時期に安定した気持ちでいることが難しかった」「クライエントには乳幼児期の安らぎがまだ必要である」という、乳幼児期の安らぎや愛着、安定した気持ちが現在のクライエントに影響があるとみなすことは、

しばしば——特に初心の——治療者が携える視点であると思われる。このことは、例えば「クライエントと治療者の安心できる関係を築く」などの「治療方針」に示されることもある。クライエントには安心感がない、クライエントには自信がない、クライエントには自尊心がない、母子の情緒的交流がない、クライエントには……がない。クライエントには本来心に与えられているべき何かが欠けていて、現在の問題はそれが原因で生じている。我々が出会うクライエントは、実に多くの不幸な過去を背負っている。両親の離婚、虐待、いじめ、不登校、親しいものとの死別……それらは幼少期のクライエントの心に傷を与え、心を不安定にさせて、それゆえクライエントの心の成長が阻害された。そのため、クライエントが本来体験できたであろう「安心感」を、遊戯療法の場で体験することが必要である。このような観点は「ないものを埋める」考え方と呼ぶことができる。

　しかし、このような観点自体が一つの神経症的なあり方を呈している。この観点は、否定的な——あるいは欠損的な——出来事は心の障害を生じさせ、心は肯定的な——しばしば母性的な——環境のもとでのみ育つと考えている。「赤ちゃん」が「ゆっくりする」ように、心は純粋で温かい母性に包まれた環境の中にいて無傷のまま育つのであり、そう育つべきである。無傷であることが心が育つ前提——母胎——である。「純粋で温かい母性」「無傷」という視点には、ある種の心的なユートピアが想定され、作り上げられていて、治療者の側がそのユートピアに無自覚に囚われ、それを基準にしてクライエントを査定している。もちろんユートピアは現実には存在しえないはずである。Giegerich, W. (1978/2000) は「心理学は (理論のレベルで)『想起する』代わりに『行動化』しているのであろうか」(p.7) と問いかけた。クライエントは母が弟に気持ちを向けると、母を独占しようとして「殴る、蹴る、暴言で」それを阻止しようとし、クライエントは母とのユートピア的な関係を維持しようと必死になって行動化しているけれども、我々もそれと同じように、ユートピア的な思考を維持しようと理論において行動化してはいないだろうか。

　もちろん実際にクライエントの育った環境が劣悪で、そのために心が育つ

余地がなかった事例があることに疑いはない。その事実はユートピア的な思考への批判に妥当性がないことを示すのではなく、むしろ我々の立場をより明確にする。我々が試みねばならないのは、その事例がクライエントの心に関するものであるのか、あるいは環境の影響を受けているのかを十分に考え、捉えることである。

　「ないものを埋める」考え方は、安心感や自信のなさを生じさせるような何か劣悪で不幸な出来事を、クライエントの症状の原因とみなしている。神経症者が「鍵を開けっぱなしで外出したかもしれない」「自分は嫌われているかもしれない」と日常の些細な出来事に過度に不安になることが、神経症のファンタジーであるのと同じように、治療者は事例をこのように仕立てるために、生育歴の中からクライエントに生じた不幸な出来事を血眼になって探している。それをクライエントの症状の原因とみなし即座に症状と結びつけることで、クライエントへの見立てが直ちに完成する。すると、事例を捉える明確な基準が出来上がる。「『船』のスクイグルに『赤ちゃん』が乗っているというクライエントの幻想は、クライエントがセラピーの場を安心感のある場と捉えていることをうかがわせた」と考察されたように、一つ一つのクライエントへの関わりや、遊戯療法で生じる遊びが「クライエントの安心感を満たしたか否か？」という基準で判定され、あるいは査定される。このように、心に直接的な原因を想定し、それに対して何らかの直接的な解決策を与えようとする。

　クライエントが心理療法でしばしば治療者に求めてくる「どうすればうまくいきますか？」「どのように対処したらよいですか？」という問いが、行動のレベルでの解決を求める、神経症的な問いであることを我々は知っている。我々は一般的に、クライエントに行動のレベルではなくより心理学的で、象徴的なレベルでの解決を求める視点を持ってもらおうとする。しかしながら、原因に対して何らかの処方箋を与えようとする我々自身の理論的観点は、行動のレベルでの解決を求めるクライエントと同じように、「患者からやめさせようとしているそのまさに処方箋的な考え方を（理論のレベルで）行って

しまっている」(Giegerich, W., 1978/2000, p.16)。あるいは安心感に関することを
いわゆる転移によって説明できるかもしれない。遊戯療法によって「クライ
エントとセラピストとの間に最早期の母子関係が再現され、その再現された
関係を通して治癒した」という。しかしながら、転移という概念[*1]を媒介し
てクライエントと治療者の関係に注目したところで、安心感という言葉が母
子関係の再現という言葉に置き換えられただけで「ないものを埋める」とい
うユートピア的な発想は相変わらず維持されている。

　「ないものを埋める」考え方は、治療者の方がユートピア的な——ありもし
ないことを希求し続ける神経症的な——思考に囚われているために、肯定的
なものを補充することで否定的な原因を解消しようとする。そこには原因−
結果、作用−反作用、エネルギーなどの、古典物理学的な発想がある。車が
ガソリンを補充するように、クライエントが今まで経験できなかった肯定的
なもの——遊びや治療者との「温かい関係」——を注ぎ込むことでその欠損
が埋められる。治療者はクライエントが経験した否定的な出来事、遊戯療法
の場での否定的な表現に、何らかの心理学的な意味があるかもしれないこと
を認めず、それらの心理学的な意味を思考しようともせず、克服されるべき
もの、埋め合わされるべきものであるとみなす。これは治療者自身の否認や
抑圧ではないだろうか？　「精神病理を厄介払い的な手段で克服しようとす
る我々の試みが表れている」(Giegerich, W., 1978/2000, p.11)と指摘されるよう
に、事例において否定的な情報や出来事に我々が出会うや否や何の躊躇もな
く、我々はクライエントに肯定的なもの——快感情、報酬、安心感、自信、
信頼感、母子の情緒的交流——を目の色を変えて注ぎ込もうとする。遊戯療
法によって何らかの肯定的な快感情をクライエントに与えるという見方は、
ある種の麻薬を打って不快や苦痛を忘れさせようとするのと論理的には変わ
らない。麻薬を打ったところで人格の成長が見られないのと同じように、も
しそのようなことが生じたとしても、それらは一時の快楽であって、麻薬か
ら醒めればその快楽は消え去り、当の人格は変容しないままである。

　仮に遊戯療法の中でクライエントが乳幼児期の安心感を感じているのだと

真に受けたとしても、本事例のセッションの総回数は14回であり、せいぜい12時間弱、それを体験していたにすぎない。遊戯療法によって安心感を与えられるという素朴な思考に囚われると、乳幼児期の全体で経験された——と想定されている——否定的な状態が、12時間で満たされ解消されることになる。もちろんそれはセッション数を増やせばよいという量の問題ではない。あるいはこのような指摘を受けると、——それを自分への攻撃だと受け取って——そのような素朴な思考が素朴に反応し、その12時間に効果を持たせうる強烈な快感情を与えようとして、さらに強力な麻薬をクライエントに打とうとするかもしれない。

　ちなみに「治療者がクライエントのモデルとなる」「クライエントに何らかのモデルを示す」といった考え方もよく見受けられるけれども、この治療者への同一化という考え方への無邪気な同一化も、同じ事態を示している。遊戯療法ではクライエントは治療者の肯定的な側面を吸収して、クライエントに今まで欠けていた人格的側面が育っていく。クライエントが自信のない男子であれば「治療者の男性性をモデルにする」とか、クライエントが悲観的であれば「治療者の楽観的な面をモデルにする」などといわれる。クライエントの心に欠けている人格的な要素に、治療者はその欠落にピッタリと合致する「健康な要素」を充当する。この発想は、治療者が人格的にも完全性を備えていると思い込んでいて、治療者自身もまた病んでいるかもしれないということは一切顧みられない。この視点は完全な健康性を備えている治療者を設定することで、むしろクライエントを常に病者として貶め、クライエントを真に哀れまれるべき者として見ている。そのため治療者とクライエントを「優等ー劣等」の基準で上下に分断させている。その際治療者が備えていると想定される「健康な要素」とは、単に治療者の側が都合良く恣意的に作り出した想定にすぎない。そもそもすべての男性治療者が「健康な男性性」などというものを備えているのであろうか？[*2]　映画『ミザリー』で、アニーが小説の主人公「ミザリー」にあまりに同一化した結果、小説の筋を自分の好みに変更させるために作者のポールの脚の骨をハンマーで折って監禁したように、同一

化とは病理性をも含む——こう言ってよければ、豊かな——概念である。また、同一化は他者が容易に焚きつけたり誘導したりできるものではないからこそ、心の重要な働きなのである（我々は「ないものを埋める」考え方にあまりに同一化していて、その理論に沿わせるためにクライエントの脚の骨を折り、その理論にクライエントを監禁しているのかもしれない）。

　心的なユートピアを基準にしてクライエントに生じた否定的な出来事を探し出し、それを心の問題の原因とみなすこと、その原因に解決策を与えること、解決策として肯定的なものを与えること、あるいは治療者の肯定的な要素を吸収させること、これらはすべて、事例から得られる事実から出発してはいるものの、治療者がその事実から想定していることであり、治療者の心理療法に対する理解であり、つまり治療者の理論——内的な姿勢——である。問題となっているのは、治療者がクライエントの心を「……で、あろう」と想定している思考のあり方であり、理論的視点それ自体である。クライエントの心を部分や機能や要素に分解し、ある部分やある機能がある基準から欠落していると捉え、それが原因であると捉え、それをエネルギー論的に埋め合わせようとする。これらはクライエントの心を実体化していて、実体を備えた物として捉えている。安心－不安、信頼－不信、自信－劣等、健康－病気、肯定－否定などの、予め用意してあったカテゴリーに当てはめる。そして、そのカテゴリーにおいてある量が不足していて、ある量を付け加えるというような、せいぜい古典物理学的な思考がなされる。心理臨床では「クライエントの人格を尊重する」「クライエントの主体性を大事にする」ことが基本であるといわれている。治療者がその基本を言葉でどれほど標榜していても、理論のレベルでは行動化していて、実際のところはクライエントを——壊れた車を修理するように——物とみなし、物と化したクライエントを操作しようとしている。

2-4　理論の断片化
　次に、事例への理解という点から検討してみたい。この事例の見立ては

「嫉妬・羨望による攻撃性がこの頃に発展し、恐怖症症状や強迫性の制止症状や嘔吐など、多様な神経症症状を呈していた」と考えられていた。嫉妬・羨望による攻撃性と神経症症状という事例から得られた事実が述べられ、攻撃性が原因、神経症症状がその結果であるかのように記述されているけれども、攻撃性と神経症症状の発生は同時発生的であり、攻撃性を神経症症状の原因とする根拠はどこにもない。この事例を理解するためには、攻撃性と神経症症状のいずれもが、どのような心の動きから生じてきたのかを問うことが必要である。「クライエントに神経症症状が生じてきたのは、攻撃性がこの時期に発展したからだ」という記述は、日常的な理解の範囲内で原因と結果を設定していて、この問いに答えることができない。実際のところ、攻撃性が生じてきたことと、――おそらくそれを抑圧しようとした結果と想定された――神経症症状という二つの事実が並べられているだけで、そこからクライエントの心の動きについての推測がなされておらず、この記述は我々が知りたいクライエントの心の上空を漂っている。

　また考察では、まず「プレイルームへの驚きと関心」「断る力」が指摘され、次に初回で箱庭制作が行われたことが挙げられ、それは「多くのアイテムで豊かな世界が表現され」たと述べられた。さらにはクライエントは「自己紹介」をし、面接はクライエントに「手応えのある体験」であったと指摘された。クライエントの治療意欲については十分に注意が払われるべきではあるけれども、これらは「初回面接ではクライエントの対人関係を作る力が示され、このクライエントの可能性を感じさせる」という冒頭部分を、様々なヴァリエーションで繰り返した記述にすぎない。すぐに気づくことではあるが、「多くのアイテムで豊かな世界が表現され」た箱庭で、クライエントのあり方をどのように捉えることができるのかについて考察されていない。

　このように事例で生じた事実をただ無邪気に繋ぎ合わせた、さもそれらの間に関連があるかのような記述や、同語反復に陥った記述だけでは、クライエントの心のあり方を推測し、理解することができない。事例の考察には事例で生じたことと、それがどのような心理学的な意味を持っているのかとの

関連を、論理的に示すことが求められる。後ほど詳しく考察されるが、少なくともこの事例では、この時期にクライエントの攻撃性が生じ、神経症症状を呈したことに心理学的な意味がある。同様に、初回において既にクライエントは、自らの症状に関連することだけでなく、クライエントの心理学的課題とその課題への取り組みを十分に示していたと思われる。

　さて、提示された考察のうち、遊戯療法で生じたこととクライエントの症状との関連に言及されたのは「乳幼児期の安らぎ」と、「父の法（Nom-du-Père：父の名）」の二つの観点である。乳幼児期の安らぎについては心を実体化し、物として扱う思考であると指摘した。父の法についてはどのように考えることができるだろうか？　父の法とは、言語の網の目のシステム──法──に主体を従属させると同時に、主体の欲望が秩序づけられる働きのことである。母の欲望を争う他者との想像的関係に陥り、「私か／他者か」という攻撃性に囚われ袋小路に嵌った主体は、父の法が導入されると同時に想像的関係を抜け出し、象徴的次元において自らの欲望を表現する主体として位置づけることになる。事例のクライエントには神経症的な症状が生じており、母親との心理的融合が強い一方で激しい嫉妬・羨望で弟との争いが目立ってきたのであった。そう考えると、ここまでの考察の中ではこの概念が含んでいる理論的・論理的観点は妥当性があると思われる。Lacan, J. (1986/2002) は父の法について、「フロイトが『トーテムとタブー』で説明しているように、死んだ父に過ぎない」(p.216) という。つまり、父の法は非実体的な──死んだ──次元での概念であり、そこから事例を非実体的に捉えることを要請している。そうすると我々は、心をあらゆる角度から実体化して、クライエントの否定的な生育歴に症状の原因を求め、治療の中でそれを穴埋めしようとはしない。そのことを工藤 (2019) は「父はあくまで主体のイマジネールの産物であって、そのかぎりで、原父もまた歴史的な実在性をいっさい持たない」(p.832) と説明している。そうすると、症状や心は、歴史的な実在性を持つ──起源を遡ることができる──過去の、経験できる具体的な事実によって影響を受けているのではなく、あくまで主体によって心理学的に生み出され

るものであると捉えることができる。つまり、母や弟への羨望・嫉妬に囚われる想像的関係は、あくまでクライアントの想像（イマジネーション）であり、クライアントが生み出しているという視点を提供する。するとこの事例において、母子分離をなす動きがどう生じるのか、どのように主体が生成するのかという視点も提供する。

「父の法」が非実体的な心を動きとして捉える概念であり、この事例を考察する妥当性の高い概念であればあるほど、次のことが明らかになる。それは、この事例の考察は、片や乳幼児期の安らぎが必要だと指摘し、片や父の法が施行されていないと指摘していて、相容れない視点をバラバラに繋ぎ合わせている——あるいは何事もないかのように同時に併存させている——ということである。乳幼児期の安らぎや安心感は、自己と他者の融合的関係を志向している。それに対して父の法は、主体を確立することを通じて自己と他者を明確に分ける。父の法という視点からすると、安心感は母子の想像的関係（イマジネール）の維持であり、むしろそれこそがクライアントの攻撃性や症状に関連している。安心感という視点からすると、自己と他者を明確に分離する動きこそ、クライアントに不安を与え、それが症状に関連している。このように論理的に相容れない理論的観点が同時併存しているのは、一つ一つの概念の基本的な理解がなされていないことを示している。より深刻なことには、事例で起きた事象を治療者の理解可能なカテゴリーに切り分け、それぞれのカテゴリーに対してただラベルとしての概念を付与していて、事例の論理的な動きを十分に把握したうえで、個々の事象同士の関連性や意味づけが考察されていない。事例の理論的な考察においてもまた、概念や理論的視点を個々に使い分けて、それらを物のように並列する態度が現れている。一つ一つはある方向性を持った思考なのかもしれないし、そのうちの一つは——父の法のように——ある程度妥当性のある思考である場合がある。しかしながら全体としては、これらの記述は本当の意味で断片的な思考の集まりであり、論理的に両立し得ない概念が無批判に集められているという意味で、単なる物の集まりとなっている。カテゴリーに分けられた個々の概念や考察は、それぞれ

の概念の定義づけも、相互の関連性も示されず、また互いに衝突することで互いの矛盾に気づくことなくただ漂っていて、全体としては方向性を失ったものになっている。

2-5　それでも、遊戯療法は……

　以上のように、事例で生じた出来事やクライエントの心を物として扱う神経症的な理論的観点があることを示した。またまったく同じように、事例を考察する理論も物として扱われた結果、断片的な物の集まりとなることを示した。ところで、14回の遊戯療法を通じてクライエントの激しい攻撃性は落ち着き、神経症症状が消失したことを記しておかねばならない。心を物として扱う態度のもとに、断片的な考察がなされているにもかかわらず。それでも、遊戯療法は進展する。我々はこのことを逆手にとって、遊戯療法によってクライエントの心の作業がなされたのであるから、理論は放置して実践にのみ集中するのがよいと判断するのだろうか？　遊戯療法の理論的観点がクライエントを物として扱い、それだけでなく理論もほとんどガラクタのような物の集まりと堕してしまうのであれば、遊戯療法の理論とは頭でこねくり回した思弁にすぎず、実践のみが重要であると言い切るのであろうか？　もちろんそんなことはない。理論を無視し、実践だけやっておればよいという考えもまた、理論と実践を分裂させ、理論と実践を病的に解離させる神経症的なあり方である。

　さて、これまで述べたことをまとめると、事例研究の目的と意義が自ずから浮かび上がる。事例をより理解すること。つまり事例の中で生じた事実と、クライエントの心のあり方との関連を示すこと。それを通して実践を理論にし、あるいは理論を実践に照らして検証すること。これらの目的は、従来の事例研究の目的や意義と何ら異なることはない。ところが残念なことに、本節で批判の対象とした事例研究もまた、これとまったく同じ目的で──そうなることを標榜して──考察されたのである。何が問題なのであろうか？

　理論を洗練させようとするのであれば、少なくとも我々がどのような理論

に基づいて心理療法を行い、我々がどのような観点に基づいて事例を捉えているのかについて、意識的になることが必要である。この「意識的」という概念をより明確にするために、本節で初めに述べたことを繰り返し引用したい。つまり、理論を洗練させるには、まずは我々自身の理論についての理解を言語のレベルで把握することが必要である。意識的になるというのは、単に「しっかりと注意を向ける」といった認知レベルの素朴な意識を意味しない。それは我々の思考の根拠になっているあり方を言葉で明確にし、生きた概念を使って論理的に説明するという、知的な作業である。例えば第2章でも触れるがWinnicott, D. W.(1971)は「遊ぶことの問題はあまりにもマスターベーションや種々の感覚的体験と関連付けられてきた」(pp.52-53)と述べている。Winnicott, D. W.もまた、遊ぶことが実体化されていることに意識的に気づいている。第2章ではそれをKlein, M.が遊ぶことをただ性的な象徴的意味と関連づけることを、またErikson, E. H.が遊びで子どもが安心感という感覚を経験することだけを重視することを批判していると解釈した。本節で述べられたことに照らして考えると、我々はWinnicott, D. W.を通じて、Klein, M.やErikson, E. H.を再度根本的に捉え直さねばならない。もしそれに妥当性があるのであれば、我々はWinnicott, D. W.の批判を本当に真剣に受け取り、我々の理論を変容させる必要がある。ここで問題となるのが、このような批判もただ素朴に受け取るだけに留め、新しい理論的観点をまた一つ学んだ、とする態度である。Klein, M.の理論は保持したまま、その一方でWinnicott, D. W.の批判にただ無邪気に納得するだけの態度である。これでは、それまでの自らの無垢な思考のリストに、また一つ別の思考として、それが加えられるだけとなる。こうなると再び我々は理論を物のようにみなしていて、従来の理論が変容を被ることもなく、より高次な理論的観点が生まれることもなく、はじめに持っていた断片的な理解が無自覚のまま維持される。

　我々が理論を物として捉える思考に陥っている例を、もう一つ指摘することができる。それは、初めに述べた「個々の治療者の実践の背景やバック

序　章　遊戯療法における遊ぶことの捉えにくさ　　33

ボーンとして、それらの理論がある」という思考である。理論と実践は「密接な関係にある」と述べたけれども、この場合、理論が我々の実践を支え、理論が我々の実践を導くと捉えている。理論が治療者の真後ろに立ち、背後の理論をもとに実践が行われる。そうすると治療者はクライエントがいないときにFreud, S.やJung, C. G.を読み耽り、それを自分の行動原理にまで叩き込み、クライエントの前に立つときに治療者はただそれを実行する。理論が主体となって、治療者は理論の操り人形となる。「理論が実践のバックボーン」となるという考えを素朴に捉えることもまた、理論のみを優先して今度は「理論への理解」を行動化することになる。

　理論と実践は、まったく関係を持ってはいけないのであろうか？　そうではない。実際、理論は実践のバックボーンである。我々は心の表れを物として捉える理論に素朴に、無邪気に囚われることを、言語のレベルで把握して否定し、クライエントの脚を折ってクライエントを監禁するような理論を後にしなければならない。我々は自らの理論に意識的になり、自らの理論を変容させる作業を行う必要がある。その意味で、本節で微かに示唆された、心を動きとして捉え、心が生成されるという視点は重要である。

　それと同時に、実践の場、我々がクライエントと出会う遊戯療法の場においては、理論は忘れられている。そのことは、心を物として扱う思考に満ち満ちていたにもかかわらず遊戯療法の事例が展開したことに、既に示されている。するとまたもやこれは、二つの論理が相反していて理論を物として扱う事態が生じているのであろうか。そうではない。「理論が実践のバックボーン」となるのは、理論が変容を被り、高次な意識性を持つようになると同時に、実践において理論が忘れられている限りにおいてであり、その時治療者はクライエントを物として扱うあり方や理論に操られるあり方を後にして、クライエントの前に現前している。そうでなければ治療者が遊ぶことにコミットし、遊戯療法の中に入っていくことはない。治療者も夢中になって遊ぶのである。そうすると、遊戯療法の理論とは、これらのことを同時に実現していて、理論が自らを忘れるということ自体も対象とするゆえに、矛盾を

孕む論理が同時に実現するような理論[*3]となると思われる。

3. 遊ぶことの捉えにくさ

3-1　遊ぶことの治療的意味の捉えにくさ

　ここまで、遊戯療法は十分な理論的検討がなされていない現状が指摘された。それは、遊戯療法の実践において、遊戯療法のいろいろな理論が折衷して使い分けられていることに表れている。理論を使い分けると、場当たり的で恣意的な実践となる可能性がある。そこでは、起きている現象が多様であることと、理論が多様であることを同じ次元にあると素朴に捉えていた。また、折衷という考え方自体が理論を物理的な物として捉えていて、理論が治療マニュアルや治療レシピとなる可能性がある。これらのことから、遊戯療法の理論それ自体が神経症を病んでいる現状が示唆された。

　それに加えて、個々の治療者が携えている理論についても検討された。治療者はクライエントに、ある理想的な——ユートピア的な——基準を設定し、その基準からクライエントの心を推し測る視点を持つ可能性がある。その基準から欠落していると想定されるものを、エネルギー論的に埋め合わせようとする態度が生じる。あるいは、事例で生じたことをカテゴリーに選り分けて、それぞれにラベルとしての概念を貼りつけるような理解をする可能性がある。理論への理解——治療者の内的な姿勢——もまた使い分けられ、折衷される事態が生じる。つまり治療者の携えている理論もまた、事例で生じたことやクライエントの心を物と捉えていて、実体化していると指摘された。

　ここにおいて自明であることを改めて強調したい。遊戯療法は「遊ぶこと」を中心に据えているということである。遊戯療法の各々の理論は、遊ぶことと治療を強く関連づけている。まずクライエントが遊ぶことがあり、遊ぶことをそれぞれの視点から捉えた結果が、それぞれの理論であるともいえる。そうであるならば、遊ぶことそれ自体を検討することが必要であろう。

遊戯療法の理論化が困難な理由の一つには、遊ぶことで生じていることについて言語化し、遊ぶことから遊戯療法を捉えることが十分になされていないことが挙げられている（田中，2011；弘中，2002a）。河合隼雄（2002）も遊戯療法の現状について述べた際、「『遊び』ということがなかなか言語化しにくい」(p.3) ことを指摘している。先ほど遊戯療法が多義性や両義性に満ちており、それ自身の深みがあると述べたけれども、遊戯療法における「遊ぶこと」もまた、それ自身の深みと可能性を持っていると考えられる。遊ぶことは多義性や両義性に満ちているものの、あまりに自明であるからこそ言語化することが困難であるともいえる。そこで、遊戯療法の中心を占めていながらそこで生じていることを捉えることが難しい遊ぶことについて、概観することとする。

　遊戯療法における遊ぶことの治療的意味について、小倉（1966）は遊戯の意味を①空想、②征服欲の満足、③受動性から能動性への移行、④現実逃避、⑤コミュニケーションの道具、⑥教育的な面、という六つの面があるとした。なお、村瀬（1990）も遊ぶことの治療的意味についてまったく同じ分類をなしている。高野（1972）は遊びの治療機制として、①カタルシス、②洞察、③発達の促進、④学習、⑤転移、⑥認知構造の変容、⑦対人関係の協調の七つを挙げた。

　そして弘中（2014）は遊びの治療的機能について考えた際、Zulliger, H. の純遊び療法について触れ、「純遊び療法が解釈を必要としないのは、まさに子どもの魔術的思考が子どもの遊びに強烈なリアリティをもたらすからにほかならない」(p.6) とし、この“遊びのリアリティ”に遊戯療法の治療メカニズムが集約されていると述べる。しかし弘中（2014）は「遊びのリアリティはあまりにも本質的な機能であるので、それをさらに細かく説明することが難しい」(p.33) として、遊戯療法で遊びが果たす機能は「単にリアリティの問題として理解すればよいのではなく、もっと多面的であって、いくつかのカテゴリーに分けられる」(p.33) と“遊びのリアリティ”の検討をそこで止め、むしろ遊戯療法における遊びの機能をカテゴライズしていく。そして以下のような三つの大カテゴリーと、それぞれの大カテゴリーに属する複数の小カテゴリー

に分けた。まず「関係性の機能」という大カテゴリーに、①関係の絆として、②大切にされる体験の場として、③人間関係の投影の場として、遊びの機能が挙げられた。そして「表現・体験の機能」という大カテゴリーに、①カタルシス・代償行動として、②表現として、③心の作業の〈場〉・〈手段〉として、④意識化・言語化以前の体験として、遊びの機能が挙げられた。最後に「守りの機能」という大カテゴリーに、①安全な表出、②内的な現実性から外的な現実性への切り替え、③遊びの枠に収まること、という遊びの機能が挙げられた。弘中（2014）はこれらの機能について細かく検討することが、遊戯療法で何を重視するかを考えるのに有効であると主張する。

　小倉（1966）と高野（1972）が挙げたいくつかの遊びの機能とは、日常的で一般的な思考で想定されたものだと思われる。また弘中（2014）のカテゴライズされた遊びの治療的意味には、心理臨床的な単語が含まれており、これらを「細かく」検討することは、確かに遊戯療法の遊ぶことを照らし出すことに繋がるかもしれない。一方で、このように「分類すること」自体が、遊ぶことを考えるうえで問題を孕んでいる。遊戯療法の理論を捉えようとしたときとまったく同じ思考で、遊ぶことの治療的意味を論じている。

　前節で、筆者がそれぞれの遊戯療法の理論の共通点を単純に抽出すれば、遊戯療法の理論により近づくことができると無邪気に期待したように、遊びの治療的意味も「すべての立場に共通してみられる治療機制」（高野，1972, p.104）を抽出し、それを分類するという方法で示されている。弘中（2002a）もこのような遊ぶことの治療的意味の分類は、遊びの要因を羅列したものであると認め、「それらを有機的に関連付け、遊戯療法のなかで実際に展開する現象を適切に説明できるような洗練された理論へと発展させることが、今後の課題となる」（pp.284-285）と述べている。

　遊びの治療的意味は、切り分けられ、分類されている。それは分類された物としての治療的意味となり、それぞれが独立した物体のようにみなされている。これによって我々は遊びの治療的意味を理解するけれども、それはショーケースに並べられた物を見るように、眺めるという次元での理解に留

まる。分類された物としての治療的意味は、きわめて理解が簡単で、遊戯療法の中で何かしら機能しているかのように思えてくる。けれども、分類された遊ぶことの治療的意味をもとに、遊戯療法の事例をより深く捉え、より深く理解することはできない。それらの知識は、実際はどこにも辿り着かない。この「眺める」という態度は、ショーケースの中に物を固定して並べ、ショーケース越しに距離をとって、物を捉えるあり方である。我々はある意味安全な場所にいて、その物と我々に関わりは生じえない。遊ぶことの治療的意味について、どこにでも生じていると想定される一般的な共通点を抽出し、それらを分類するや否や、意味が固定され、むしろ意味はラベリングされた名称となり、それ以上の理解はできなくなる（そもそも、分類することにそのような目的と機能が備わっている）。これは、藤原（2004, p.17）が「旧来の心理学が、心を対象化し、ある意味で『もの化』することによって、つまり人間を客体化する」と述べたように、心というものを実体化した、日常的な因果論的な思考に基づいた方法論である。

　その一方で、心理臨床学の視点とは、例えば心に困難を抱えた生身のこのクライエントが辿るこのプロセスに丁寧に付き添い、ともすれば巻き込まれ、そこから知を導き出そうとする態度である。それと同様に、遊ぶことに対して心理臨床学的な視点でアプローチするならば、遊戯療法における遊ぶことに入っていき、遊ぶことのプロセスを辿り、そこから知見を得ようと努めることではないだろうか。遊ぶことを固定し、それをただ眺めるのではなく、遊ぶことそれ自体に入っていき、そこで生じている動きを捉えることが必要なのではないだろうか。

3-2　本書の方法論

　このような問題意識に基づき、本書では遊戯療法における遊ぶことについて、心理臨床学的に探究していきたい。それでは遊戯療法における遊ぶことについての心理臨床学的な探究は、どのような方法論でアプローチすることが可能であろうか。どのようにして遊ぶことの両義性とその深みを探究する

ことができるのであろうか。藤原 (2004, p.17) は心理臨床学の方法論について「動的であり簡単には対象化しえない、ものではない（あるいはもの化しない）『生きた』心についての方法論」であり、「たえず流動しつつあるプロセス・現象としての心に接近する方法」であると述べた。遊ぶことで生じていることは、多義性や両義性に満ちている。遊ぶことは、まさに動的で、簡単に対象化も言語化もできない、たえず流動しつつある現象としての心の表れであろう。

　現在我々の手元にある素材は、代表的な遊戯療法の理論の概要と、それらの共通点と、遊ぶことの治療的意味である。それらは分類され、物として陳列されている。ここで“統一された”遊ぶことに関する理論を新たに作り出し、呈示することもできるのかもしれないし、あるいは実証的な方法で遊ぶことへアプローチすることも考えられるかもしれない。本書ではまず、物として陳列された遊戯療法の理論に取り組むことから始めたい。それぞれの遊戯療法の理論から、遊ぶことはどのように捉えることができるのであろうか。

　今まで述べてきたように、遊戯療法の理論や遊ぶことの意味がショーケースに並べられた物となったのは、我々がそれを「眺める」態度をとっているからである。遊戯療法の理論は神経症を病んでいる。本書の文脈で言う神経症とは、本来は動的で簡単に対象化も言語化もできない、たえず流動しつつある現象としての心の表れとしての遊ぶことを、操作できたり、繋げたりできるような物理的な物として捉え、――まるで標本の昆虫が防腐処理されるように――それ以上の理解ができないよう固定された意味に縛りつけることである。田中 (2001) は神経症について「神経症に留まること、それを『内側』から体験することによってのみ、人は神経症から自由になれる」(p.50) と述べている。繰り返しになるけれども、心理臨床学的な態度とは、その対象がたとえ病んでいるものであっても――あるいはそれだからこそ――その対象に入っていくことで、そこから知見を得ようと努めることである。そうであれば、遊戯療法においても、各々の理論から遊ぶことがどのように捉えられうるのかについて、その理論の中に入り、そこから動的でたえず流動的な心の表れとしての遊ぶことに近づこうと努めることがまず必要であろう。

例えば弘中が挙げた遊戯療法における"遊びのリアリティ"は、遊戯療法を経験した者であれば、誰もが体験的に感じ取り、その重要性を朧げながらも感受している。弘中 (2014) は「遊びのリアリティはあまりにも本質的な機能であるので、それをさらに細かく説明することが難しい」(p.33) と述べ、遊ぶことは「単にリアリティの問題として理解すればよいのではなく、もっと多面的」(p.33) であるとして、これ以上の追究を諦めたのであった。Giegerich, W.(1978/2000) は、心理学が神経症に罹っていると述べた後に「意識性とは証明や真理や確実性に関することではなくて、われわれが『経験的に』認識することの根拠に『いつも既に』なっている心的な要因に気付くことなのである」(p.34) と述べる。すると"遊びのリアリティ"について確実に存在することを認めるのみで「単にリアリティの問題」として片づけると、遊ぶことの現実性について我々の意識性が深まることはない。そして筆者の意見では、"遊びのリアリティ"は、「単にリアリティの問題」と片づけられるものではない。このあまりに本質的で「いつも既に」自明である、遊ぶことの現実性という経験の根拠になっている要因を捉えることを試みなければならないだろう。つまり遊ぶことの現実性に入り込むには、そこで生じていることを意識的に、論理的に、言葉で捉えることが必要である。それは、前節の最後に、理論を物のように取り扱う態度を変容させるには、それを言語のレベルで把握し、心を動きとして捉える視点を作る必要があると述べたことと同じである。Giegerich, W.(1999/2021) はまた、「心理学者は、現象と向き合うにあたって、携えている理論的な持ち物をすべて、方法論的な意図をもって置き去りにしなければならない。それは、現象の中に自分を完全に沈みこませるためであり、それによって心理学者は、そこに隠された概念を現象そのものから立ち上がらせて、現象への沈潜を完遂することでまったく新たにその概念を仕上げて手にすることができるのである。先行研究によってあらかじめ分かっていることなど、何一つない。(…) この概念は、論理的にいつもまったく新しく、意外で、新鮮で、生き生きしたものである」(p.27) とも述べている。遊ぶことの現実性を論理的に生き生きとした概念として立ち上がらせることと

は、まさに遊ぶことを動的で、流動しつつある現象として捉える試みである。そして、理論的な持ち物をすべて置き去りにして、遊ぶことの現実性（リアリティ）に筆者が完全に沈み込んだならば、そこではある意味筆者が考えてはおらず、ましてや心を物と捉える思考——それは筆者の自我が心について考えるやり方である——が手放されている。むしろ遊ぶことの現実性（リアリティ）が筆者を通じて語り、遊ぶことの現実性（リアリティ）が自らの概念を語る。

　各々の遊戯療法の理論は、既にそれぞれの視点から理論的な把握を行っており、遊ぶことについて一定の認識を示している。本書の前半三章では、それぞれの理論の紹介や要約だけに留まることなく、それぞれの理論を批判的に検討しつつ、そこから遊ぶことそれ自体を捉え直すことを可能な限り試みる。次に本書の後半三章では、遊戯療法の事例を取り上げ、事例の中で遊ぶことに生じていることを検討したい。河合（1976）が心理臨床における事例研究について「個人の世界において、その『個』を明らかにすればするほど、それは普遍性をもつ」（p.211）と述べたように、事例研究は心理臨床学の重要な位置を占めている。特に本書は遊戯療法における遊ぶことの心理臨床学的探究であり、遊戯療法の事例において遊ぶことがどのように働くのかを検討することには意義があると思われる。

　遊戯療法では既にそのセッティングのなかに、遊ぶことを要請しており、遊ぶことが生じるのはある意味で自明であると思われている。それゆえ本書では、単にクライエントの遊びの具体的内容をただ列挙することや、遊びの象徴的意味の解釈のみに留まってはならないだろう。むしろ事例における遊ぶことそれ自体で何が生じ、遊ぶことがクライエントにどのように働きかけているのかを把握することを試みる必要がある。もしその試みによって、遊ぶことに幾分かでも近づくことができる——遊ぶことが語り始める——のであれば、遊戯療法における遊ぶことの治療的意味も、流動しつつある現象として明らかにすることができるかもしれない。伊藤（2003）もまた、事例研究について「普遍性は個の固有性の極まれるところにこそ現れる」（p.220）と指摘した。本書においても、その事例に固有の遊ぶことに入ることを試み、そ

こから遊戯療法における遊ぶことの意味を考えたい。

　したがって本書では、まずは一つ一つの理論に取り組み、次に三つの事例にあたり、それぞれにおいて遊ぶことの意味を探究するような、探索的な形をとる。

第1章

Huizinga, J.と
人間性心理学における遊ぶこと

1. Huizinga, J.における遊ぶこと

　遊ぶことは心理臨床の領域だけでなく、哲学や教育学など幅広い学問領域から関心を持たれてきたテーマである。その中でも歴史学者のHuizinga, J.(1938/1973)は、『ホモ・ルーデンス』において、遊ぶことそれ自体を捉えようとした。彼は「法律と秩序、取引と産業、技術と芸術、詩、哲学、そして科学、みなそうである。それらはすべて、遊びとして行動するということを土壌にして、そのなかに根を下ろしている」(Huizinga, J., 1938/1973, p.24)と述べ、人間の文化活動は遊びから生じると主張したことは有名である。

　彼に並んでCaillois, R.もまた、社会学的な観点から遊ぶことを追究した。Caillois, R.(1958/1990)は、遊びを六つの活動として定義できるとした。遊びとは、①自由な活動、②隔離された活動、③未確定の活動、④非生産的活動、⑤規則のある活動、⑥虚構の活動であるという。Caillois, R.(1958/1990)はHuizinga, J.の"汎遊び論"に対しては批判的な姿勢を示したが、この定義はHuizinga, J.の遊びの定義を引き継いだものである。

　Huizinga, J.の法律と産業、芸術、哲学と科学の土壌が遊びにあるという"汎遊び論"は、やや強引にも思われるが、彼が行った遊ぶことについての本質的特徴を解釈する試みは、遊ぶことそれ自体について的確に捉えていると

第1章　Huizinga, J.と人間性心理学における遊ぶこと　　43

思われる。ここでは、Huizinga, J.の考える遊びに固有な本質を紹介しつつ、それらの連関を考え、今後の議論の礎としたい。

　Huizinga, J.(1938/1973)の論ではまず、当時想定されていた遊びの起源が列挙される。例えば、遊びは「緊張から解きほぐされたいと願う欲求を満足」(p.17)させるためであるという考えや、遊びを「克己、自制の訓練として役立てている」(p.17)という考え、あるいは遊びは「現実の中では満たされなかったさまざまの願望をフィクションによって満足させる」(p.17)という考えなどがある。これらの解釈に対して、Huizinga, J.(1938/1973)は「遊びとはある種の生物学的目的に役立っている、という前提から出発している」(pp.17-18)と指摘し、「まずその特性の上に注意を向けようともせず、経験科学の測定方法でいきなり遊びに取り組んでいる」(p.18)と批判する。Huizinga, J.(1938/1973)が目論んでいるのは、「遊びと呼んでいる活動に固有なものとして具わっている形式的特徴をはっきり規定すること」(p.32)である。Huizinga, J.もまた、遊びを測ったり切り分けたり、あるいは遠くから眺めたりできる物のように捉え、遊びを何らかの目的を達成するための機能としてのみ、また感情的な効果を生じさせる機能としてのみ捉える——生物学的な、経験科学的な——視点を批判している。それだけでなく彼は、遊びをある形式を備えた活動であると明確に述べている。彼は遊びを何よりも運動として捉え、遊びそれ自体が備えている運動の形式を記述しようと試みるのである。

　Huizinga, J.は、遊びの形式をいくつか挙げていき、最後に以下のように総括する。「われわれは遊びを総括して、それは『本気でそうしている』のではないもの、日常生活の外にあると感じられているものだが、それにもかかわらず遊んでいる人を心の底まですっかり捉えてしまうことも可能な一つの自由な活動である、と呼ぶことができる。この行為はどんな物質的利害関係とも結びつかず、それからは何の利得も齎されることはない。それは規定された時間と空間のなかで決められた規則に従い、秩序正しく進行する。またそれは、秘密に取り囲まれていることを好み、ややもすると日常世界とは異なるものである点を、変装の手段でことさら強調したりする社会集団を生み出

す」(Huizinga, J., 1938/1973, p.42)。

　この総括を見ると、結局彼は遊びの形式を並列させるに留まったともいえる。その一方で、並列されたこれらの形式は、遊ぶことそれ自体を、運動として的確に捉えていると思われる。また、Huizinga, J.自身はこの総括に含めなかったものの、本書において重要であると考えられる遊びの形式を他にも挙げている。そこで本節では、Huizinga, J.が捉えた遊びの形式に沿いながら、筆者がそれらを整理し、いくつかの遊びの形式の連関を考えてみたい。

　まず、遊びがどのように始まるのかという遊びの動因について考える。遊びとは、「自由な行動である。命令されてする遊び、そんなものはもう遊びではない。(…)それはいつでも延期できるし、まったく中止してしまおうと何ら差支えない」(Huizinga, J., 1938/1973, pp.29-30)。「遊びに乗る」という表現があるように、遊びに参加するかどうかは遊ぶその人に委ねられる。ここから、遊びにおいては、遊ぶ主体が自ら遊びに参加する自発性が生じていると考えられる。しかしながら、「遊びは『おのずと進行して終わりに達し、完結する』」(Huizinga, J., 1938/1973, p.34)ことも生じうる。「遊びに乗せられる」ということも可能なように、遊びが自ずからひとりでに始まり、そこに人が巻き込まれるともいえるのである。遊びの方が人を捉え、遊ぶ主体はいつの間にか遊んでいて、遊びという動きの中に、遊ぶことの中にいる。つまり、遊びは遊ぶ主体から自発的に始まると同時に、遊びの方もまた自律的に生じるといえるだろう。

　この遊びの動因について考えるだけでも、遊びは移ろいやすい、流動的で捉えがたいものであると指摘することができる。遊びの動因が明確ではないというために、遊びが何か劣った活動であると考える必要はない。このことからはむしろ、遊びは理性を超えたところで生じると指摘できる。Huizinga, J.(1938/1973)も「われわれは、単なる理性的存在以上のものである。なぜなら、結局遊びが非理性的なものだからである」(p.21)と述べる。遊びの方が主体を捉えるという点において、遊びとは、理性を超えた──自我のコントロールを超えた──動きである。

第1章　Huizinga, J.と人間性心理学における遊ぶこと　　45

　遊ぶことにはどのような運動が生じているのであろうか。Huizinga,
J.(1938/1973)は「何かイメージを心の中で操ることから始まるのであり、つま
り、現実を、いきいきと活動している生の各種の形式に置き換え、その置換
作用によって一種現実の形象化を行い、現実のイメージを生み出すというこ
とが、遊びの基礎になっている」(p.22)という。例えば、絵を描くことは、あ
る現実を画用紙の上に形象化することであるといえるし、鬼ごっこは鬼とい
う何か恐ろしいものに追われることを、遊びに置き換えることだといえるだ
ろう。ある現実を象り、形にする形象化とは、象徴化の作用である。
Huizinga, J.(1938/1973)は「言語を創り出す精神は、素材的なものから形而上
的なものへと限りなく移行を繰り返しつづけているが、この行為はいつも遊
びながら行われる」(p.23)と指摘し、遊びに象徴化の作用を認め、遊びが言語
を創り出すと主張する。この形象化と象徴化とは「ただちにはっきり定まっ
た形態をとるようになる」(Huizinga, J., 1938/1973, p.34)ということである。絵
画は画用紙の上に具体的な形を描くし、鬼ごっこも「鬼が追う－鬼に追われ
る」という構造を持つといえる。このように遊びによって「素材的なもの」が
区切られ、形態が定まる。その形態とは「形而上的なもの」であり、思考や概
念の形態を持つものとなる。そして遊びの形態――構造――が定まること
で、遊びに「固有の規則」(Huizinga, J., 1938/1973, p.37)が同時に生じている。例
えば描画には「画用紙の上に想い描くものを描く」という規則が生じ、鬼ごっ
こには「一方は捕まえ、一方は逃げる」という規則が生じる。その規則に主体
が完全に従い、その遊びの中に――自ら――入ることで、あるいはその規則
にいつの間にか主体が捉えられ、いつの間にか――自ずから――その遊びの
中にいることで、遊びは成立する。

　主体が遊びの中に入り、遊びに主体が含まれているとすると、次のことが
いえる。Huizinga, J.(1938/1973)は「遊びは日常生活から、その場と持続時間
とによって区別される。完結性と限定性が遊びの第三の特徴を形づくる」
(p.34)という。Caillois, R.(1958/1990)も同じ事態を指摘していて、「遊びの領
域は、このように閉ざされ、保護され、特別に取っておかれた世界、すなわ

ち純粋空間である」(pp.35-36) と述べる。遊びとは、主体が遊びの規則の場の中に、遊びの中にすっかり包まれている状態である。それによって遊ぶ主体は、日常とはまったく異なる時間と空間に身を置くことになる。遊びの完結性とは、遊ぶ主体は遊び以外の活動を排除しており、純粋にその遊びだけに満たされている時間・空間に入るということであり、また遊びの限定性とは、遊びはその時間・空間においてのみ生じることを意味する。遊ぶことはそれ自体で完結していて、他の日常生活や他の物事は排除される。そのことで遊びは「それ以外のあらゆる思考形式とは、つねに無関係」(Huizinga, J., 1938/1973, p.28) となり、遊ぶ主体は他の思考形式とは異なる思考形式に移行するのである。遊びとはある種の思考形式である、ということは注目に値する。通常の思考形式とは、日常的で常識的な思考であり、その事象の原因を考えたり、効率的に物事を処理したりするような、いわゆる因果論的な思考も含まれる。遊びはそれとは異なる思考が働いている。

　遊びの、他の現実を排除した完結性が、遊び独自の現実性（リアリティ）であるといえる。このようにして「遊ぶという現実を一つの独立的なもの」(Huizinga, J., 1938/1973, p.20) であるとみなすことができる。またそれゆえ、「遊びはそれだけで完結している行為であり、その行為そのもののなかで満足を得ようとして行われる」(Huizinga, J., 1938/1973, p.32) というように、遊びは遊ぶことそれ自体が目的となる。このように、遊ぶことではそれ自体が活動しており、遊ぶことはそれ自体の活動である。遊ぶことは自己循環的な、自己言及的な活動である。

　ここで、遊びが成立しているときは、これらの形式——動き——が同時に生じていることを指摘しておきたい。遊びには、ある素材的なものが形象化・象徴化され、同時に定まった形態や構造が生じている。また遊びには規則が生じており、なおかつ遊びの時間・空間は純粋に遊びだけが支配する場となり、他の現実が排除される。遊ぶ主体は閉じた遊びの現実性（リアリティ）の中に含まれ、遊びはそれ自体で完結した活動となるのである。

　ここでさらに、日常とは独立した遊びの現実性（リアリティ）について別の内的論理を導

きたい。まず、遊びには緊張関係が認められるという。Huizinga, J.(1938/1973) は、「緊張、それは不確実ということ、やってみないことにはわからない、ということである。(…) この要素は、玩具を小さな手でつかもうとしている赤ん坊、糸巻機にじゃれている子猫、手毬を投げたり受けとめたりしている少女にも、すでにある」(p.36) と述べる。遊びには必ず不確実さや偶然性が含まれている。必ずしも絵を上手に描けるとは限らないし、鬼に捕まるかもしれないし、鬼から逃げきれるかもしれない。Caillois, R.(1958/1990) もまた、「状況が思いがけない方向にたえず変わってゆくことが必要である。規則の限界内での自由な反応を即座に発見し、創案せねばならぬ、そこにこそ遊びがある」(p.37) と指摘する。ある一定の規則に拘束されつつも、そこには自由もある。拘束されつつも、思いもかけないことや偶然の出来事が生じうることが、遊びの緊張関係を作り出す。この緊張関係に入った遊ぶ主体は、そのつどそのつどの状況に応じて自発的に動かなければならない。「そこにこそ遊びがある」というように、この遊ぶ主体の自発的な動きをかき立て、挑発し、導き、誘い出すのは、遊びの不確実性なのである。そして、そのつどそのつどの主体的な行為を誘発する不確実性は、遊ぶことの面白さそのものである。Huizinga, J.(1938/1973) は「この迫力、人を夢中にさせる力のなかにこそ遊びの本質」(p.19) があると述べるが、遊びの現実性は不確実性においても生じ、そこには面白さや夢中にさせる力が見出される。

　そして、この遊びの現実性について、Huizinga, J.(1938/1973) は「まったく文字通り我を忘れ、自分がもうほんとうにそれに『なっている』と思いこむくらい夢中なのだが、しかしそれでいて、日常生活の意識をすっかり失ってしまったわけでもない」(p.43)面を指摘している。我々は原則、どれほど遊びに夢中になっていても、どれだけ集中していても、自分が本当に画用紙上の絵の風景の中にいると感じないし、また本物の鬼に追われていると思うことはない。遊びには、遊びの完結性に主体が入り込み、その現実に没頭していながらも、必ずそこにその現実を否定する意識が同時に働いている。その遊びの現実は現実ではないという意識が保たれている。日常的な意識を完全に失

うことがないままに、完結し閉ざされた遊びの現実に入ることも生じている。

　このような遊びの現実性（リアリティ）は、先ほど述べた象徴化とも関係している。象徴化とは、ある「素材的なもの」を「形而上的なもの」に置き換えた形態を生み出すことであった。遊びの現実性（リアリティ）との関連で考えると、象徴化とは「本物でないものを本物と考えて、見せかけの現実化をすること」(Huizinga, J., 1938/1973, p.43)である。本物ではない見せかけの現実化をされているけれども、それは単なる記号になるのではない。その象徴は、「形象、イメージに充たされたものになっている」(Huizinga, J., 1938/1973, p.43)。「現実を、いきいきと活動している生の各種の形式に置き換え」(Huizinga, J., 1938/1973, p.22)ると述べられていたように、象徴化とは、生き生きとした遊びの現実性（リアリティ）をも創り出すのである。すると再び「言語を創り出す精神は、素材的なものから形而上的なものへと限りなく移行を繰り返しつづけているが、この行為はいつも遊びながら行われる」(Huizinga, J., 1938/1973, p.23)ことについて考察すると、遊びにおける象徴化は、「素材的なもの」から「形而上的なもの」──つまり、思考や概念──を創り出す運動である。そして遊びとはある種の思考形式であり、日常の思考形式とは異なると述べた。すると遊びとは、生き生きとした思考や概念を生み出す運動であり、その思考や概念は、遊びの中で繰り返し生み出されるのである。そのような意味で、遊びはまったく独特の思考であり、むしろ思考それ自体を生み出す思考であるといえる。

　ここでもう一つの特徴として、遊びの流動性を挙げておきたい。遊びの始まり方が流動的であることには、既に触れた。さらに Huizinga, J.(1938/1973)は、遊びは「きわめて深い真面目さのなか」(p.26)で行われることがあり、「遊び−真面目という対照関係は、いつも流動的である」(p.32)と指摘する。それに加えて、「規則が犯されるや否や、遊びの世界はたちまち崩れ落ちて」(Huizinga, J., 1938/1973, p.38)しまったり、あるいは神聖な遊びが行われて「日常生活の世界より一段と高い事物の秩序を創る」(Huizinga, J., 1938/1973, p.44)ことがあったりする。つまり遊びは、一つでもその遊びの形式が欠けると消

第1章　Huizinga, J.と人間性心理学における遊ぶこと　　49

え失せ、あるいは遊びの形式が極端な状態になると別の状態に遷移する。
Huizinga, J.(1938/1973) が、「全体を支配しているのは運動、動きである。つ
まり、高揚してはまた鎮まるという変化、周期的な転換、一定の進行順序、
凝集と分散である」(p.34)と指摘するように、この遊びが流動的であることか
らも遊びが運動であることが示されている。この遊びの運動がある極に振れ
ると、そのバランスが崩れ、途端に遊ぶという運動ではなくなる。

　これに関連して、遊びの終わりもまた、流動的であるといえる。Caillois,
R.(1958/1990) は、遊びの後に「新しいものは何も生じてはいない」(p.34)こと
を指摘している。Huizinga, J.(1938/1973) も、「この行為はどんな物質的利害
関係とも結びつかず、それからは何の利得も齎されることはない」(p.42)とい
う。遊びが終わると、そこに実体として残るものが何もない。この点におい
ても、遊びは物として実体化できるものでは決してなく、行為であり運動で
あり、それは生きた思考や概念に関係していることを示している。それに加
えて、遊んだ後に何も残らないことにも、遊びはそれ自身で完結している活
動であることが示されている。

　最後に、Huizinga, J.(1938/1973) が「遊びの最も本質的な特性の一つである」
(p.34)とみなした、反復可能性について述べておきたい。遊びは、繰り返し
行うことができる。Huizinga, J.(1938/1973) は「遊びの内部構造についても言
うことができる」(p.34)と述べ、遊びの内容にも反復、繰り返し、順番による
交代などの諸要素がみられることを指摘した。それに加えて反復すること自
体も、また遊びを生み出すことを指摘しておきたい。何か無意味なものが繰
り返されると、そこにリズムや規則が生じ、遊びとなることがある。繰り返
すことによって、ある形態が生じ、またしてもその形態は他の現実から区切
られる。また、遊ぶ主体が遊びに魅せられて、同じ遊びが繰り返されること
もある。その一方で、遊びを繰り返すことでむしろ、遊びが消えてしまうこ
ともある。いつまでもその遊びが繰り返されると、遊ぶ主体が飽きて遊びが
終わったり、あるいは過度に繰り返されることで、面白いどころか空虚な繰
り返しとなることも生じる。このように、遊びにおける反復可能性は、本節

でまとめた遊びの始まりや、遊びそれ自体の内容、遊びの現実性、そして遊びの消滅においても生じうるし、反復によってそこで何が生じるかについても、流動的であるといえるだろう。

　本節では、Huizinga, J.が並列させた遊びそのものの形式的特徴をもとに、それらの内的連関を考えた。次節以降では、ここで考察された遊ぶことそれ自体の運動を鑑みつつ、遊戯療法において遊ぶことがどのように働くのかについて、検討されていくことになる。

　遊びは遊ぶ主体から自発的に始まると同時に、遊びの方もまた自律的に生じる。その意味で、遊ぶことは理性を超えたものである。また同時に、遊びの、他の現実を排除した完結性が、遊び独自の現実性を構成していた。それは言い換えると、遊ぶことは自己循環的な、自己言及的な活動であるといえた。また、遊ぶ者の主体性を誘発する不確実性において、遊びの現実性が生じ、そこには面白さや夢中にさせる力が見出された。さらに遊びの現実性には、その現実に没頭していながらも、必ずそこにその現実を否定する意識が同時に働いていた。またそれは、象徴化する運動でもあり、「素材的な」ものを否定し、ある「形而上的な」形態——思考や概念——を創り上げる。さらには、そこに日常の思考とはまったく別の思考が見受けられ、遊びは思考自体を創り上げる思考として捉えられたのであった。その思考や概念は生き生きとした現実性を帯びている。このようにHuizinga, J.は、遊びを物として捉えることなく、その内的連関を検討するに値する豊かな形式を提供したと思われる。

2. 人間性心理学における遊ぶこと

2-1　体験過程理論による遊ぶこと

　前章で述べたように、子ども中心遊戯療法は人間性心理学をもとにしており、その理念や実践上の心得を示すことができるが、心理療法の理論として考えることが難しい。遊戯療法は、子どもの遊びを認める治療者とともに子

どもが自発的に遊ぶことで、自己実現の傾向が発現し、心理的な成長を遂げると説明される。それと同様に、遊ぶことは子どもにとって、「自己表現の自然な媒体」（Axline, V. M., 1947/1972, p.11）であるという認識以上のものを示していない。そのなかでもGendlin, E.の体験過程理論は、人間性心理学の形而上学的な理念を、理論に近づける試みであると思われる。本節では、遊戯療法における遊ぶことの治療的意味を、Gendlin, E.の体験過程理論から説明しようとした弘中（2002b）の仕事を概観し、批判的に考察する。弘中（2002b）は子どもが遊ぶことに伴う体験に、遊戯療法の治療的効果を求めた。

　Gendlin, E.（1964/1981）の体験過程理論は、「『心理学的事象は概念的に形成された静的諸単位から成る』という誤った仮定を排するところの一つの人格観に基盤をおいている」（p.97）という。Gendlin, E.（1964/1981）は、人格を静的に固定されたものとしてではなく、今ここに具体的に進行している動的なプロセスとして捉えようとした。そのため体験を"experiencing"と表記し、"ing"を加えることで「『体験』が一つの過程と考えられていること」（p.89）を示そうとした。ここで言う人格とは、外的な対象や概念的な論理以外の「身体的に感覚され、感じられたことの流れ」（Gendlin, E., 1964/1981, p.90）で構成されている。

　Gendlin, E.（1964/1981）によると、いわゆるfelt senseと呼ばれる「感じられた意味」（p.92）は多くの暗々裡の意味を含みつつ「覚知されている」（p.93）。この身体に直接的な感覚は、明示された概念や意識の基準（レファランス）となる。身体的感覚を伴った「感じられた意味」は前概念的で、概念的には漠然としているが、はっきりと感じられているような何かであり、人格を構成する「直接のレファラント」（Gendlin, E., 1964/1981, p.91）であるという。このような身体感覚的な意味は「我々が明示したことよりもはるかに多くの暗々裡の意味を含んでいる」（Gendlin, E., 1964/1981, p.93）ため、意識では明確に把握できないものの、主体の意図や行為に先行する背景として考えられた。

　この感じられた意味と象徴が、相互に関わり合うことが治療を促進させる。Gendlin, E.（1964/1981）は、「意味についてのわれわれの『感じ』抜きでは、

言語象徴は単なる雑音にすぎない」(pp.91-92) とし、身体的感覚は「言語象徴 (もしくは事象) との相互作用が実際に生起する時のみ、過程が実際に先へと進められ、かくして明白な意味が形成される」(p.96) とした。Gendlin, E.(1964/1981) は、体験過程を促進するのは、身体感覚的意味と象徴の「相互作用が実際に生起する」(p.96) ことであると強調し、人格の変容を、身体的感覚と象徴の相互作用という動的なものとして捉えようとした。

　子ども中心遊戯療法では、遊ぶことそれ自体が治療的であると考えられているため、いわゆる"意識化"や"洞察"に重きを置いていない。氏原 (1993) は「遊戯療法や箱庭療法において、言語的レベルの洞察がほとんどないのにクライエントはよくなっていくことが少なくない」(p.2) と述べる。これを受けて弘中 (2002b) は、遊戯療法における「言語的・意識的洞察無き治癒」(p.66) を考えようとした。弘中 (2002b) はまず、体験過程における「前概念的」という術語を、精神分析の「前意識的」(p.65) という術語に言い換える。ふだんは意識されていないという点で無意識的でもあり、意識しようとすれば意識できるという点で意識的でもあるため、前意識は無意識と意識の中間領域であると仮定する。そのうえで、体験過程において中核的な体験は、意識と無意識の中間領域における前意識的な性質があると設定した。

　弘中 (2002b) は、箱庭・描画・遊びなどの非言語的な表現を行うことは、今・ここでの生々しい体験を引き起こすという。そして、体験過程の理論の考え方を援用し、遊ぶことには、確かに体験されているが意識的な水準では把握できない何かが生じると指摘する。それは、それ以上に意識化したり言語化することはできない体験である点において、前意識水準の心的活動であるという。このことから遊ぶことは、意識的なコントロールから外れているが、明らかに子どもに体験されている"直接のレファラント"があり、"覚知されている"「前意識水準の心的活動」(弘中, 2002b, p.64) であるという。それゆえ遊ぶことは、言葉で明確に指し示すことはできないものの、今明らかに感じられている前意識的体験を引き起こすことで、クライエントの体験過程が促進されると結論づけられた。弘中 (2002b) は、遊ぶことにおいて、言語

化や意識的洞察がないままに治療が進展するのは、このような「前意識的洞察体験」(p.67) が伴うからであると説明する。

　また、Gendlin, E. の体験過程の理論は象徴化を重視した理論でもあり、弘中 (2002b) も、遊ぶことにおいて象徴化が生じていると指摘する。Gendlin, E. (1964/1981) は、「直接感じられた暗々裡の意味を象徴化することは有機体的過程を一歩進める」(p.101) と、体験過程は象徴化でもあると明確に述べている。まず Gendlin, E. (1964/1981) は、「(体験) 過程が暗黙である限り、それは未定であり、組織化に至る前の形で言語象徴 (もしくは事象) と相互に作用しうるのを待機している」(p.96) と述べる。この感じられた意味が「よりくっきりと際立ち、よりはっきりと感じられるようになる」(p.100) 象徴と出会うことが、Gendlin, E. (1964/1981) のいう象徴化である。

　Gendlin, E. (1964/1981) によると、前概念的意味は「未完了」(p.95) であり、象徴と相互作用を持つことによって、初めて意味が「完了し、かつ形成する」(p.95) という。多様な意味を孕む身体感覚が前概念的であるということは、それは感じられてはいるものの、未だに意味の方向性が定まっていない状態である。このような時間的に先行する前概念的意味に、相互作用を生じさせる言語象徴や事象が与えられることで、明確な形や意味が生じ、主体が組織化され体験過程が促進される。

　これを受けて弘中 (2002b) も、遊ぶことだけでなく、箱庭などの非言語的・イメージ的表現にも「原体験をまとめ、方向づける核となる象徴としての要素」(p.77) があるという。Gendlin, E. (1964/1981) の象徴化を促すものとは、言語的な表象だけを示しておらず、「言語的音声、他者の行動、外部的に生じた事象――即ち、感情と相互に作用しうる事柄は何であれすべて含められるようなもの」(p.96) のことをいう。すると、箱庭や遊ぶことといった非言語的表現は、この「外部的に生じた事象」とみなすことができる。したがって、箱庭や遊ぶことも「前意識的体験をまとめ方向づける象徴化の機能を果たす」(弘中, 2002b, p.77) ことになるという。弘中の捉えた遊ぶことの象徴化とは、確かに体験されているが意識的な水準では把握できない何かが、遊ぶことで一

つの外的な形を与えられ、明確になる過程である。

2-2　体験過程理論を援用した遊ぶことの検討

　弘中が、クライエントが自らの問題を意識化し、洞察することが心理療法における治療機序であるという前提に拘ったがゆえに、Gendlin, E.の「前概念的」という術語をわざわざ「前意識的」という術語に言い換えて意識と無意識の中間領域を設定したこと、そのうえで遊ぶことが「前意識的洞察体験」を引き起こすと仮定したことについては、論理的に検討の余地があると思われる。

　例えばGendlin, E.は、前概念的な漠然と感じられた意味と象徴の相互作用によって、明白な意味が生成するとした。それに対して弘中は、前概念的という言葉を「前意識的」と言い換えることによって、遊ぶことを前意識的な水準内のみに生じる過程として説明することになる。遊ぶことは前意識的な体験である。非言語的・イメージ的に表現された遊びの内容は、その前意識的体験をまとめ方向づける象徴化の機能がある。それが前意識的な洞察を引き起こし、人格促進的な働きとなる。問題は、前意識的な体験が生じるとした点にあるように思われる。意識でも説明できず、無意識でも説明できない遊ぶことに直面した結果、その中間領域をあえて作り出している。その中間領域はブラックボックス化されていて、それまで説明できなかったことがすべてその場で起こっていて、すべてがその場で説明されてしまう。あえて設定されているがゆえに、その中間領域は、そのような仮説として説明された箇所以外には、どこにも居場所はないと思われる。

　同様に弘中（2002b）は、無意識について「無意識そのものを体験することはできない」（p.65）と断定する。さらに、明らかにクライエントに体験されているということを根拠に、遊ぶことは「無意識の活動そのものではありえない」（p.64）という。無意識という概念を排除したために、弘中（2002b）は「前意識的体験」や「前意識的洞察」という意識と無意識の中間領域を作り出し、そこに設定された「弘中版体験過程理論」によって、遊ぶことの治療機序の説明を

試みたと考えられる。

　イメージが活発に働く、主体のコントロールを超えた表現とは、無意識的な働きであると指摘してもよいと思われる。また、遊ぶことを明らかに体験するのは、他でもない合理的な意識の働きによると思われる。遊ぶ際にも、その遊びの規則に従い、遊びの技術をコントロールする、合理的な意識が必要であろう。例えば人は、風景を見て絵を描くときに、前意識だけで描いているだろうか？　絵を描くという行為そのものは相当意識的であるし、それでありながら、その風景に魅せられることや、絵を描きたいと思う衝動や、構成や配色の際に思わずこう描いたということもまた生じている。その意味で、遊ぶことには意識と無意識双方の動きが関与していると考えられる。

　むしろ弘中（2002b）の関心をとらえていたのは、遊ぶことの、今・ここでの「新奇な生々しい体験」（p.68）が、どのように治療的に働くのかという問いであったと思われる。後に弘中（2014）が、「遊びのリアリティ」（p.33）と明確に表現したように、彼は、遊ぶことに伴う独特の体験や現実性に注目したのである。また弘中は、Huizinga, J. と同様の視点をもって、遊ぶことの形式的特徴を捉えていたと思われる。遊ぶことについて、「そのような体験を得ようと思って、意識的・意図的・操作的に引き起こせるものではない。あくまでも、何らかの状況に随伴して生じる」（弘中，2002b，p.65）として、遊ぶことが始まるのは流動的であること、あるいは遊ぶことが自律的に生じること、それゆえ遊びの体験も意図的・計画的に生じさせることはできないことを捉えていた。また弘中（2002b）は、前意識的体験について「情動や身体感覚、直感などの主観的な体験と強く結びついている一方、客観的・思考的に対象を捉えて理解する合理的な意識活動とは異なる性質のもの」（p.64）と指摘したが、これは遊ぶことは非理性的なもので、遊ぶことが日常と独立した動きであることを説明するためであったように思われる。

　さらに、遊ぶことは子どもの意識的・意図的コントロールを超えた活動であるため、「活発な心的活動としてのイメージの存在が仮定することができる」（弘中，2002b，p.64）とも述べている。これに関連して Gendlin, E.（1964/1981）

も、「我々が明示したことよりもはるかに多くの暗々裡の意味」(p.93) が身体的感覚に含まれていて、それが現在の人格を変容させる動因となるとしている。Gendlin, E. においては、あくまで個々の人格に備わる身体的感覚が、体験過程を促進させると考えられている。その一方で心的活動としてのイメージとは、身体的感覚やいわゆる人格という概念を超えたものであり、これらの議論は、精神分析とユング心理学から捉えていく方が妥当であると思われる。

　ここまで、体験過程理論を援用し、遊ぶことの治療的意味を捉えようとした弘中の試みを批判的に検討した。その試みは、意識的洞察に拘ったことと、体験過程理論の前概念的という術語を前意識的と言い換えたうえで、遊ぶことの治療的意味を説明したことで、かえって論理的に難しい事態を招いたように思われる。その一方で、弘中が見出したいくつかの遊ぶことの性質は、Huizinga, J. の遊びの形式的特徴を的確に捉えている。意識的コントロールを超えていたり、象徴化を促すような遊ぶことの理論的な検討は、続く第2章・第3章で検討していきたい。

第2章

精神分析における遊ぶこと

1. Freud, A. の遊ぶこと

1-1　はじめに

　Freud, A. と Klein, M. は、同時代を生きた精神分析家であり、それまで成人のみが対象であった精神分析を、子どもにも応用できるようにしたとされる。その一方で、同じ精神分析の名を掲げて実践を行っていながら、両者の治療的な立場には大きな隔たりがあり、当時は両者の間で論争が生じていた。近年においても両者は遊戯療法の文献で紹介されているが、そこでは序章で述べた通り、両者の主張を要約して並べているのみであり（小松, 1999）、両者の違いが何を意味するのかについて、検討はなされていない。むしろ Klein, M.(1927/1983) が、Klein, M. 自身の心理療法と Freud, A. の心理療法について述べた「児童分析に関するシンポジウム」が、現代においてもなお最も的確にその隔たりを説明していると思われる。

　本節ではまず、Freud, A. の子どもや遊ぶことに対する見方を批判的に検討する。そして次節で、Freud, A. と比較しつつ、Klein, M. が子どもや遊ぶことをどのように捉えたのかを検討する。Klein, M. は、遊ぶことを象徴化の働きとして、そして内的空想と外的現実の両方を媒介するものとして捉えた。また Klein, M. は、遊ぶことの中に主体性の発生も見て取ったと思われる。

1-2　Freud, A.の分析的教育

　Freud, A.(1927/1981) は、子どもに対して分析を行うためには、いわゆる大人に対する精神分析の方法に、一定の修正や調整が必要であると考えた。大人の精神分析の方法とは、自由連想であり言葉を語ることである。Freud, A.によると、大人の自由連想が可能であるのは、大人は自らの問題を自覚して分析を受ける目的も分かっているためであるという。また大人は両親から独立した存在であるため、両親との関係とは実は被分析者自身の空想であり、「自分の空想がこれまでずっと固着していた古い対象（両親）を見限って」(Freud, A., 1927/1981, p.44)、大人は症状を分析家との関係の中の転移症状に置き換え、転移神経症を形成することができるという。

　一方で子どもは、心理的問題を自ら自覚して分析を受けることはなく、また分析治療の目的を理解していないために、自由連想を拒否することもあり、自由連想が困難であるという。さらに子どもは両親に依存しているため、両親との関係も「愛情対象」「原対象」(Freud, A., 1927/1981, p.44) と呼ばれるような現実の関係であるという。そのため子どもと両親との関係は、子ども自身の空想に彩られた関係ではないとする。

　つまり、子どもは日常において現実の親に様々な影響を受けており、子どもが示す愛情や憎悪といった感情を親と分析家が共有してしまい、「分析家をすっかり両親の代わりとする」(Freud, A., 1927/1981, p.44) 転移神経症が形成されず、転移の分析が行えない。それゆえ Freud, A.(1927/1981) は、分析家との間で転移が生じてある程度子どもの分析を行えたとしても、子どもは「以前に葛藤が生じたのとほとんど違わない諸条件を備えて」(p.48) いる両親のもとに戻るため、「もう一度神経症に陥る道を取る」(pp.48-49) か、両親に対する反抗という現象になって現れてしまうという。

　また Freud, A.の治療観は、洞察を通じて衝動を解放することと、超自我によって衝動を制御することである。しかし、子どもの超自我は「自ら本能衝動を制御できるような確固たる内部構造を欠く」(Freud, A., 1927/1981, p.55) 未熟さがあるため、両親が子どもを教育・指導することを通じて、子どもの超

自我の代わりをしなければならないという。以上のことから、子どもの治療
では衝動を許しつつ禁止すること、つまり「分析することと教育すること」
(p.64) が同時になされる「分析的教育」(p.65) と称するものをFreud,
A.(1927/1981) は提唱する。それゆえ Freud, A. は、子どもに対する治療に精神
分析を適用できないと結論づける。

1-3　Freud, A.の枠組み

　Freud, A.の子どもの"児童分析"の考え方を概観したが、Freud, A.の思考
には様々な、そして深刻な問題点があると思われる。Freud, A.が繰り返し提
示している視点は、"大人は発達した自我を備え、既に両親から独立してお
り、両親との関係はその個人の空想に彩られている"という前提と、"子ども
は未熟であるため現実の両親に依存し、その両親との関係も現実の両親から
の影響を受ける"という前提である。Freud, A. は、"大人／子ども""独立／依
存""空想／現実"という二分法で心を捉え、その前提を自らの"児童分析"に
適用しようとする。Freud, A.の論理において、"子どもは現実の両親に依存
しているため、両親からの影響も現実にある"という前提の方が、転移や超
自我といった精神分析の基礎概念よりも、常に既に上位となっている。

　Freud, A. は、両親の影響を絶対化している。この前提は、日常生活的な思
考、つまり一般論としては理解可能である。Freud, A. は、治療の対象が子ど
もとなった途端、精神分析に一般論を挿入した。その結果、精神分析の基礎
概念とそれらに基づく精神分析的な視点──それが精神分析を成り立たせて
いるはずである──と一般論を繋ぎ合わせただけでなく、理解しやすい一般
論を上位に、精神分析の基礎概念をその下位に隷属させた。もちろん、精神
分析は両親と主体との関係を無視はしない。精神分析はむしろ、主体と両
親との関係も含めて、それを主体固有の歴史として捉え、そこに主体のあり
方を見て取る。そうではなくFreud, A. は、子どもの"外的生活"が現実の両
親に依存していることを主張し、それと同じく子どもの"心のあり様"もま
た、両親から現実に影響を受けていると疑いもなく主張する。この"現実"と

いう言葉の曖昧で、恣意的な使用法によって、子どもの外的"現実"生活と内的な"現実性"を混同し、同じものとみなしている。その結果、精神分析の基礎概念への理解や、そこから導き出される精神分析的視点を放棄し、日常的な思考を優先している。

　精神分析では、両親や環境が主体に与える影響について考える際に、主体の側からの関わり方も考慮に入れられている（立木，2007）。その点に関してFreud, A.は、他の箇所で口唇期・肛門期・性器期・潜在期について、各部分欲動に特徴的な行動を主体がとるのは「それが彼にとって快感を与えてくれるから」（Freud, A., 1930/1981, p.97）と述べ、部分欲動に応じてそれぞれの身体部位がエロス化され、そこから主体の現実性が構造化されることについては、Freud, S.の思考に則っている。例えば、子どもが砂、水、泥を"こねまわす"ことは、肛門期の快感の記憶をその行為の中に保とうとしているという。すると、肛門欲動の現実性が主体を支配しているとき、主体と両親との関係性においてもまた、肛門欲動的な"他者からの要求"というテーマが前面に現れてくるはずである。それぞれの部分欲動に応じて、主体と両親との出会い方も異なってくる。一方、主体の側から考えると、主体が両親を含めた外界の環境と出会うとき、主体がその出来事をどのような出会いとして徴づけるのかということが、その主体のあり方、ひいては症状を決定していく。これが欲動という視点から考えた、主体と外界との関係のあり方であると思われる。Freud, A.の思考は、このような主体と環境とのそれぞれにとって固有の出会いを、"子どもは両親に依存している"という、日常的な思考で単純化した図式に閉じ込めている。

　その一方でFreud, A.(1927/1981) は、子どもの夢・白昼夢・描画といったいわゆる空想の表現に対して、大人の分析と同じ関わりが可能であることを、事例を挙げて示している。遊ぶことについても同様に「子どもの世界が、またたく間に再現される」（Freud, A., 1927/1981, p.36）ことを認め、遊ぶことも主体の空想の表現と捉えている。そのことを認めていても、Freud, A.は遊ぶことの意味をこれ以上考えることには行きつかず、遊ぶことは先ほどの前提に

回収されてしまう。Freud, A.は結局、子どもは両親に依存しており分析家への転移が生じないために、その遊びが解釈可能な象徴であるかどうか疑わしいとして、遊びに象徴性が認められるという考えを退けるのである。

　そして「子どもというものは、自分の好きな人だけを信じて、その人たちの愛を失わないように努める」(Freud, A., 1927/1981, p.40)ゆえに、「子どもを分析する場合には、大人とは比べ物にならないほど、陽性の関係が必要」(Freud, A., 1927/1981, p.40)であると述べる。子どもが自由連想を行うことができ、その結果分析が可能となる陽性転移とは、「子どもが強い愛着を私に寄せ、私に依存的」(Freud, A., 1927/1981, p.40)になるような関係であり、逆に陰性転移は、「たとえそれが、いろいろの意味で、本当の姿をあらわすものであったとしても――基本的には治療の妨げになる」(Freud, A., 1927/1981, p.40)として避けられる。「本当の姿をあらわす」と明らかに記述されているように、陰性転移という現象において、主体の心の現実性（リアリティ）が立ち上がることを、Freud, A.は自覚していた。しかし、子どもとの治療という局面になると、Freud, A.は「たとえそれが、本当の姿をあらわすものであったとしても」陰性転移を避けねばならないと判断を急いでしまう。その結果、「本当の意味で効果が上がる治療は、陽性の愛着が見られる場合のみ行われる」(Freud, A., 1927/1981, p.40)と主張するのである。

　それに加えて、Freud, A.は陽性転移についても独特な解釈を行っている。まず、分析家であるFreud, A.(1927/1981)自身が子どもの「興味を引き起こす存在に」(p.12)なるために、子どもが話すことに主導権を与えるという。次に、子どもにとって役に立つ人間であることを分からせるために、タイプライターで手紙を書いてあげたり、刺しゅうや編み物を作って子どもが持ってきた人形に着せるような行動を行うという。さらに、両親から罰を受けるような悪いことをした時でも、分析家に話せば罰を避けられるというような、Freud, A.が子どもに好都合な結果を引き起こす存在であることを分からせるという。「このような関係になれば、求められれば子どもでも短い時間は分析家を喜ばせようとして、自由連想をすることも時々は見られ」(Freud, A.,

1927/1981, p.32）ると述べ、このような関係になって初めて、子どもはある程
度自由連想を行うことができると主張するのである。

　このような強烈な陽性転移を強調することに、先ほどの"子どもは両親に
依存している"という一般論的な前提から導き出された、Freud, A. の思考の
特徴が示されている。陰性転移が生じることを避けるだけでなく、子どもの
要求に即座に応え、子どもが罰を受けるような状況の盾となるような、他者
との関係性が強調される。その他者とは、子どもにとって好都合な結果を率
先して引き起こしてくれる他者となる。その状況を子ども自身が望んでいる
かどうかは、考慮に入れられることがない。あるいはその他者は、子どもの
不都合な状況を即座に物理的に解決してくれる。自由連想は子どもがその他
者を喜ばせようとして、物と物との交換のように、その他者からもたらされ
た"好都合"性の等価物として行われる。「ねえ、私がこれだけやってあげた
のだから、そのお礼に、お話をしてね」という風に。このような関係は、陽
性転移の一つであるかもしれないが、―――一般論で考えても――単に自己愛
的で操作的で、歪な関係であろう。Freud, A. が放棄した精神分析の視点から
考えると、このような陽性転移こそが、分析されねばならないだろう。まし
てやそのような関係性を生じさせたのは、被分析者からではなく、分析家か
らなのである。

　Freud, A. は陽性転移を、あるいは子どもと分析家との関係を、量的な物と
してのみ捉え、その量は自己愛の強さやそれがもたらす快感を基準として測
られ、その量が多ければ多いほどより治療的であると考えていたと思われ
る。それだけでなく陽性転移を、分析家が操作的に生じさせることができる
ような物であるとも捉えている。その結果、陽性転移とは、主体にとっては
自動的にやって来て、ただ受動的に佇んでいれば自ずと訪れる快適さ、と
いった程度のものとなる。現代的に考えれば、子どもに安易に、意のままに、
即座に快感を生じさせてくれる他者とは、"タブレット化"した他者であると
いえるかもしれない。結局のところ Freud, A. は、子どもには独自の心があ
り、子どもにも主体性があり、あるいは西欧的な意味での人間の尊厳を持っ

ているということを、考えもつかなかったように思われる。それゆえ、現実と現実性を混濁させ、子どもの心を操作する物とみなして、歪な陽性転移概念を提案したのであろう。

このようにFreud, A.は、子どもの心のあり様を単純化し、実体化して捉えたと思われる。同じようにFreud, A.(1927/1981)は、精神分析治療についても、「意識的自我と同盟を結んで彼の人格の分裂した部分に立ち向かう」(p.11)と述べていて、このことからも、Freud, A.の日常的な理解の次元での、自我意識への強い傾倒が見て取れる。

1-4　Freud, A.における自由連想と転移

Freud, A.は、年齢という一般常識の基準で"大人／子ども"を無邪気に区別したのとまったく同じように、自由連想と遊びを区別し、それらをまったく異なるものであるとみなす。それは、語りと遊ぶことの区別と言い換えることができる。Freud, A.は、被分析者が"自らの問題を自覚し、分析治療の目的を理解する"こと、つまり自己について明確な意識を持つことが、自由連想を行わせると考えた。それと同様に、自由連想の結果引き起こされるとされる治療的な洞察も、自我が意識的に理解することと考えていた。その一方でFreud, A.(1927/1981)は、遊ぶことには「子どもの世界が、分析室の中で、またたく間に再現される」(p.36)ことに気づいていたのであった。「はじめは何も干渉せずに、分析家は自分の眼の前で、子どもを自由に動き回らせる。このやり方は、子どもの様々な反応、つまり攻撃的な衝動の強さや、情愛の強さ、玩具を使う中で見られる、身近な人に対する子どもの態度について知る」(Freud, A., 1927/1981, p.36)ことができ、遊びは子どもの「空想の世界」(Freud, A., 1927/1981, p.37)をも表現しているとまで述べている。ここまで述べておいて、Freud, A.は、目的性も意識性もない遊びには、解釈や分析が不可能であるとして、遊ぶことを自らの精神分析的治療から退ける。

自由連想とは、Freud, A.(1927/1981)自身が指摘している通り、「浮かんでくる考えに批判的な態度をとらないようにして、思いついたことは何でも

話」(p.32)すこと、語る内容や語り方をコントロールする自我の語りではなく、被分析者が無意識の主体に委ねて語ることを試みる行為である。Freud, A.は自由連想、つまり言葉を話すことの原因と結果の双方に、あくまでも明確な意識性を据えた。簡単にいえば「私は心に困難を抱えていることを十分に自覚しているから、そのことを解決するという目標を掲げ、自らその問題に関することを話すのだ」というような、自らの問題と話す目的を明確に自覚するからこそ、人は心の問題について語ると考えていた。一方で遊びは、遊ぶこと自体が目的である行為である。それどころかHuizinga, J.が述べたように、遊ぶことが主体を捉えるために、遊ぶ主体には、遊ぶ目的は——それ自体が目的であるなどと——意識されない。遊ぶ主体はただ遊ぶ。このことを認識していたためだろうか、Freud, A.は、意識的な語りがない子どもには、精神分析の方法が適用できないと考えた。しかしFreud, A.の論の展開を見ると、Freud, A.は単に遊ぶことは子どもが「語っていない」状態であるとだけ認識していて、遊ぶことは主体を捉えていてそれ自体が目的である行為であるという認識はなかった、と筆者には思われる。少なくともFreud, A.は、子どもが遊ぶことと言葉を語ることはまったく関係のない行為であると考えている。

　精神分析の視点から語りの原因、人を語らしめる動因を考えるとき、我々は意識だけではなく無意識の働きも想定しなければならない。人が語るとき、自分が語ろうとしている以上のことを語る。つまり、人が語るとき、なぜ自分がそれを語っているのかも把握できない瞬間が生じうる。これがFreud, S.が夢・症状・失錯行為において捉えた、無意識の運動であろう。無意識が開かれるとき、なぜそのことを語っているのかについて、人は語ることができない。なぜなら、そのとき人は語りに囚われていて、語りが語っているからである。語っているのはそれであり、それが語るのである^{*4}。その瞬間、欲望や欲動の動きが垣間見える。それは主体と世界との隠された関係が明らかになるような瞬間であったり、主体が世界と新たな関係を結びなおすような瞬間となりうる。

第2章　精神分析における遊ぶこと　　65

　同じように、子どもが遊ぶとき、そして"子どもの世界が、分析室の中で、またたく間に再現される"ときを考えると、子どもがなぜそれを遊ぶのか分からないままに――その目的も自覚されないままに――子どもの世界がその遊びの中で生き生きと語られているといえる。語りと遊ぶことは、Freud, A.が思うほどかけ離れてはおらず、語りも遊びも共に、意識的な目的性から逸脱し、むしろ意識的な目的性が失われるような行為である。

　それに加えて、転移についてFreud, A.は、主体が分析家に向ける感情であると考えている。それだけでなく、その感情は"好き／嫌い"という二つであり、その2種類の傾向のみで転移を捉えている。しかし転移とは、誰かに感情を向けることだけではない。Freud, S.(1914/2010)は「転移を、反復強迫のために遊び場として空けておいてやる。するとこの遊び場で、反復強迫は、ほとんど完全な放任状態で羽を伸ばすことが許され、被分析者の心の生活のうちに潜んでいた病因としての諸欲動を、余すところなくわれわれの眼前にさらけ出さざるをえなくなる」(p.304)と述べ、このような場合に「通常の神経症を、治療作業を通して治癒の可能性のある転移神経症に置き換えるのに成功」(pp.304-305)したとみなした。すると、遊ぶことで「子どもの世界が分析室の中で、またたく間に再現される」(Freud, A., 1927/1981, p.36)とき、心の生活のうちに潜んでいた症状を形成する諸欲動が余すところなくさらけ出されていて、そこに転移が生じている。転移は、主体の内面にあると想定される、過去の記憶や誰かへの感情といったようなものではない、と筆者は考えている。もちろんそのように解釈できる事例もあるであろうが、実際のところ、転移を特定の過去の記憶に設定したり、あるいは父や母に代表される誰かに対する――主に愛情や憎悪といった――特定の感情に固定すべきではない。その想定もまた、主体の症状を――あるいは主体についての理解を――、特定の時間的・空間的な具体物に固定する実体化であろう。むしろ転移は、Freud, S.の言うように、反復強迫がまさに今、生き生きと遊ばれることで、眼前で患者独自の現実性が立ち上がってくる場なのである。

　以上のように、Freud, A.が子どもや遊ぶことをどのように捉えたのかにつ

いて批判的に検討した。Freud, A. は、子ども理解に一般論を安易に適用し、精神分析の基礎的な視点を無自覚に踏みにじり、意識が自らの問題を自覚することが心理療法に欠かせないと思い込んだ。その結果、遊ぶことそれ自体の検討を止めるどころか、遊ぶことを単に子どもを惑わすための快楽の道具とみなし、"タブレット化"した他者による"タブレット化"した撒き餌とみなしたと思われる。このことを踏まえて、次節からはKlein, M. が、遊ぶことをどのように捉えたのかを考えていくこととする。

2. Klein, M. の遊ぶこと

2-1　Klein, M. における遊ぶこと

　Klein, M.(1927/1983) は、子どもの心理療法について、Freud, A. と同じく、言葉を語る自由連想はありえないし、「会話だけの手段では十分な材料を集めることは全くできない」(p.175) ことを認める。そして Klein, M. は、Freud, A. とは異なり、子どもに対する心理療法を遊戯技法（play-technique）と称し、遊ぶことを子どもの治療の中心に据えた。Klein, M.(1927/1983) は、小さな玩具類を予め用意し、「もし子どもが望めば自由に使ってよい」(p.176) ような状況を設えた。その目的は、「すべからく子どもの空想に近づいてそれを解放すること」(Klein, M., 1927/1983, p.176) である。また Klein, M.(1923/1983) は、子どもの遊びを大人の自由連想と同じ構造を持つ「性−象徴的意味」(p.92) を帯びた無意識の活動とみなした。Klein, M.(1926/1983) は、「遊びの中で、子どもたちは空想・願望・体験を象徴的に表現する」(p.158) と明確に述べる。Klein, M. も Freud, A. と同様、子どもの遊びの中に子どもの心のあり様が如実に表れることを見て取った。

　重要なことは、Klein, M. が遊ぶことと語りが同じ構造であることを認め、遊ぶことに無意識の象徴性を認めたことである。おそらく Freud, A. は、語りを意識とあまりに同一視したために、遊びと語りが同じ構造であることにまったく気づかなかった。一方 Klein, M.(1926/1983) は、大人の精神分析のす

べての原則と本質はまったく同じに、子どもの遊ぶことに対しても、「一貫した解釈・抵抗の段階的解消・転移を最早期の状況まで絶えずたどっていくこと」(p.161) を適用できると主張した。「Freud, A. は大人の意識と自我を前面に出しているのに対し、私たちの分析はまず第一にそして何よりも無意識に対して働きかけなければならない」(p.171) というように、Klein, M.(1927/1983) の子どもに対する遊戯技法もまた、Freud, S. が取り組んだ無意識の主体と関わる実践なのである。

2-2 分離による、主体と現実の発生

Klein, M.(1927/1983) は、子どもの遊びに自ら関わった経験から、「エディプス・コンプレックスは、離乳による剥奪体験に引き続いて始まること、すなわち生後1年目の末期あるいは2年目の初期にはすでに始まっている」(p.186) と指摘し、早期エディプス状況を見出した。

口唇期での離乳や肛門期での清潔の訓練が、子どもにとって母親の愛の剥奪体験となり、そのことを契機として早期のエディプス状況は生じる。その時、子どもは、「母親の身体の中に入り込んで身体を粉々に切り刻み食い尽くしそして破壊することで、母親の排泄物を独り占めにしたい」(Klein, M., 1928/1983, p.228) と願う。そして、「子宮を対象とする破壊的傾向もまた、その中にあると思われる父親のペニスに全開した口愛的・肛門的サディズムでもって向けられる。父親による去勢恐怖がこの時期に集中されるのは、まさにこのペニスに対してである」(Klein, M., 1928/1983, p.230) という。母親の乳房の剥奪体験に伴って、子どもはリビドー対象である両親をサディスティックに破壊しようとする。そして、「そのことが不安を惹き起こすのである。というのは、エディプス傾向が目覚めるとその対象が取り入れられるが、その取り入れられた対象は、その次には、懲罰を課すのではないかと思われるような対象に代わる(…) すなわち、超自我は噛みつき食い尽くし切りきざむものになる」(Klein, M., 1928/1983, pp.226-227) と述べる。

幼児期の早期エディプス・コンプレックスの発生に伴って、エディプス的

愛情対象——両親——へ子どもは激しいサディズムを向ける。そして、その対象が子どもに取り入れられた結果、サディスティックな厳格さを持つ超自我が子どもに生じることとなる。Freud, A. は、子どもは未熟であるという理由で、子どもの超自我を単に未熟なものとみなしたのに対して、Klein, M. は、超自我とはむしろ厳格なものであり、それを和らげることが治療に必要であるとした。

　さらに Klein, M.（1927/1983）は、主体に超自我として取り入れられた対象は、「抑圧と罪悪感を通して、最初に求めた対象からははるかに離される（…）今や現在の愛情の対象は本体の対象のイマーゴ（変形された両親像）となっている」（p.181）と述べる。Klein, M.（1927/1983）によると、超自我は「ある空想的な厳格さ」（p.186）を持つゆえに、超自我として取り入れられた対象イメージである両親像は、実在する「対象そのものからは根本的に区別される」（p.188）という。すなわち超自我を「子どもの中に確固とした起源をもつ」（Klein, M., 1927/1983, p.189）空想であると捉えた。

　Freud, A. は、子どもに影響を与えているのは、現実の実在する両親であるという素朴な想定を信じて疑わなかった。一方、超自我の対象イメージは、現実の両親とは異なる主体の空想であるゆえに、Klein, M.（1927/1983）は、「子どもにも完全な転移神経症が起こっている」（p.182）と指摘する。早期エディプス状況で生じる空想は厳格で、強い不安を惹き起こすために、この空想を和らげることこそが、主体の歩みにとって重要であると Klein, M. は主張する。Klein, M. は、乳房の剥奪体験に伴って超自我が形成されると、主体の両親像は現実の両親からは区別された、主体自身に起源を持つ空想やイメージとなるとみなした。その対象イメージである両親像は、「空想的な厳格さ」（Klein, M., 1926/1983, p.186）を帯び、超自我としての母親像は「内在化された母親」（Klein, M., 1926/1983, p.156）であると述べている。

　ここで押さえておきたいのは、いかに厳格な、強い不安を惹き起こす空想であろうと、主体自身の内にその起源を持つ、その主体固有の内面性が発生したということである。乳房の剥奪体験に伴って生じる主体固有の内面性と

は、両親から分離した個としての主体の萌芽であろう。取り込んだ対象から嚙みつき食い尽くし切りきざまれるのではないかと恐れるように、この空想は、主体からの外界への関わり方や主体のあり様を特徴づけている。Klein, M.(1930/1983)が、この「サディスティックな空想は、外界や現実に対する最初で基本的な関係を作り上げる」(p.267)と指摘したのは、このことを示している。したがって、Klein, M.が見出した早期エディプス状況における超自我は、主体固有の空想――それがどれほど厳格さに彩られても――の発生でもあり、それは同時に、主体から外界に対する原初の関係も示している。

　それに加えて、Klein, M.(1926/1983)は「幼児は避けることのできない剝奪体験を通じて現実を知る」(p.152)とも指摘する。母親の乳房からの分離は、主体の原初の外的現実との出会いともなる。主体が出会う原初の外的現実とは、剝奪という否定の、外傷的な形で出会うような現実である。すると、母からの離乳という外的現実によって、外的現実の現実性_{リアリティ}とは異なる次元――内的な現実性_{リアリティ}――もまた主体に開かれていくことになる。つまりKlein, M.は、乳房の剝奪という否定的な外的現実との出会いを通じた、現実の両親像から分離した、個としての主体の発生を捉えたのだと思われる。

　Klein, M.が示しているのは、母親の乳房からの分離を契機にした、個としての主体としての内的空想の発生と、内的空想と外的現実の関係の発生である。早期エディプス状況によって、主体はどのように内面性を育み、いかに個として生きるのかという課題を歩み始める。それと同時に、主体は自らの内的空想と外的現実の両者をいかに関係づけ、それらの関係を主体の生の中にいかに位置づけていくのかという課題を歩み始めるのである。

2-3　遊ぶことにおける象徴形成の働き

　Freud, A.が、自由連想と遊びを異なるものと単純に捉えたのに対し、象徴形成という観点から、遊びに自由連想と同じ構造を見て取ったことも、Klein, M.の功績である。Freud, S.は、リビドー備給された身体や欲望が、そのリアリティを保ったままに他の表象や行動に置き換えられていることを発見し

た。Klein, M. は、子どもの遊びにおいても、その遊びに表象されているものが、主体の欲望を意味するという象徴の構造を見て取った。例えば、フットボールなどのボールを使った遊びは性交を表し、将軍や兵隊の人形が村へ行って宿泊するという空想は母親との性交を表すという。このように Klein, M.(1923/1983) は、子どもの遊びの内容に注目し、遊ぶことにリビドー備給を受けた「性－象徴的意味」(p.92) を見出した。

　そして、リビドーを備給された身体器官や活動を、他の対象に置き換える働きである Ferenczi, S. の言う意味での同一化が、象徴化の前段階であるとした。「抑圧が働き始めて同一化から象徴形成への進展が起こる時には、リビドーが本来快感的色合いをもっていない自己保存本能の対象や活動に置き換えられる機会を作るのは象徴形成の過程である。ここにいたって、私たちは昇華の機制に到達する」(p.101) と Klein, M.(1923/1983) は言う。Klein, M. の考える象徴化とは、リビドーという形の定まらないエネルギーが、本来リビドーの色合いを持っていない対象や活動――例えばボール遊びや人形遊びなどの遊びという形式――に、同一化を通じて置き換えられることである。なお、象徴化によって新たな象徴に置き換えられた対象や活動は、「それ自身が快感の源泉ではなく、この同一化を通じて性的快感がそれらに置き換えられ」(Klein, M., 1923/1983, p.101) るという。遊びが我々に示すのは、あくまでボールが行き来したり、兵隊の人形が村に泊まるといった、性的な意味を直接示すことのない次元の動きである。遊びの内容が性－象徴的意味を表すということは、身体器官に向けられていたリビドーの快感が、その身体器官とはまったく異なる対象や形式――新たな象徴――に置き換えられることに伴って、その活力を失って意味の次元に落ち込んでいくことである。子どもの遊びでは、直接的な次元の性的な現実性(リアリティ)は消え失せる。性的な現実性(リアリティ)はあくまで遊びの意味として、間接的な次元で仄めかされる。これが象徴化の働きである。

　そして Klein, M. は、ある対象をそれとは異なる対象へ置き換える同一化という象徴形成の働きに、昇華の機制を認める。Klein, M.(1923/1983) は、遊

びがより複雑な遊びになったり、遊びが言葉を語ることへ移行したりすることを象徴形成の発展とみなし、「話し言葉は象徴形成や昇華を助けるばかりでなく、最早期の昇華のあるものの結果である」（p.122）という。そう述べた後に、「子どもがもともとある原始的な象徴・ゲーム・活動を捨てて他のより複雑なものへ進歩するように、ますます複雑になっていく発明や活動の中で象徴が働いている」（Klein, M., 1923/1983, p.122）と述べ、象徴形成の働きが「人類の文化的発展の推進力となる」（Klein, M., 1923/1983, p.122）と彼女の思考を推し進める。Klein, M. の象徴形成とは、リビドーと同一化の弁証法であるということができる。

　早期エディプス・コンプレックスの発見によって、Klein, M. は象徴形成の原因にもう一つ新たな視点を加えた。母親の子宮とその中にある父親のペニスに向けられたサディスティックな攻撃性は、「結合した両親から罰せられるのではないか、との不安を呼び起こす」（Klein, M., 1930/1983, p.266）。この不安もまた、象徴化の原動力であるという。Klein, M.（1930/1983）は、神経症的な象徴化がほとんど見られない、今で言う自閉症的なあり方を示すディックの症例を挙げる。彼にとって糞便や尿は自分を傷つけ、父親のペニスは自分に仕打ちを行うのではないかという最早期の不安が潜在しており、それがディックの象徴形成を休止させていた。Klein, M. が自ら言及しているが、Klein, M. は少しばかり早急な解釈をすることで、ディックの破壊衝動に対する潜在的な不安が顕在化された。すると不安の対象が書き換えられ、ディックは新しい対象へ興味が移るようになる。例えば、彼は食器棚に対して恐れを抱いていたが、食器棚を調べ上げたり、スプーンを打ちつけたり、あるいは食器棚の様々な部分を何と呼ぶのか尋ねるようになる。新しい対象を得て、強い不安を生じさせ彼を制止させていた攻撃的な衝動が、むしろ新しい対象に対する高い活動性と好奇心に変化する。

　このようにKlein, M.（1930/1983）は、解釈──セラピストがその性－象徴的意味を子どもに伝えること──を通じて、主体を圧倒する強い不安が「自我が耐えられるまで和らげられる」（p.277）と同時に、主体が新しい対象と遊

ぶようになり、むしろその遊びによって自らの不安を表現するようになるという、もう一つの象徴形成の過程を示した。「子どもは、対象を意味する器官（ペニス・膣・乳房）を破壊しようと願うのであるから、対象に対して恐怖心を抱くことになる。この不安は子どもに問題となっている器官を他の事柄と同等視させる、という点で貢献する。(…) 今度はこれらが不安の対象となり、それで、子どもは絶え間なく他の新しい公式を作っていくように強いられる。そしてこの公式が(…)象徴の基礎を形成する」(Klein, M., 1930/1983, p.267)というように、Klein, M. はまた、不安と同一化の弁証法による象徴形成があることも見出した。

2-4 遊ぶことによる主体の発生

先ほど早期エディプス状況によって、主体は自らの心的現実と外的現実を、どのように関係づけていくのかという課題を歩み始めると述べた。この心的現実と外的現実についての問いを、象徴という観点から、Klein, M. はもう一度捉え直そうとする。主体を圧倒する潜在的な不安が解釈を通じて顕在化されると、外界の新たな対象にその不安が書き換えられる。すると、その不安は和らげられ、主体はその不安に圧倒されるのではなく、新たな対象を使って自ら攻撃的な遊びをすることができる。これが象徴形成の過程なのであった。

外的現実という観点から考えると、象徴とは、強い不安が「満足の行くような形に変えられ」(Klein, M., 1930/1983, p.268)た、外的な現実である。そのことを Klein, M.(1930/1983) は、「象徴は(…)個体の外界や現実一般との関係の基礎となる」(p.267)と説明する。つまり、遊ぶことは、リビドーや不安が象徴に置き換えられる象徴化を通じて、主体と外的現実とを関係づけるのである。その象徴が次々と書き換えられ、遊びがより複雑になっていくにつれて、つまりより分節化されていくにつれて、主体と外的現実との関係もより現実的に、客観的になる。このような象徴化の働きを、Klein, M.(1930/1983) は自我の能力であるとし、「自我が発達するにつれて、この非現実的な現実から、

現実に対する真の関係が次第に確立されてくる」(p.267) と述べる。自我の能力によって象徴化が発達することが、主体と外的現実との関係の発展であると考えた。

他方で、早期エディプス状況によって、主体はどのように内面性を育み、いかに個として生きるのかという課題を負うようになると述べた。そして強い不安が和らげられ、主体が不安の対象を遊ぶことが可能となるのは、同じく象徴化の働きによってであった。超自我の不安に受動的に圧倒されていた主体が、むしろその不安を主体的に遊ぶことが生じている。Klein, M. 自身は指摘していなかったが、Klein, M. の言う象徴化には、受動性から主体性への転換が生じている。

すると内面性という観点から考えると、Klein, M. は主体と外的現実の関係の基礎に「子どもの中に確固とした起源をもつ」(Klein, M., 1927/1983, p.189) 内的空想を据えたのであった。遊ぶことにおいてリビドーは「新たな活動や関心を作り出そうとする衝動」(Klein, M., 1923/1983, p.122) という形で働いている。その一方でディックの事例では、攻撃衝動の不安に圧倒され休止していた空想が、象徴の獲得に伴って遊びの中に表現されたのであった。遊ぶことにおいて不安は、「探索好きで攻撃的な衝動が実行に移される」(Klein, M., 1930/1983, p.275) という形で働く。つまり遊ぶことには、リビドーや攻撃衝動の不安から生じる内的空想を、自ら遊んでいる主体が生じている。次に象徴という観点から考えると、遊ぶことにはリビドーや攻撃衝動が象徴的意味という形式で活きており、それは直接的ではなく、主体が気づかない形で——つまり無意識の意味の次元で——表現される。遊ぶことでは、リビドーや攻撃衝動が玩具や言葉という形式の外的対象——象徴——に置き換えられる。先ほど子どもの遊びでは、性的な現実性は消え失せ、あくまで遊びの意味として間接的な次元に示されると述べた。子どもがリビドーや不安をある象徴に置き換えて遊び出すとき、そこには「探索好きで攻撃的な衝動が実行に移される」(Klein, M., 1930/1983, p.275) 生き生きとした姿が伴い、また「空想の豊かさ」(Klein, M., 1930/1983, p.268) といった豊かな心的現実もまた表現される

のである。つまり、玩具や言葉などで遊ぶことの中に、象徴的意味として生き生きとした現実性(リアリティ)が生じていると思われる。これらのことから、遊ぶことにおいて主体は自らの内的空想とも関係し、そこには豊かな象徴が生き生きと表現されるような現実性(リアリティ)が生じているのである。

さらにKlein, M.(1926/1983)は、リビドーの象徴形成について、「幼児が現実との関係に達するのは、この方法を通じてでしかない」(p.151)と言い切る。また象徴形成の過程を通じて、子どもがより複雑な遊びに進歩していくのであった。すると、遊ぶことの象徴形成の過程を通じて、主体はより複雑な遊びに進歩していくことに伴い、自らの内的空想との関わりもより複雑に、豊かになることが示されているのである。

Klein, M.は、遊ぶことに象徴化の働きが生じていることを見抜いていた。そして遊ぶことの発展に、ディックのようなまったく象徴的な表現ができない状態から、性-象徴的意味を帯びた遊びへと、そしてより複雑な文化的発展が続くことを見通していた。人間の"心"の発展には、主体が外的現実との関係を作り上げていくことと、内的空想との関係を深めることが同時に生じると考えた。

原初の象徴化は遊ぶことで生じる。また、遊ぶことは象徴化の働きを通して、これら二つの現実の発展を推し進める子どもの表現である。それだけでなく、遊ぶ主体には不安をただ解消するだけではなく、自ら遊びの発展のプロセスを推し進める主体性が生じている。遊ぶことは、主体と外的現実を——それによって主体が外的現実というものを認識し、またそれによって初めて他者との交流が可能となるような仕方で——媒介する。同時に、遊ぶことは主体と内的空想を——主体がリビドーや不安に過度に囚われず、空想を主体的により豊かに表現するという形で——媒介する。Klein, M.が子どもの遊びに性-象徴的意味を見出すとき、Freud, S.のリビドー理論を単純に当てはめているだけではない。Klein, M.は、外的現実と内的空想という二つの現実への視点を常に保ちながら、主体が内的空想を象徴化しつつ、いかに主体的に遊ぶことができるのかという視点も持っていたと思われる。

3. Freud, S.の「糸巻き遊び」

3-1 外傷と現実性

　ここでは、Freud, S.の『快原理の彼岸』において取り上げられた「糸巻き遊び」を中心に考察する。この「糸巻き遊び」はFreud, S.だけでなく、その後、Erikson, E. H.とLacan, J.にも再度取り上げられる。3人の精神分析家が糸巻き遊びに注目したのは、このシンプルで原初的な遊びが、既に遊ぶことの構造を備えているとともに、遊ぶことの働きを見て取ったからであろう。

　Freud, S.(1920/2006)は、欲望の満足を目指す快感原則を逸脱する現象に注目する。Freud, S.の1歳半の孫が、紐を結びつけた木製の糸巻きを使った遊びを行う。彼は糸巻きをベッドの方に投げ入れる。彼は糸巻きの動きに合わせて「いない（Fort）」を意味する「O－O」という発音と「いる（Da）」を意味する「A－A」という発音を繰り返す。「こうして糸巻きがベッドの中に姿を消すと、糸巻きに向かって、意味のあるあの『オーオーオーオ』を言い、それから、ひもを手繰って糸巻きをベッドから再び引きずり出した。ところが、糸巻きが現れると今度はうれしそうに『いた』といって歓迎したのである。このようにして、遊びは消滅と再来の遊びとなり、あるべきものがすべて出揃ったのであった」(Freud, S., 1920/2006, p.64)と述べる。なおFreud, S.(1920/2006)は、「より大きな快は疑いなく第二幕（「いた」）の方にあるにもかかわらず、たいていはその第一幕（「いない」）しか見ることができず、この第一幕はそれ単独で、倦むことなく遊びとして反復された」(p.64)と付け加えている。

　Freud, S.(1920/2006)は、「苦痛な体験を遊びの劇として反復することは、どのようにして快原理とつじつまが合うのだろうか」(p.65)と問い、この遊びを快感原則を超えた死の欲動との関係から捉えようとする。Freud, S.(1920/2006)はこの遊びを、母親がいなくなることを認める「欲動満足に対する断念」(p.64)を成し遂げ、母親の消滅と再来を遊びの形式において上演することによって、欲動満足の断念の埋め合わせをしたと解釈する。そして、遊びにおいて苦痛な体験を反復することは、受動的に体験したことを今度は

子ども自身が能動的に表現することで、苦痛な体験を心的に加工し、「印象の強烈さを浄化反応によってやわらげ、自分自身をいわば情況の主人にする」（Freud, S., 1920/2006, p.66）と述べる。このように Freud, S. は、遊ぶことに苦痛な体験を心的に加工する働きがあることを捉えていた。Freud, S. の言う遊ぶことで生じる心的な加工とは、苦痛な体験を浄化しやわらげること、また、受動的だった主体が能動的にその体験を表現するようになることである。

　序章で既に紹介したが、Erikson, E. H.（1950/1977）は自らの遊戯療法の経験や子どもに対する調査によって、子どもが遊びで表現した「空間的様態の中に、器官様式の力が現れる」（p.119）とし、子どもの遊びは「ある人生諸段階の諸経験および葛藤状態の諸経験が一つの時空配置に翻訳され融合される」（p.32）とする。Erikson, E. H. もまた、遊びの内容に子どもの心的世界が如実に映し出されることを見て取った。

　Erikson, E. H. は、Freud, S. の糸巻き遊びを再度取り上げる。この糸巻き遊びは、Freud, S. の孫にとって母親が不在であるという苦痛な体験が遊びに変わったのであった。Erikson, E. H.（1977/1981）は、「遊戯性という要因そのものによってその事象が『うまれかわる（リニューアル）』という行為に変質する」（p.41）と述べる。Erikson, E. H. は遊ぶことそれ自体に注目している。遊ぶことで外傷体験はどのように生まれ変わるのだろうか。Erikson, E. H.（1950/1977）は、Freud, S. の外傷体験の克服という解釈を引き継ぎ、遊ぶことについて「その本来の形のままでは彼らにとって手に余る事態を、幾度も繰り返すことによって、また自発的に経験することによって克服しようとしている」（p.277）と述べた。また Erikson, E. H.（1977/1981）は、苦痛な外傷体験が遊びに変わるのは、「特殊な象徴的意味を担った物体を用いて」（p.42）遊ばれることであるとした。また、受動的に苦痛な体験を被った主体は、遊ぶことの中で能動的にそれを表現するようになる。このことから Erikson, E. H.（1977/1981）は、遊ぶことにはその内容自体に、子どもの不安や問題の解決が表現されており、「幼児期の遊びの本質には最も深い意味での治療的な何かが本来備わっている」（p.56）と述べた。つまり、遊ぶことそれ自体が心の問題を解決し、遊

ぶことそれ自体が治療的であるとした。しかし、Erikson, E. H. は、遊ぶことの本質について「治療的な何か」があると指摘するに留まっていて、苦痛な外傷的体験が加工されるとともに、受動的な体験を主体が能動的に遊ぶようになるという Freud, S. の考えをほぼ踏襲しているといえる。

　Erikson, E. H. はさらに、その遊び自体が主体を喜ばせ、主体を生き生きと活性化させることを見て取り、次のように述べる。Erikson, E. H.(1977/1981) は、遊戯性のうちには「自己表現の喜び」(p.41) があり、遊戯性とは「活動的であること、生き生きとしていることの本質的な構成要素である」(p.42) という。それに加えて、遊ぶ対象である象徴的意味を担った物体について、「これらすべてのものは、その子どもにとっては独特の意味をもつことになるのである。このような子どもが『紐をつけて持っている』ものは、何処にでもいるただの動物ではない。それは特定の動物であり、大切な動物であり、失った動物や人の化身である」(Erikson, E. H., 1950/1977, p.280) という。遊びの対象とは失った対象であり、その対象と遊ぶことに、失った対象に関わるある独特の現実性が生じる。例えば糸巻き遊びでは、糸巻きが母の象徴であり、母を失った状況が遊ばれると、主体は逆に生き生きと活性化されるのである。

　これに関連して Zulliger, H.(1951/1978) も、遊ぶことそれ自体が治癒をもたらす根拠として、遊びは「外的にも内的にも現実である」(p.19) という、遊びの現実性を重視する。Zulliger, H.(1951/1978) によると、子どもの思考は「アニミズム的」(p.31)、「擬人的」(p.31)、「魔術的」(p.31) であり、それは大人の論理的・合理的な法則に従わない、前論理的な無意識の象徴的思考である。例えば、子どもが兎で遊び、それを弟であるかのように遊ぶ様子を見て、大人は「兎を弟の『象徴』として受けとる」(Zulliger, H., 1951/1978, p.19)。しかし、子どもにとってそれは「象徴ではなくて実際であり、同時に内的にも外的にも現実である」(Zulliger, H., 1951/1978, p.19)。そうすると、Zulliger, H.(1951/1978) は、遊ぶことの中で、例えば子どもが恐怖の対象を作り出すと、その恐怖の対象が無価値化されていくという。つまり、遊ぶことの中で

葛藤や恐怖が加工され、あるいは無価値なものになって表現されることには、子どもの内的な葛藤や恐怖の対象もそのまま加工され、あるいは無価値なものになっていると主張する。このことを Zulliger, H.(1951/1978) は、子どもが遊んでいるとき「私たちは直接無意識と関わっている」(p.134) と述べるのである。

　これらのことを踏まえると、Zulliger, H. が外的にも内的にも現実であるとした、精神分析の視点における遊ぶことの現実性（リアリティ）について、もう少し述べることができる。子どもが遊んでいる特定の対象とは、遊ぶ主体にとって失った対象や重要な対象なのであった。遊ぶことで生じる現実性（リアリティ）とは、遊ぶ主体にとって特定の対象と関連する現実性（リアリティ）である。そして、そのような特定の対象との関係性は、主体と世界との関わり方を決定づけている。その関係性は、主体の現実性（リアリティ）を構成しているのである。遊戯療法で遊ぶことが展開すると、子どもの世界が如実に表現されるというのは、そのような意味においてであろう。精神分析において、遊ぶことで主体が関わっている対象は、単に“主体に意識されていない無意識の対象”ではなく、主体の世界を決定づけている特定の対象との関係であり、主体の現実性（リアリティ）を構成するものそれ自体である。それゆえ遊ぶことは、子どもが自分自身の世界にアプローチでき、子ども自身を構成している現実性（リアリティ）に直接影響を与えることができるのではないだろうか。

　また、遊ぶことでは主体は受動的になっているのではなく、自発的にそれらの対象と関わっていく。遊ぶことには「活動的であること、生き生きとしていること」(Erikson, E. H., 1977/1981, p.42) があると述べられているように、そこには主体性もまた生じているといえるだろう。

　そして、主体が現に遊んでいる対象とは、“私の”動物や“私の”母ではなく、ぬいぐるみや糸巻きといったそれらの象徴である。遊ぶことには、これらは単にぬいぐるみや糸巻きであって、大切な動物や母ではないという否定もまた生じている。Zulliger, H. は、遊ぶことは外的にも内的にも現実であると述べ、そのことを特に意識していなかった。遊ぶことの独特の現実性（リアリティ）とは、

子ども自身の世界を構成している現実性（リアリティ）が生き生きと成立しつつ、同時にその現実性（リアリティ）が否定されているような現実性（リアリティ）なのではないだろうか。この遊ぶことの否定の働きについては、Lacan, J. や Winnicott, D. W. の仕事で見出されていくこととなる。

3-2　Lacan, J. による「糸巻き遊び」

　Lacan, J. もまた、Freud, S. の「糸巻き遊び」を取り上げた。Lacan, J.(1954/1991) は糸巻き遊びに「象徴的弁証法への主体の導入」(p.190) を見出した。Freud, S. と同様に Lacan, J.(1954/1991) も、子どもは糸巻き遊びで「愛する対象の現前と不在という避け難い経験から生じた苦しい緊張を、ひとつの遊びに置き換える」(p.172) ことによって、不在と現前そのものを自ら支配し、楽しむことに注目する。愛する対象である母親とは、生きた対象、欲動の対象であるという。子どもは、母親そのものではない糸巻きで遊び、母親そのものではない「O −」と「A −」という音声の対置を楽しむ。この糸巻き遊びは「欲動満足に対する断念」(Freud, S., 1920/2006, p.64) を示し、糸巻き遊びにおいて愛する対象そのものは消し去られている。それと同時に、愛する対象そのものではない母の象徴として、つまり「変形された対象、象徴機能の対象、生命を奪われた対象」(Lacan, J., 1954/1991, p.178) として、糸巻きの往復運動と、「O −」と「A −」の発音が主体によって遊ばれるのである。

　このことを Lacan, J.(1954/1991) は、「象徴は否定性の世界を開き、人間主体のディスクールと人間の世界の現実性（リアリティ）の両者を設立する」(p.174) と指摘する。否定性の世界とは、実在の生きた対象が否定され、その対象が単なる物体や音に変換された世界である。生きた対象が否定されることに伴って、実在の対象——母親——の在／不在という体験が加工され、その体験が物体や音の運動として表現される。それは、Lacan, J. の言う象徴界である。それゆえ Lacan, J.(1954/1991) は、子どもの糸巻き遊びに「ランガージュの最初の現れがある。つまりこの声の対置において、子どもは現前と不在という現象を超越した、象徴の次元と関わる」(p.173) というのである。

Lacan, J. はこの遊びにおいて、生きた対象や生きた現象が否定され、印として象徴に置き換えられることで、主体が言語の世界に参入することを示した。このことは、単語や言語的な言い回しを学習するといった、一般的な意味での言語の習得を意味しない。遊ぶことを通じてのみ、主体は直接性の世界を否定し、他者と関わることの可能な言語活動の世界を開くということである。言語の世界への参入とは、主体が他者に開かれ、他者と相互に生きる場に降り立つということである。Lacan, J.（1953/2006）はそのことを、子どもは自分なりのFortやDaを再生することによって「自分を取り巻くその綾成すディスクールのシステムのうちに、自分を関わらせ始めてもいる」（p.262）と指摘する。

それに加えて、糸巻き遊びに伴う現前と不在という現象を超越した象徴とは、思考や概念に他ならない。そこには目に見える——母の在／不在といった——生きた対象や生きた現象に依存していた主体が、その現象から自由になった思考や概念を手に入れたということである。これは、目に見える現象を超越していて、それに振り回されることなく、目に見えない次元——否定性の次元——において自ら概念を用いて自ら考える主体が発生したことを意味する。主体は遊ぶことで否定的な象徴の世界に参入するや否や、他者との場に開かれるだけでなく、現象から離れた思考や概念を自ら持つものとしての、主体の歩みを始めるといえる。これはHuizinga, J.の論を検討した際、遊ぶことは思考それ自体を生み出す思考であると述べたことと関連している。遊ぶことは、目に見える対象に振り回されることも否定し、目に見えない次元において思考する主体を生み出す運動である。

さて、遊ぶことに初めて言及した『詩人と空想』においてFreud, S.（1908/2007）は、遊びは大人の空想と同じであり、「空想するのは満たされない人に限る」（p.217）とし、「満たされない欲望こそ空想の原動力」（p.217）であると述べる。彼は遊ぶことの原因に「満たされない欲望」があることを指摘していた。これに関連してLacan, J.は、糸巻き遊びにおける主体の象徴化において、主体の欲望が高まることを見て取る。Lacan, J.（1953/2006）は糸巻き遊

びについて「主体の行為は欲望という力の場を否定的なものにし、その行為自身が欲望の固有の対象になる」(p.262)と述べる。「欲望という力の場を否定的なもの」にするとは、欲望が、否定性の象徴的な場において表現されるということである。つまり、糸巻き遊びによって直接的な生きた対象は消失し、実在性を否定された象徴の連なり——言語活動（ランガージュ）——の場において欲望が表現される。そして「その行為自身が欲望の固有の対象になる」というように、糸巻きという象徴で遊ぶことそれ自体が、欲望されるようになる。また、Freud, S.(1920/2006)がこの遊びに、「倦むことなく遊びとして反復」(p.64)される性質を指摘したように、子どもは、その糸巻き遊び自体に夢中になる。生きた対象の現前と不在という直接的な経験ではなく、間接的な糸巻きの現前と不在の往復運動——生きた対象を指し示す象徴の現前と不在——が主体を惹きつけてやまないものになる。主体は遊ぶことそれ自体を欲望するようになる。遊ぶことそれ自体が目的となる行為となるのは、「欲望という力の場を否定的なもの」にする象徴化の運動として説明されると思われる。

　先ほど、遊ぶことには子ども自身の世界を構成している現実性（リアリティ）が生き生きと成立しつつ、同時にその現実性が否定されている独特な現実性（リアリティ）があると述べた。このことに関連してFreud, S.(1908/2007)は、子どもは「遊びをすごく真剣に取っており、これに膨大な量の情動を注いで」(p.228)いると同時に「この遊びの世界を現実ときちんと区別しており」(p.228)現実世界の事物を使って「自身の虚構の対象や状況を創り出」(p.228)すと述べる。子どもが遊ぶとき、子どもは自身の創り出す虚構の世界に強く魅了され、その世界に没入するが、同時にそこには虚構であるという意識が働いている。糸巻き遊びにおいて、否定的な象徴の次元において主体が遊び、主体はその遊ぶこと自体を欲望するのであった。遊ぶことが生じるや否や、主体は生きた対象や生きた現象が否定された象徴性の世界において遊ぶ。象徴性の世界では常に、生きた対象や生きた現象が否定されている。つまり主体は、この象徴的な世界と生身の現実の世界を区別している。また同時に、主体が遊ぶこと自体を欲望し、それに夢中になるのは象徴的な世界においてである。Lacan, J.の観

点から遊ぶことの現実性(リアリティ)を考えると、主体は象徴的な場において否定的に表現され、それと同時に象徴的な場に夢中になる。遊ぶことの独特の現実性(リアリティ)を形作っているのは、遊ぶことで生きた対象や生きた現実が否定されているからである。

この事態を主体の発生として考えることができる。母親の現前と不在という外傷的な体験は、その体験を象徴する糸巻き遊びに変わる。それは同時に、外傷という即自的な体験が、象徴的な対象を使った遊びという対自的な体験に変容したということである。そして、愛する対象の現前と不在を受動的に体験した主体は、糸巻き遊びを始めた途端、主体のポジションが逆転し、主体の方が能動的にその経験を操作するようになる。それは、目に見える対象に振り回されることも否定し、目に見えない次元において思考する主体を生み出す運動であるということを考えると、遊ぶことにおいては、否定的な次元で能動的に思考する主体が生じている。それと同時に主体は、この遊び自体を欲望する。主体は遊ぶことによって、象徴的な次元で自ら行為し、欲望する主体となる。Lacan, J.(1954/1991) が「象徴が出現し、対象よりも重要なものとなる」(p.178) というのは、このような事態が生じていると思われる。

このことをLacan, J.(1953/2006) は、糸巻き遊びは「欲望が人間化される瞬間、そしてまた子どもがランガージュにおいて誕生する瞬間」(p.262) であると端的に述べる。糸巻き遊びによって、主体は象徴的な次元において欲望する。象徴的な次元への参入は、他者との世界へ開かれることであった。とすると、象徴的次元において欲望することとは、主体が他者に向かって開かれることをも示している。つまり遊ぶことは、他者に開かれると同時に、主体的に他者に向かって表現するような“私”をもたらすのである。

最後に、遊ぶことの起源について述べておきたい。Freud, S.の「糸巻き遊び」によって繰り返され表現されるのは、愛する母親が不在となる外傷的体験であった。欲望の満足を目指す快感原則を逸脱する現象であるからこそ、Freud, S.はこの遊びに注目した。外傷的体験とは、我々を最も驚愕させ (Freud, S., 1920/2006)、動揺を与えるものであり、最も避けられるべきもので

第2章　精神分析における遊ぶこと　83

ある。それゆえに現代の一部の心理臨床においては、人が外傷的体験を被る
や否や——正確には、人が外傷的体験を被ったと想定されるや否や——、そ
の傷を修復すること、そこから回復することだけが目指され、外傷以前の状
態に戻るための「ケア」が集中的になされる傾向がある。本節では、Lacan,
J. を辿ることによって、遊びによって、自ら考えると同時に、他者に向かっ
て主体的に表現する私が生じることを示唆した。現代の一部の心理臨床にお
いては、そもそも外傷を避けるべきものとみなし、外傷的体験をした心を実
体化して、物理的な欠損と同じとみなしてそれを物理的に修復しようとして
いる。もちろんすべての外傷的体験がそうであるというわけではない。しか
し、Freud, S. と Erikson, E. H.、そして Lacan, J. も、むしろ快感原則を打ち
破るような外傷的経験が、主体にどのように加工され、あるいは象徴化され
るのかという視点を冷静に保っている。彼らは外傷的体験を思考しているの
である。遊ぶことによって外傷的経験は加工されることがあり、その時主体
は「自分自身を情況の主人とする」(Freud, S., 1920/2006, p.66) ようになる。彼ら
は、むしろ即自的な外傷的体験を対自的に捉えることから遊ぶことが生じ、
そこにおいて主体の歩みが始まることを見通していたと思われる。

4. Winnicott, D. W. の遊ぶこと——『遊ぶことと現実』の検討

4-1　遊ぶことそれ自体へ

　ここでは、Winnicott, D. W.(1971) の『遊ぶことと現実』を詳細に取り上げ、
検討することとしたい。Winnicott, D. W.(1971) は、「遊ぶことの問題はあま
りにもマスターベーションや種々の感覚的体験と関連付けられてきた」
(pp.52-53) と指摘する。このことは Klein, M. (1926/1983) が、遊ぶことの内容
だけを分析して、そこに無意識の象徴的内容を読み取ろうとし、自慰空想な
どの性−象徴的意味の解釈を治療としたことを批判している。また Erikson,
E. H.(1977/1981) に対しても、彼が遊ぶことで子どもが安心感を感じ、また自
分自身を感じ続けることができると主張し、遊ぶことで生じる身体的感覚や

実感にのみ、その治療的効果を位置づけたことを批判している。

Winnicott, D. W.(1971)は、遊ぶこと「それ自体を主題として研究される必要がある」(p.53)と述べる。子どもは“何の遊びをしているのか”、あるいは遊んでいるときに“子どもはどんな気持ちや感覚を感じているのか”という視点は、実は遊ぶことの内容にだけ注目する態度であり、遊ぶことを実体化する危険性が伴う。例えば、遊びを性−象徴的意味から捉えようとすると、論理的には性−象徴的意味という基準が上位に設定され、あらゆる遊びがその基準に基づいて判断される。また、クライエントの身体感覚や実感にのみ注目すると、論理的には身体感覚や実感が遊ぶことの上位に置かれ、そこで生じる遊びが様々な身体感覚という上位の基準に基づいて判断される。

それに対してWinnicott, D. W.(1971)は、「私は明確に、遊びという名詞と、遊ぶこと playing という動名詞に意味のある区別をしている」(p.54)と述べ、“遊ぶことでは何が動いているのか”、さらにいえば“遊んでいる主体に何が生じているのか”を問うた。Winnicott, D. W.が playing という動名詞を用いたのは、遊ぶことは、遊ぶことそれ自体に生じるある特殊な運動であると捉えていたからである。そしてその特殊な運動の中で、主体が外的な現実を認識していく様を『遊ぶことと現実』で描こうとしたと思われる。

この著書は、比較的平易な言葉ではあるものの、独特の言葉使いで記述されており、それがいわんとするところは曖昧で多義的で、安易な理解ができないようになっている。それよりもWinnicott, D. W.はそのような表現を用いることによって、遊ぶことそれ自体を運動として繰り返し記述しようとしていると思われる。本節では、この playing という動名詞を用いて Winnicott, D. W.が捉えていた、遊ぶことそれ自体、遊ぶことの運動を描き出すことを試みる。

4-2　差異を含んだ出会いと可能性のある空間の発生

Winnicott, D. W.は、主体と他者との相互的な関係の場が“心”を創造すると考えた。主体と他者とのある特定の形での出会いが、主体にとって決定

的な影響を及ぼすとした。Winnicott, D. W.（1971）は、主体と他者の相互性が生じる場を「可能性のある空間 potential space」（p.55）と表現する。まず、この可能性のある空間の発生の場に赴き、原初の主体と他者との出会いを考えたい。

　Winnicott, D. W.（1971）によると、母親は初め乳児からの乳房の欲求にほぼ100％適応することで、「母親の乳房は幼児の一部だという幻想をもつ機会を幼児に与える。その乳房は、いわば幼児の魔術的コントロールのもとにある」（p.15）という。ほぼ完全に適応する母親の役割によって、乳児はその乳房との関係を通じて魔術的な全能感を体験する。この時Winnicott, D. W.（1971）は、「観察者には、子どもは母親が実際に示しているものを知覚しているように見えるが、それが全面的な真実ではない」（p.16）という。そこでまず、乳児にとっての乳房の現れ方に注目してみることにする。なお、「乳房という言葉に母の営みの技術全体を含めている。最初の対象は乳房だと言った時、その乳房という単語は、実際の身体の乳房と同様、育児の技術を意味している」（Winnicott, D. W., 1971, p.15）という。つまり乳房とは、乳児から母や他者への様々な欲求と、母親や他者から乳児への様々な関わりの総体であることを言い添えておく。

　乳房は「幼児がその愛する能力から、または欲求から何回も繰り返し創り出される」（Winnicott, D. W., 1971, p.15）。この欲求は「本能的緊張から生じ大きくなっていく欲求」（Winnicott, D. W., 1971, p.16）である。乳房は、乳児が母親との関係を求めたり、乳房によって緊張を解消してもらおうと欲求したりすることから創り出される。乳児自身から母親への働きかけが、乳房が発生する契機となっていることは重要であろう。乳児が乳房を創り出すと言うとき、乳児から乳房との出会いを求める、乳児からの主体的な働きかけがある。この条件のもとで、母親のほぼよいタイミングでの授乳が意味をもち、乳児にとっての乳房が形作られる。乳房が形作られるためには、乳児からの主体的な働きかけが必要条件となっている。

　乳房が乳児によって何回も繰り返し創り出されると言うとき、創り出され

た乳房は母親の実際の乳房ではない。言うならばそれは、乳児が創り出した乳房イメージである。一方「母親は実際の乳房を、幼児が創り出そうとするちょうどその場所に、その瞬間に据える」（Winnicott, D. W., 1971, p.15）とも述べられる。乳房を「ちょうどその場所に、その瞬間に据える」とき、乳児の欲求は母親からの関わりを契機にして乳房という形を与えられる。その結果、乳児はあくまで自らの一部である全能的な幻想としての乳房を得る。乳児から乳房を求める主体的な動きと、その時母親がほどよく実際の乳房でその欲求に応じるという出会いによって、乳房が生じるのである。

　我々は乳房の発生のこの場所に、乳児と母親の、主体と他者の、ある独特な出会いを見て取る。その独特な出会いとは、主体と他者はズレを含みながら出会うということである。乳児と母親の最も原初的な関わりにおいて、両者の出会いは"乳房という形"に媒介されて生じる。乳房が位置づけられるのは、乳児と母親の出会いの接点においてである。この両者を媒介する乳房は、乳児と母親とで同じではない。そこには全能的な幻想としての乳房イメージと実際の乳房という、主観的なものと客観的に知覚されるものの差がある。さらに言うと、主観的な対象と客観的に知覚される対象という差異が、乳房という媒介――表象――に既に入り込んでいる。このほぼ100％の適応がなされているような場においても、既に差異が生じている。

　乳房とは育児の技術全体を示しているのであった。そうすると、母親から乳児に対する一つ一つの関わりに、母親の実際の行為と乳児の主観的な幻想という形で差異が生じていると思われる。それゆえWinnicott, D. W. (1971)は、「母親と幼児の間には相互交流はない。心理学的には、幼児は自分の一部分である乳房から乳を飲み、母親は自分の一部分である幼児に乳を与える」（p.16）と指摘するのである。

　このように、既に差異が含まれている乳房を介した出会いこそが、乳児の"心"の発生を促すとWinnicott, D. W. は考えている。乳房は自分の一部だという全能的幻想は、実際の乳房との差異があるとしても、外的現実の乳房との出会いによって引き起こされる。そしてWinnicott, D. W. は、この全能的

な幻想の発生が、その後の弁証法的な発展が想定されるような"心"の起源であると捉えた。さしあたり乳児が自分の一部分であると全能的に幻想している乳房は、それが発生したときから既に、主観的な幻想と客観的に知覚できるものという差異が織り込まれ、この差異が主体に発現してくることをいわば待ち構えているともいえる。そうでなければ、我々は外的現実を知覚する契機を失い、いつまでも外的現実が主体に把握されず、他者との関わりも発生しないかもしれない。

　主体の欲求とそれに応じようとする外的現実の出会いは、完全な一致をみないながらも、主体の欲求に"乳房という形"を与え、主体の"心"の発生を促す。それゆえ Winnicott, D. W. (1971) は「幼児は自分の創造能力に対応する外的現実があるのだという幻想をもつことができる」(p.16) という。この言葉に続いて Winnicott, D. W. (1971) は、「言い換えれば、母親の供給するものと幼児の考えるかもしれないものとが重なりあう」(p.16) と述べる。乳児と母親は同じ形の乳房を共有しているのではなく、そこには二つの異なるもの——主観的なものと客観的なもの——がその差異を保ったまま、乳房に重なり合っている。ここにおいて Winnicott, D. W. (1971) は、「主観的対象と客観的に知覚される対象との間の、つまり自分の延長線上と自分でないものの間の、可能性のある空間」(p.135) の発生を見て取る。

　以上のように、可能性のある空間とは、自分自身と思われるものと自分でないもの、主観的な幻想と客観的な知覚の差異が含まれている空間のことを指している。Winnicott, D. W. (1971) はこの可能性のある空間から、移行対象や遊ぶことが生まれ、そして象徴が使用され、「文化的体験へとまっすぐに発展していく」(p.69) と考えている。本節では、この主観的に幻想されるものと客観的に知覚されるものの差異、内的現実と外的現実のズレに常に立ち戻り、この二つの間で生じることを検討していくこととなる。

　可能性のある空間は、乳児からの働きかけと母親からの対応という往復運動によって創り出される。遊ぶことの母体となるのは、この母子の相互性である。ただし相互性とはいっても、乳児と母親は同じ役割を担う同等の関係

ではない。Winnicott, D. W. は母親と乳児は非対称な関係であることを見抜き、母親から乳児への関わりを"ほどよい母親"という概念で呼んだ。ほどよい母親とは、「初めは幼児の欲求にほぼ完全に適応し、その後時間の経過に伴い、母親の不全 failure に対処する幼児の能力が成長するのに応じて、徐々に適応の完全さを減らしていく母親」(Winnicott, D. W., 1971, p.14) といわれている。

このほどよい母親の関わりのもとで、初め乳児は乳房が自分の一部であるという幻想を持ち、次いで移行対象と遊び、また遊ぶことを通じて、徐々に乳房が自分の全能的コントロールの外にある客観的対象であると知覚していく。それゆえ Winnicott, D. W.(1971) は、「この複雑な過程は、その過程に関与し、乳児が手放したものを再び乳児にもどしてやる準備のできている、母親または母親像がいるかどうかによる」(p.63) と言い、また「信頼しうること」(p.64) とも言うことで、この乳児の過程を支えるほどよい母親の役割を常に強調する。

なお、ほどよい母親は、ともすれば乳児からの欲求を100％満足させる対応をするものと思われてしまう。むしろほどよい母親とは、「子どもが遊んでいる時、応答できる人 responsible person が利用可能でなければならない」(Winnicott, D. W., 1971, p.67) とか「その人は幼児の遊ぶことによって生じることを照らし返してくれる reflect back と感じられる」(Winnicott, D. W., 1971, p.64) と示されるように、乳児からの働きかけにほどよく応じる母親であると思われる。

4-3　移行対象──象徴と他者性の発生

乳児は、生後2、3カ月になると「原初の"自分でない"所有物」(Winnicott, D. W., 1971, p.2) である移行対象を創り出し、それと遊ぶようになる。それは、毛布やテディ・ベアのぬいぐるみなどである。この原初の"自分でない"ものの発生が、主体に象徴と他者性をもたらすと思われる。

乳児は乳房が自分の延長線上にある、あるいは乳房は自分の一部であると

いう全能的な幻想を持つ。このままでは乳房を客観的な対象として知覚することはない。これを揺るがすのが、乳房の不全 failure[*5]であると思われる。乳房の不全とは、母や他者からの総体としての乳児への関わりがうまくいかなかった出来事ということだと思われる。その時母親は乳児に対して徐々に不十分な存在となり、乳児は欲求不満を体験する。「欲求への適応を不完全にすることが、いわば、対象が愛されるものであると同時に憎まれるものになることが、対象を現実的なものにする」(Winnicott, D. W., 1971, p.14) というように、乳房の不全から生じる乳児の欲求不満は、乳房が自分の延長線上にはないという認識を通じて、対象が客観的に知覚される契機となる。この時乳児は「母親の不全に対処する幼児の能力」(Winnicott, D. W., 1971, p.14) によって、その不全の乳房に関係する移行対象を創り出すという。

　「乳房の不全に対応する乳児の能力」とは、どのようなものであろうか。"自分の延長線上にある"という全能的な幻想とは、乳房が主体と分離されておらず、融合していて、自分のコントロール下にあるという幻想である。乳房が欠けているという欲求不満は、自分のコントロール下にあるとされる乳房が自分と分離する体験となる。つまり、幻想としての乳房が"ある"ことから"ない"ことへの分離の体験であり、"乳房が自分の一部である"幻想が否定されるのは、乳房からの分離を認める能力であるといえる。さらに Winnicott, D. W.(1971) は、乳房の不全に対応する能力の一つに「対象を創り出す、考え出す、引き出す、考え起す、創る幼児の能力」(p.2) を挙げる。「移行対象は乳房、または最初に関係性をもった対象を表象する」(Winnicott, D. W., 1971, p.12) というように、乳房の不全に出会うとき、乳房と分離するとき、乳児は自らの能力で乳房を表象する移行対象を創り出す。

　後述するが、この原初の"自分でない"所有物は、実在することによって、その異質性を常に主体に突きつける。すると乳房が自分の延長線上にあるという幻想が、常に否定され続ける。乳房の不全を認めることと、"自分でない"所有物で乳房を表象することという二つの契機が、乳房が自分の延長線上にあるという幻想を否定するのである。Winnicott, D. W.(1971) は移行対

象について、「主観的なものと客観的に知覚されるものとの間の中間領域」（p.4）にあると指摘する。移行対象は可能性のある空間から生じてくる。

　乳房が移行対象として表象されると、主体は乳房を失ってしまうのであろうか。移行対象は単に乳房を表象する記号ではなく、「幼児に暖かさを与え、感動させ、感触をもっているように見え（…）それ自体が生命力や現実性 reality を持っている」（Winnicott, D. W., 1971, p.7）ような対象である。それゆえ乳児は、それに「おぼれるほど夢中になる」（Winnicott, D. W., 1971, p.1）。主体が失うのは、乳房が自分と融合しているという全能的な幻想であって、乳房の現実性は——まったく同じ形式ではないが——移行対象にも保たれる。移行対象とは、乳房の現実性を保ちつつ、それでいて"自分でない"ものである。そのため移行対象には、乳房"であるかのような"ものという形式が常にみられる。

　そのものそれ自体ではないけれども、そのものの現実性を帯びるもの。それは象徴に他ならない。それゆえ、乳房の不全に対応する乳児の能力、移行対象を創り出す能力とは、象徴化する能力と言い換えることができるだろう。「乳児が移行対象、つまり最初の自分でない所有物を使用している時、私たちはそこに、子どもの最初の象徴の使用と最初の遊びの体験の両者を見ている」（p.130）というように、Winnicott, D. W.（1971）は移行対象の使用を最初の象徴の発生として、また同時に遊びの発生として捉えているのである。

　さて、Winnicott, D. W.（1971）は「遊ぶことは自発的でなければならないし、決して他人に迎合的になったり、黙従してはならない」（p.68）と述べ、あくまで子どもから遊ぶことが生じなければならないと強調する。乳児以外の他者が遊びを設定したり、計画したりすることは「この可能性のある空間が、乳児以外の誰かから投入されたもので満たされる危険」（Winnicott, D. W., 1971, p.137）があり、「他の誰かからこの空間に入ってきたものは、すべて迫害する素材であり、乳児はそれを拒否するすべがない」（Winnicott, D. W., 1971, p.137）とまで言うのである。これは治療論的にも重要な指摘であると思われる。その一方で、乳児以外の他者が可能性のある空間に侵入してはならない

ならば、可能性のある空間に他者性が生じる余地はなくなる。主体はどのように他者と出会っていけるのであろうか。それは、"自分でない"所有物である移行対象によってである。移行対象は可能性のある空間から生じ、それは原初の"自分でないもの"——他者——として主体と出会う。

　他者性は可能性のある空間の中から生じ、決してその空間の外から無理やり押し込められるものではない。この他者性と関わることを通じて、主体は新たなものと出会い、主体は変容し"心"が創られていく。この過程を経るためには、可能性のある空間がほどよい母親によってほどよく支えられていなければならない。初めの主観的対象である乳房、初めの"自分でない"所有物である移行対象、そして遊ぶことへの移行は、主体から自発的になされると同時に、主体のその動きに応えようとする他者に支えられて創り出される。そのような可能性のある空間の中で、他者性もまた織り込まれていく。この主体の歩みは、可能性のある空間に侵入したり外から設定したりしないけれども、主体の遊ぶことに応じる他者が必要となる。この他者とは、主体の遊びの場を保証し遊ぶことに応じる他者であり、可能性のある空間を支える他者である。"客観的立場"という名目で優位に立ち、子どもが遊ぶことを"指導"したり"設定"したり"誘導"したりすることは、可能性のある空間の迫害者となると思われる。次項では、移行対象と関わることを通して、主体はどのように他者性と出会っていくかを考えていきたい。

4-4　二重の現実性——外的現実の実在性と不確定性

　Winnicott, D. W.(1971) は「移行対象に関して、幼児は（魔術的な）全能的コントロール omnipotent control から巧みに操作するコントロールへと進んでいく」(p.12) と述べ、主体が移行対象と関わることで幻想が徐々に幻滅していくと述べる。移行対象と関わることで、乳房という媒介に既に重ね合わされていた主観性と客観性の差異が初めて主体に体験されてくる。Winnicott, D. W. は、移行対象と関わることと遊ぶことを同じこととして捉えている。そこでまず、移行対象と関わることと、遊ぶことにおける内的現実と外的現

実との関係を考察する。次に、全能的なコントロールから現実的なコント
ロールへ移行する過程、主観的対象から客観的に知覚される対象へ移行する
過程について考察する。

　移行対象は「外的対象（母親の乳房）とも内的対象（魔術的に取り入れられた乳房）
とも関連を持っているが、そのどちらからも明確に区別される」（Winnicott,
D. W., 1971, p.19）という。まず内的現実との関連では、移行対象は「それ自体
が生命力や現実性_{リアリティ}を持っている」（Winnicott, D. W., 1971, p.7）のであった。乳房
を表象する移行対象は主体を惹きつけ、主体に生き生きとした現実性_{リアリティ}を感じ
させる。それは、内的現実の現実性_{リアリティ}を帯びるのである。一方、外的現実と関
連して、移行対象は原初の"自分でない"所有物である。そこには自分でない
もの、他者性が含まれている。

　これと同様に遊びの素材も、子どもは外的現実から集めた対象を内的な現
実から派生するサンプルとして使い、「子どもは、幻覚を生じずに夢となる可
能性の一つのサンプルを差し出し、そのサンプルとともに生きる」（Winnicott,
D. W., 1971, p.72）という。遊びの素材は子どもを惹きつけ、その素材で夢中に
なって遊ぶことで、子どもには内的な現実性_{リアリティ}に深く入っていく動きが生じ
る。ここで注意しておきたいのは、内的な現実性_{リアリティ}に真に入ってしまうと、そ
れは幻覚を体験するような事態となるということである。幻覚は主体が内的
な現実に完全に入ってしまい、あるいは内的な現実に完全に飲み込まれてし
まい、内的な現実がそのまま主体にとって外的な現実となる事態である。遊
ぶことによって内的現実に深く入ることは、幻覚を体験するような事態とは
異なる。

　ここで重要なのは、子どもが遊ぶサンプルは必ず外的現実の素材、つまり
"自分でない"ものであることである。Winnicott, D. W.（1971）は「毛布であ
ることのポイントは、その象徴的価値よりもその実在性 actuality[*6]にある。
毛布は乳房（や母親）ではなく、現実であるが、それは毛布が乳房（や母親）を
象徴している事実と同じくらいに重要である」（p.8）と指摘する。つまり、"自
分でない"ことの特性を何よりもその実在性に、言い換えると物質性_{マテリアリティ}に見て

いる。乳房を表す握りこぶし・毛布・ぬいぐるみは一つの物質（マテリアル）である。

　実在性は主体に対してその異質性——他者性——を主張していく。その大きさ・形・材質は決して乳房ではない。いくら握りこぶしを舐めまわしてもミルクは出てこないし、ぬいぐるみの方から自分をあやす言葉を語りかけてくれることはない。それに加えて、大きさ・形・材質によって、むしろ物質の方がその使用法を主体に強制する。例えばブロックで城を作るとき、ちょうどよい大きさと形のブロックを選び、下から順番にバランスよく置かなければならない。物質はその特徴によって、主体に時間的－空間的な制限を加えるのである。そして当たり前であるけれども、物質は常にその物質の性質を持ち続ける。常にその形や材質であり続けるために、その素材は主体にとって常に異質であり、その性質によって常に主体を時間的－空間的に制限するのである。つまり遊ぶことの素材の実在性は、主体に外的な客観性を意識させるのである。

　それゆえこの実在性が、乳児の全能的なコントロールを常に否定していく。言うならば、主体はその実在性を常に意識しなければならず、内的現実に完全に浸りきることがない。あるいは外的な実在性は、内的現実を完全に実現しようとする幻想を常に制限する。これがWinnicott, D. W.（1971）の言う「主体の全能的コントロールの領域外」（p.120）であり、外的現実の現実性（リアリティ）である。つまり、遊ぶことの素材は内的現実に由来していながら、同時にその実在性ゆえに客観的な現実性（リアリティ）を孕み、幻覚や全能的コントロールが生じる次元での内的現実を常に否定している。

　それゆえ「幻覚を生じずに夢となる可能性」と述べられたように、遊ぶことはむしろ夢を見ることに近くなる。夢では主体はその現実性（リアリティ）の中に深く入っていく。そして夢から覚醒することで、「あれは夢だった」という形で夢の現実性（リアリティ）が否定される。そうでありながらも、夢での現実性（リアリティ）は決して偽りの現実性（リアリティ）ではなく、「あの夢は……という夢だった」などと日常の現実性（リアリティ）とは完全に独立し、閉じられた形で保存されている。そうであれば遊ぶこととは、常に異質で時間的－空間的な制約を強いる外的な客観性としての現実性（リアリティ）を孕

むと同時に、主体を惹きつける内的な現実性をも帯びる対象と、主体が関わることである。遊ぶ対象と遊ぶことで主体に生じているのは、内的な現実性が生じながらも、外的な客観性を意識することで、それが否定されているという二重の現実性である。

　そうなると、遊びがより複雑に高度になるにつれ、主体が遊ぶことで生じる内的な現実性もより複雑になると同時に、外的な客観性もまたより明確に高度に意識されるようになると思われる。本章の第2節でKlein, M.は、人間の"心"の発展を主体の象徴形成の発展と捉えていた。その発展に伴って、主体が外的現実との関係を作り上げていくことと内的空想との関係を深めることが同時に生じると述べた。Winnicott, D. W.は、移行対象の実在性という観点からその思索を進めて、内的現実と外的現実が同時に深まっていく過程は、主体が遊ぶことによって生じるということを明確しようとしたと思われる。つまり、遊ぶことを通じて、主体が内的現実により深く入るとともに、主体は外的な客観性もより意識するようになるのである。

　さらに遊ぶ素材の実在性に、もう一つの動きが入り込んでいる。立木（2007）は、質料のうちには必然と同時に偶然の可能性が常に宿っていると述べる。子どもが使う遊びのサンプルには、その実在性ゆえに内的な空想の通りに遊びが展開せずに思わぬことが生じる可能性が含まれる。ジェンガは積み上げられるにつれて積木がますます揺れていく。キャッチボールはボールが思わぬ方向に飛び、セラピストの顔に当たるかもしれない。子どもが実際に遊び出すと、遊ぶことの場には予測不能の不確定性や偶然性が潜むようになるのである。Winnicott, D. W.（1971）はそのことを、もう一つの全能的コントロールの領域外として「不確かさ」と称し、「遊ぶことについては常に、その個人にとっての心的現実と、実在する対象をコントロールする体験との相互作用の不確かさがある」（p.64）と述べるのである。

　遊ぶことでは、主体はむしろ実在性に潜んでいる不確定性や偶然性を常に意識したコントロールを強いられ、あるいは実際に偶然の出来事が生じ、心的現実の全能的コントロールが剝がれていく。それゆえWinnicott, D.

W.(1971) は、先ほどの言葉に続いて「それは魔術自体の不確かさである」
(p.64) と述べ、遊ぶことには魔術的な幻想自体が不確かになっていくことを
見て取る。ジェンガの積木が揺らぐのに応じて、全能的な幻想も揺らぐ。積
木がこの先どうなるか分からないという体験は、全能的な内的空想が生じる
のではなく、不確定な、そして豊かな外的現実の時間性と空間性の体験でも
あるのである。「全ての赤ん坊は、彼あるいは彼女にとって都合のよい体験も
都合の悪い体験もする」(Winnicott, D. W., 1971, p.135) というように、遊びはう
まくいったりいかなかったりする。つまり、いわゆる現実の時間的－空間的
な場で遊ぶことが生じていることで、主体は不確定な外的現実による、内的
現実の不確定な揺らぎを体験する。したがって遊ぶこととは、外的現実の揺
らぎに同調した内的現実の揺らぎの運動である。また遊ぶこととは、この運
動を通じて、対象への全能的コントロールが徐々に削がれ、対象の外的な実
在性を意識していくようになる過程でもあるといえる。

　なお、遊ぶことで子どもが次第に知覚していく対象の客観性には、ある程
度の限度がある。子どもがぬいぐるみで十分に遊んだからといって、直ちに
あらゆる面で"完成された"外的現実を知覚しはしないことは容易に理解で
きよう。そのことを Winnicott, D. W.(1971) は「客観性というのはある程度、
相対的な言葉である。なぜなら、定義によれば、客観的に知覚されるものは、
ある程度主観的に想像されたものである」(p.88) と述べる。遊ぶことで身につ
けられていく客観的な知覚は、むしろ遊びに表現される主体の内的現実の豊
かさや、遊びの素材の外的客観性の範囲内にあるといえる。それゆえ
Winnicott, D. W.(1971) は、遊ぶことと外的現実の弁証法について「現実受容
という作業は決して完結しないし、内的現実と外的現実を関連させる重荷か
ら解放される人間はいない」(p.18) と指摘するのである。そのような意味にお
いて、人間は遊ぶことを止めてはならないのかもしれない。

4-5　主体のコミットの場

Winnicott, D. W.(1971) は遊ぶことの揺らぎの運動を端的にこう表現す

る。「外側のものをコントロールするには、物事を**行うこと**が必要で、単に考えたり欲したりすることではない。(…) 遊ぶことは行うことである」(p.55)。この**行うこと**とは、単に遊べばよいということではない。そこへ主体を真にコミットさせる必要があることを意味する。Winnicott, D. W.(1971) は、遊ぶことは無限に感動的であり、この感動的な面を引き起こすのもまた不確かさであるという。また「主観的対象と客観的に知覚される対象との間の可能性のある空間において最大限の強烈な体験をする」(Winnicott, D. W., 1971, p.135) というのも、同じことを示している。遊ぶことの不確かさの体験とはどのようなものであろうか。

　不確かさは、遊ぶことの素材の実在性ゆえに生じるのであった。遊びの場は"この先どうなるか分からない"予測不能な場になる。すると"この先が分からない"ような時間性とは、"今"に限定された時間性である。それに加えて、空間的には、遊ぶことにおいて主体は目の前の"この素材"にのみ関わる。主体は空間的に"ここ"という限定された場所にいる。遊ぶことは、時間と空間を——その遊ぶことの内に——閉じて、遊ぶことの中に主体が含まれている。つまり、遊ぶことの不確定性や偶然性は、時間と空間を限定し、囲い込み、その中に含まれた主体にとって遊ぶことは、"今・ここ"だけ、唯一その1回だけに限定された出来事となるのである。

　なお遊ぶことの外にいる我々から見ると、この素材は主観的対象と関係していると観察でき、遊ぶことの外からは新しい対象だとはみなすことができない。Winnicott, D. W.(1971) も「観察者として (…) 遊びの中のすべては、以前に行われ、以前に感じられ、以前に嗅がれたものであり (…) 移行対象もまさに選び出されたもので、創造されたものではない」(p.136) と述べる。遊ぶことを外から見ると、それは乳房の象徴であるとか、ある症状の代わりであるとか、以前のものを繰り返しているにすぎないと捉えてしまう。そこに何かが生成しているようには思えない。"ただの玩具を、ただ以前と同じようにいじっている"ようにしか見えない。それは遊戯療法に対して"遊んでいるだけで治療となるのか"と、しばしば的外れと感じるけれども素朴な意見

を述べることと同じである。この態度は遊ぶことの動きを外から見て、そこで生じていることを思考しようとしていない。

　もう一度遊ぶことの内側に入り、そこで生じることを——目に見えることだけでなく目に見えない動きを——思考してみよう。遊びの素材は内的現実から派生し、主体を惹きつける生き生きとした対象なのであった。主体の側も自発的にその素材と関わっていく。遊ぶことには主体のコミットが生じている。すると遊ぶことにおいて主体は、その素材に惹きつけられ入っていくと同時に、素材の不確かさによってこの先どのようになるか分からず、都合のよい体験も都合の悪い体験もするような、内的現実と外的現実の揺らぎの運動の中に入る。このような素材との戯れで生じる不確定な揺らぎによって、遊ぶことは"今・ここだけの・1回だけの"出来事となる。すると遊ぶこととは、まったく新しいもの、未知のものとの、生き生きとした出会いの体験であり、主体に強いインパクトを与えるであろう。このことをWinnicott, D. W. (1971) は「夢中」(p.69)、「集中と同じ、ひきこもりに近い状態」(p.69) と指摘する。これは主体が遊ぶことの中にすっかり閉じ込められ、引き入れられたことを表しているだろう。こうして主体は遊ぶことの場に真にコミットしていく。

　逆に言うと、遊ぶことを——しばしば治療的な目的と称して——他者が設定したり、予定を組んだり、予め遊びの結末が分かっていたりすると、遊ぶことの不確かさも、主観的対象との生き生きとした出会いも、主体が真にコミットすることも生じない。このことをWinnicott, D. W. (1971) は「そこには予め定められたゲームはなく、そのためすべてのことが創造的である。そして遊ぶことは対象と関係することの一部であるにもかかわらず、そこで生じるすべては乳児の固有なあり方 personal に影響を与える。すべての物質的なものが想像によって入念に仕上げられ、いつでも初めてであるような質を帯びる。これが"備給"という語が持つ意味ではないだろうか？」(p.136) と明確に述べるのである。遊ぶことは「いつでも初めてであるような質」を帯びている。それを外から見てその遊びがただ繰り返されているように見えるとし

ても、主体はそのつど、遊ぶことに囚われ、また遊ぶことに深くコミットする。遊ぶことは新しい体験として未知の体験として、主体固有のあり方に影響を与えているのである。

4-6　遊ぶことと象徴化

ここで移行対象に名前を付けることを取り上げ、遊ぶことと象徴化についてさらに考えてみたい。乳児は移行対象である毛布に、例えば"baa"という名前を付けることがある。Winnicott, D. W.(1971)は「幼児がこの最初の対象に付ける名前は、多くの場合重要な意味を持っている。つまり、その名前には通常、大人が使った単語が部分的に混入している。例えば"baa"というのが名前である場合、その"b"は大人が使った"baby""bear"という単語に由来しているかもしれない」(p.6)と指摘する。ここで言う大人とは、母親あるいは乳房の役割を担う他者のことであろう。乳児は、乳房を表す移行対象に母親が発した"b"をあてがう。乳児が移行対象を名指すとき、もはや"自分でない"ものでありながらも最も親密な対象を呼び覚ますような記号が選ばれるのである。"baa"もまた移行対象と同様に、乳児と母親の初めの関係性としての乳房を意味し、内的現実の現実性を帯びる。

その一方で、移行対象が乳房そのものではないのと同様に"b"も乳房ではない。言うならば、それは母親の痕跡である。そして"baa"という言葉は移行対象の実在性をも否定していて、初めの象徴としての移行対象をさらに象徴化している。この時、移行対象や遊びの素材が外的現実の実在性を持ち、そのことによって外的現実の制約を主体に課すのと同様に、言葉の次元においても、いわば言葉の記号性や規則性が主体に制約を課す。その一つは"baa"という限りにおいて、毛布はどこにも実在しない。つまり"baa"という言葉はあくまで一連の音の連なり、記号であり、この記号は移行対象の実在性を否定する。それは概念である。もう一つは"baa"は「組織化された音」(Winnicott, D. W., 1971, p.6)となり、babyがb-a-b-yという綴りでなければならないのと同様、b-a-aというスペルが固定される。これが発展すると、文法の

規則によって語順なども決められていくのである。つまり、言葉もまたその使用法を主体に強制している。主体は言語の次元において、空間的－時間的な制約を受けるようになる。このように "baa" という言葉もまた、親密な意味を持ちつつ他者と共有する言葉の制約を受ける。乳児から発せられる "baa" もまた、内的な現実性と外的な現実性の二重の現実性を帯びている。

　前節でLacan, J.が指摘したように、"baa" が主体に挿入されるこの時、主体は言語の世界に参入する。"baa" という言葉は、母親の痕跡であると同時に記号という一つの他者として主体に挿入される。その記号は移行対象の実在性をも否定し、超越し、主体にその使用法を強制するのであった。実在性を否定し、その使用法で主体を制約するこの言葉こそ、主体と他者とのコミュニケーションを可能にする。言葉が一つの "他者" であると言うとき、言葉は最も親密なものから主体を遠ざける "自分でないもの"――他者――として働くと同時に、主体が "自分でないもの" の場――他者の場――へ開かれる媒介として働くことをも意味するのである。

　乳児が最初の象徴である移行対象を創り出すのは、乳房の不全であり、乳房を求めるからであった。移行対象が創り出されたこの時、Winnicott, D. W.(1971) は「可能性のある空間において、外的世界の現象と個人の人間の現象を、一挙にそして同時に表象する象徴の使用が発達する」(pp.146-147) と述べ、可能性のある空間を象徴が発生する場としても位置づける。Winnicott, D. W. は、可能性のある空間において母親 mother への呼びかけが主体に発せられると、同時に主体は他者 other へ開かれることを見据えていたのである。

　先ほどWinnicott, D. W. が、象徴は「個人の人間の現象」を表象すると述べたように、"baa" は純粋な思考や概念の発生でもあることを指摘しておかねばならない。乳房の不全 failure から生じる乳児の欲求不満が契機となり、乳児は「母親の不全に対処する幼児の能力」(Winnicott, D. W., 1971, p.14) によって、その不全の乳房に関係する移行対象を創り出すのであった。これがWinnicott, D. W. が見出した象徴の発生である。その時、移行対象は乳房か

らの分離によって、乳房が自分の延長線上にある全能的な幻想を削がれた、
"自分でない"所有物となる。移行対象がこの否定を含んでいることは重要で
あろう。Winnicott, D. W. は、乳児の抱く乳房が自分の延長線上にあるとい
う全能的な幻想を象徴とは呼んでいない。全能的な幻想を象徴とみなしてし
まうと、そこにあるのは自分だけの世界であり、内的な現実がそのまま外的
な現実となる幻覚に近づいてしまう。象徴には必ず否定が入っていて、移行
対象が"自分でない"本質を持つからこそ、それは現実の思考や概念として
主体に位置づけられるのである。

　再度繰り返すと、乳房は「主観的対象と客観的に知覚される対象との間の、
つまり自分の延長線上と自分でないものの間の、可能性のある空間」
(Winnicott, D. W., 1971, p.135) で生じている。Winnicott, D. W. は可能性のある
空間を最も原初的な心の発生の場と考えていたが、そこを既に全能的な幻想
と客観的な知覚の差異や否定が織り込まれている場として捉えていた。そう
考えると、Winnicott, D. W. は、心は論理的に──常に既に──差異や否定
が生じる場であると認識していたのかもしれない。すると心の原初の時間
──例えば"乳幼児期"など──では、全能的な幻想にのみ満たされていた
り、母子一体感があったり、何らかの原初的な統一した状態があると想定し、
次に分離や否定が生じるといった発達論や段階論ではなく、心は──何かに
完全に満たされたり一体となったりするような──直接性などなく、論理的
に初めから常に既に何かに媒介されているという視点を持つことができる。
発達論や段階論は、実のところ心を実体化していて、心を予め用意されてい
る「段階」というカテゴリーに当てはめ、心をプログラム化・レシピ化してい
る。そうすると心は「段階」というカテゴリーに吸収され、今動いているこの
心の動きは無視され、我々は再び心の運動を見失う。もちろんWinnicott, D.
W. も、乳房から移行対象、そしてより高度な象徴といった形で段階的に記述
する箇所もあって、発達論や段階論として読むことができる。そうでありな
がらもWinnicott, D. W. の論考は、遊ぶことを初めから差異や否定が含まれ
ているものとしていて、遊ぶことを実体化せず、運動──心の運動──とし

て捉える視点を提供していると思われる。

4-7 遊ぶことが現実を創る

　Winnicott, D. W. は、遊ぶことが創造的であると繰り返し述べる。遊ぶことは子どもにとってまったく新しいもの、未知なる他者性との出会いの場であった。またそれは、不確かさによる揺らぎの運動を経て、対象の全能的なコントロールから客観的な操作へ移っていくのであった。しかし遊ぶことが創造的であるということは、遊ぶこと自体から突如新しいものが──遊ぶ内容として──出現しうるということも示唆されている。ここでWinnicott, D. W.(1971) のダイアナの事例（pp.59-62）を簡潔に紹介したい。

　事例：ダイアナは5歳の健康で、知的な女の子である。診察を受けたのはダイアナではなく、抑うつ的な彼女の母親である。精神的に欠陥があり、先天的な心臓疾患を持つ弟について母親は相談しにきた。

　初めからダイアナに主導権があった。Winnicott, D. W. がドアを開けたところ、ダイアナが姿を見せ、（熊の）テディを自分の前に突き出していた。Winnicott, D. W. は、母親と女の子は見ずに、まっすぐテディに向かって「名前は何て言うの？」と言い、女の子は「テディよ」と言った。ここですぐにWinnicott, D. W. とダイアナに強い関係が生じた。母親が相談している間、ダイアナは一人でテディと遊びながらそれを聞いていて、「心臓に穴が開いているの」と言う。そして Winnicott, D. W. はテディに耳をつけ、「一緒に遊んでくれる誰かを欲しがっていると思うな」と言って、部屋の隅にいる子ヒツジを持ってくるように言う。彼女は子ヒツジを持ってきた。彼女は子ヒツジとテディの二つを服の中に入れ、妊娠する。少しして彼らは生まれそうだと言い、「双子にはならないの」と言う。まず子ヒツジを、次にテディをと順番をはっきりつけて、産んでゆく。そして二人の子どもをベッドに寝かしつける。一緒にすると喧嘩になるからと、それぞれをベッドの両端に置き、二人を静かに眠らせる。ダイアナは遊びを続けていく。

母親が動揺して泣き出したとき、ダイアナは一瞬不安そうに見上げた。Winnicott, D. W. は「お母さんは病気の弟のことを心配して泣いているんだよ」と言うと、ダイアナは安心して遊びに戻る。そして後になって、母親の方が弟のことで動揺していて、Winnicott, D. W. と会うことが不安でダイアナを連れてきたのだと分かった。ダイアナは精神療法医に会うことが分かっていたかのように、家を出る前にテディや他の移行対象を集めていたという。

　先にダイアナと“テディ”に対する Winnicott, D. W. の態度について述べてもよいであろう。Winnicott, D. W. がまず関わったのは、母親でもダイアナでもなく、移行対象のテディである。不安な母親は、自らの拠りどころとしてダイアナを治療に連れてきた。遊んでいるときにダイアナが母親の相談を聞いていて、さりげなく情報を補足することにもそれは表れている。この時点ではダイアナの拠りどころはテディである。Winnicott, D. W. との精神科治療の場で二人を支え不安を引き受けているのは、この移行対象であったと思われる。それゆえダイアナは一番初めにテディを Winnicott, D. W. に差し出し、来談したものたちの中で最も支えとなっていて不安を引き受けているものを示す。言うならば、テディが Winnicott, D. W. の治療を受けにきている。

　Winnicott, D. W. が「名前は何て言うの？」と語りかけたのは、母親でもダイアナでもなくテディに向かってであり、そのことでダイアナの初めの提示に見事に応えている。「子どもが遊んでいる時、応答できる人 responsible person」（Winnicott, D. W., 1971, p.67）となり、ほどよく関わっている。「移行対象は私たちと乳児の間の同意事項である。だから、私たちは決して、次のような質問はしない。『それはおまえが想像したものなの、それとも、外からおまえに差し出されたものなの』」（Winnicott, D. W., 1971, p.17）というように、Winnicott, D. W. はテディを外から捉えるようなことはしない。Winnicott, D. W. はむしろ、テディと同じ移行対象の次元で関わった。そして

Winnicott, D. W. がテディの意見を一旦聞いた後に、子ヒツジを指し示すと、ダイアナはこの子ヒツジとも遊ぶようになる。Winnicott, D. W. も、ダイアナの、あるいはテディの可能性のある空間に入っているのである。可能性のある空間の中で、ダイアナは二人の子どもを双子ではなく順番に、おそらく姉と弟として産み出す。するとテディは弟でもあったのであり、弟もこの診察に来ていて、Winnicott, D. W. の診察——遊戯療法——を受けていることになる。「一緒に遊んでくれる誰かを欲しがっていると思うな」という言葉で、弟もまたこの診察の中でWinnicott, D. W. やダイアナと遊ぶことができ、癒されている。

　このような空間の中で、二人の子どもの世話をする遊びが展開する。ダイアナは、子どもの世話をするお母さんを演じることに夢中になる。母親は子どもの成長や世話について相談に来ていた。ダイアナは不安な母親を支えなければならず、母親との関係においてはダイアナも不安であった。その中で、まさに子どもの世話という遊びが生じた。そこでは丁寧に世話をする母親と、安心して眠る二人の子どもが現れる。「この遊びは自己を癒す性質の遊びである」(Winnicott, D. W., 1971, p.62) というように、移行対象——それは弟自身でもある——が世話をされ安心することは、ダイアナの不安を減じる。この遊びは「弟の世話をする責任感があるという点でも、母親に同一化できること」(Winnicott, D. W., 1971, p.62) をも示し、ダイアナが——責任を持って——弟の世話をする母の気持ちに寄り添うことが生じたことをも示唆している。言うまでもなく、この遊びはダイアナだけでなく母親をも——おそらく弟をも——助け、「遊ぶことそれ自体が治療」(Winnicott, D. W., 1971, p.67) となる一例であるだろう。

　ここで、ダイアナが不安を軽減するためにこの遊びを行った、と捉えることはできない。この遊びが生じたことで初めて、またそれと同時に、ダイアナの不安は減じていったのである。もちろんダイアナは自発的にこの遊びを行っているが、むしろ遊ぶことが生まれて、遊ぶことがダイアナをとらえてもいる。このように、遊ぶことでは——外から迫害的に挿入されるという形

ではなく——可能性のある空間の中から、新しい遊びが創造されることがある。この時主体は夢中になり、意識的な自我が忘れられ、主体が遊ぶことに委ねている。遊ぶことが主体となり、遊ぶことの閉じた運動に主体は含まれる。

　すると、先ほど引用した言葉を再度取り上げることができる。遊ぶことでは「幻覚を生じずに夢となる可能性の一つのサンプルを差し出し、そのサンプルとともに生きる」（Winnicott, D. W., 1971, p.72）のであった。この遊ぶことに主体が閉じられた状態は夢に近しいのであった。夢の中では、主体は夢に委ね、自我のコントロールを超えた新たなもの、未知のものとの出会いが生じる。Winnicott, D. W.(1971) はこのことに十分気づいていて、「重要な契機は、**子どもが自分自身と予期せずに出会う** surprises **ことである**」（p.68）と述べている。そうすると、「そのサンプルとともに生きる」とは、遊ぶことに主体が委ねると、自我のコントロールを超えた新たなものと出会い、主体はその新たなものとともに生きるようになる。村上 (2010) は、遊ぶことにおいて「空想自身が自律的、非人称的に展開し、新たなものを生み出している」(p.111) と指摘している。このような非人称的（インパーソナル）な場とは、ダイアナが主体ではなくなり、ダイアナは遊ぶことに従属（subject）[*7] し、むしろ遊ぶことが主体となるような場である。

　ここまで考察することによって、Winnicott, D. W.(1971) の「遊ぶことはそれ自体が治療である」(p.67) という考えが少し明確になる。ダイアナの事例から、遊ぶことが現実を先導し、遊ぶことが現実を創り出すことが見て取れる。村上 (2010) も同様に、「実生活ですでに実現していた成長を遊びの中で反復しているというよりも、遊びにおいて演じうる・変容しうるということそのものが成長なのである。遊びにおいて演じられないような行為を現実化することはできない」(p.112) と指摘する。遊びを外から捉えると「その遊びは、クライエントが成長したから行われた」と、遊びを主体の内面の成長の結果であるとみなしてしまう。その態度は、心の「成長」というどこか見えない原因を想定してもいて、そこから遊ぶことが生じていて、ただそれが繰り返され

ているだけであると、遊ぶことが価値下げされる。「遊びにおいて演じうる・変容しうるということそのものが成長なのである」と的確に指摘されているように、遊ぶことはそれ自体が心の変容でありえる。それは遊ぶことが非人称的な場となり、そこで主体は自我のコントロールを超えた新しいものと出会い、主体はそれと生きるようになるからである。

　そして遊ぶことが現実を先導し、遊ぶことが現実を創り出すと捉えることで、可能性のある空間こそが、乳児の心の発達から精神病理、文化・芸術的な活動へ至る、人間の"心"の様々なあり様を表す場であり、そこでこそ"心"が生きる場でもあると考えることができる。Winnicott, D. W.(1971) はそのことを繰り返し強調し、「移行現象から遊ぶことへ、遊ぶことから他者と共有する遊ぶことへ、また、そこから文化的体験へとまっすぐに発展していく」(p.69) と述べるのである。

5. まとめ

　第2章では、精神分析から捉えられた遊ぶことを検討した。序章でも述べた通り、遊ぶことの捉え方はそれぞれの精神分析家によって異なっている。本章で得られた遊ぶことについて、いくつかの観点を提供しておきたい。またその際、Huizinga, J. が捉えた遊ぶことの形式的特徴との関連も含めて示していく。

　まず精神分析では、母からの分離に主体が生じる契機をみている。Freud, S. は、糸巻き遊びの動因は、母が不在となる苦痛な体験であるとした。Klein, M. は、母親の乳房の剥奪体験を契機に、早期のエディプス状況が発生するとした。超自我として取り入れられた対象は厳格なものとなるが、それは子どもの中に確固とした起源を持つ空想であり、主体固有の内面性が発生したと捉えられた。Winnicott, D. W. においては、移行対象は乳房の不全がきっかけとなって創り出されるとされた。移行対象は乳房や主体に関係の深い対象を表象するため、主体を惹きつけ、内的現実の現実性を帯びる。このように

母や乳房からの分離が、内面性や内的な現実を生じさせる。それは両親から分離した個としての主体の発生として捉えることができる。

　Klein, M. の考察を通じて、母親の乳房からの分離という形で、主体は外的現実とも出会っていくと捉えられた。また Winnicott, D. W. においても、移行対象とは"自分でない"ものであり、原初の外的な現実である。つまり、主体の内面性の発生と同時に、主体が外界の現実を認識することも生じてくるのである。原初の分離によって、主体がいかに個として生きるのかという課題と、自らの内的現実と外的現実の両者をどう関係づけていくのかという課題を歩み始めることが見て取れる。

　遊ぶことの中で、主体は失われた親密な対象の代わりとなる素材を見出し、それと遊ぶようになる。その意味で、遊ぶことは象徴化の働きである。遊ぶことの素材は、生きた対象が加工された象徴である。Freud, S.（1920/2006）は遊ぶことの発生に「欲動満足に対する断念」（p.64）を成し遂げ、愛する対象を失う体験が加工され、苦痛が和らげられることを指摘した。Klein, M. も遊びの内容に、リビドーや不安が昇華された象徴化の働きを見て取っていた。Winnicott, D. W. や Lacan, J. も同様に、遊ぶことと言語の発生を同時とみなしている。Huizinga, J. においても、遊ぶことは象徴化の作用でありそこに言語の発生を見て取っていたが、精神分析において遊ぶこととは、失われた愛する対象の象徴化に関わっている。そして象徴とは、主体の内的現実でもあると同時に外的な現実でもある。つまり、遊ぶことの象徴化の作用に、個としての主体の歩みと、主体の内的現実と外的現実の発生を見て取ることができる。遊ぶことには、主体が自らをいかに構成していくかという課題への取り組みが見出されるのである。

　まず第一に、内的現実から遊ぶことを考えると、遊ぶことの象徴化の働きによって、生きた対象が加工され遊ぶことの素材となるのであった。主体はその素材で遊ぶことに強く惹きつけられ、遊ぶことに深く没頭する。ここに遊ぶことの現実性（リアリティ）が生じていると思われる。遊ぶことで生じる現実性（リアリティ）とは、失われた愛する対象と関連する内的現実の現実性（リアリティ）であると、さしあたり言う

ことができるだろう。そのような失われた愛する対象との関係は、主体と世界との関わり方を決定づけている。その関係は主体の現実性（リアリティ）を構成しているのである。遊戯療法で遊びが展開すると、主体のあり様が如実に映し出されるというのは、そのような意味においてであろう。この時主体は遊ぶことを通じて内的な現実性（リアリティ）に深く入ることが生じている。主体が遊ぶことの現実性（リアリティ）に深く入ることで、主体の現実性（リアリティ）を構成するものそれ自体が遊ばれ、それに直接影響を与えることが生じていると思われる。

　そして第二に、Huizinga, J.（1938/1973）も「自分がもうほんとうにそれに『なっている』と思いこむくらい夢中なのだが、しかしそれでいて、日常生活の意識をすっかり失ってしまったわけでもない」（p.43）と指摘したように、遊ぶことにおいて主体はこの内的現実に完全に入りきることがない。そこには常に否定が働いている。Freud, S.はそのことを既に指摘していたものの、それについて考察を行うことはなかった。遊ぶことの内的現実の否定について言及したのはLacan, J.とWinnicott, D. W.であった。

　Lacan, J.は遊ぶことを、主体が象徴的な次元に——言葉の世界に——参入することとして捉えた。遊ぶことの象徴化の働きは、生身の対象を否定し、その対象が単なる物体や音や記号に変換されることである。遊ぶことは常に象徴的な次元で生じるのであり、そこには常に既に、それは現実ではないという否定が働いている。そしてWinnicott, D. W.（1971）は移行対象を「原初の“自分でない”所有物」（p.2）であると述べたように、移行対象で遊ぶことに否定が働いていることを明確に捉えていた。Winnicott, D. W.は移行対象が実在する外的現実の素材であるという性質、移行対象の実在性を重視した。実在性は大きさ・形・材質によって、常に主体にその他者性や異質性を主張していく。主体は実在としての移行対象と遊ぶことで、常に客観的な時間と空間を意識するようになる。つまりWinnicott, D. W.は、遊ぶことにおいて客観的な実在に対する意識もまた発生していることを見て取っていた。この意識によって主体の全能的な幻想が否定され、主体は完全に内的な現実に入ることがないのである。それゆえ、遊ぶことの現実性（リアリティ）とは、内的な現実性（リアリティ）に

主体が深く入りながらも客観的な外的現実の意識によってその現実性が否定されるという、二重の現実性であると考えられた。

　そして第三に、この否定に関連して、遊ぶことによって主体は内的現実と同時に外的現実と関わることが生じる。Lacan, J. によれば、遊ぶことで主体は生きた対象が否定された、象徴的な言語の世界へ参入する。つまり遊ぶことで主体は言語の世界に入っていき、それとともに主体は他者に対して開かれ、他者と相互に生きる場に降り立つのである。Winnicott, D. W. も、移行対象の実在性によって主体の全能的な幻想が否定されつつ、主体は外的な現実も意識すると指摘した。Klein, M. もまた、遊ぶことによる象徴化の働きに、主体と外的現実との関係の発生を見て取っていた。Klein, M. は"心"の発展を象徴の発展と捉え、そこにおいて主体が外的現実との関係を作り上げていくことと、内的空想との関係を深めることが同時に生じるとした。Winnicott, D. W. はこの思索をさらに深め、内的現実と外的現実の深まる過程は、主体が遊ぶことによって生じることを明確に示そうとした。遊ぶことで主体が内的現実により深く入ると同時に、主体はまた、外的な客観性もよりクリアに意識するようになるのである。

　第四に、遊ぶことには主体のコミットの動きがある。Huizinga, J. は遊びの不確実性に夢中にさせる力を見て取っていた。Freud, S. が既に指摘していたが、遊ぶことは外傷という即自的な体験が、象徴的な対象を使用した遊びという対自的な体験に変容することである。それと同時に、その外傷的な出来事に対して受け身だった主体が、その出来事を遊ぶことで能動的にその出来事を操作することが生じるという点で、遊ぶことに主体の生成を見たのであった。そのことをLacan, J. (1953/2006) は「その行為自体が欲望の固有の対象となる」(p.262) と指摘し、遊ぶことが生じると主体は遊ぶことそれ自体を欲望するようになることを示した。Winnicott, D. W. においても、遊びの素材は主体を惹きつける生き生きとした対象で、主体も自発的にその素材と関わっていく。Winnicott, D. W. は、遊ぶことは行うことであるとも述べ、主体のコミットが生じている様を見て取っていた。

第2章　精神分析における遊ぶこと　109

　すると第五に、Winnicott, D. W. は遊ぶことに夢中になり、集中と同じひきこもりに近い主体のコミットを引き起こすのは、遊ぶことにある不確かさであることを指摘していた。遊びの場にはこの先どうなるか分からない不確かさや不確実性が含まれている。それによって遊ぶことが、今、ここだけという形で時間と空間を限定し、主体は遊ぶことの閉じられた中に含まれる。そこで主体はまったく新しいもの、未知のものと出会い、それが主体に強いインパクトを与える。遊ぶことにおいて主体は、まったく新しいものと“ともに生きる”のであった。Huizinga, J. もまた、この遊びの閉じられた空間について言及しており、遊びは他の現実を排除し、それゆえ遊びはそれだけで完結する行為であるとしたのであった。さらに Winnicott, D. W. は、遊ぶことの創造性について考察した。遊ぶことの閉じられた時空間とは、主体が遊ぶことに委ね、遊ぶことが主体となる非人称的な場ともなる。その非人称的な場では、自我のコントロールを超えたまったく新しい遊びが生じることもあるのであった。このことから、遊ぶことが現実を先導し、遊ぶことが現実を創り出すと考察された。

　ここまでで Huizinga, J. の議論を振り返りつつ、精神分析から遊ぶことがどのように捉えられるのかについて、いくつかの視点を提示した。まず、Huizinga, J. の提示した遊びの形式的特徴が遊ぶことをいかに的確に捉えていたのかが改めて理解されるであろう。それに加えて、精神分析から遊ぶことを検討することで、遊ぶことは象徴化の働きであり、その象徴は主体と失われた対象と関係しているゆえに、遊ぶことは主体の生成と関係していることが示唆されたと思われる。

　ここで最後に、遊ぶことによる思考や概念の発生について考察したい。Huizinga, J. によれば、遊ぶことの象徴化の働きとは、「素材的な」現実をそれとは別の「形而上的な」現実に置き換えた「形態」を生み出すことであった。精神分析的に捉えると、遊ぶことで生み出された象徴とは、母なるものや生きた対象から分離した思考や概念である。Winnicott, D. W. もそのことを移行対象は“自分でない”所有物であると述べ、自分の延長線上にあるという

全能的な幻想を否定したものとして、象徴の発生を見ていた。思考や概念は、母なるものや生きた対象や、全能的な幻想から分離した否定性の次元——記号や概念——そのものである。そこでは母なるものや生きた対象から自由になっている。その意味で遊ぶことの象徴化の働きは、自らの概念を用いて自ら思考する個としての主体の発生であり、内面性の生成である。それと同時に思考や概念は、外的な現実の発生でもある。Lacan, J. は、象徴的な言語の世界への参入という観点で、そのことを指摘したと思われる。外的な現実とは、所与のもの——初めから与えられているもの——ではない。外的な現実が象徴化を通じて創り出されると言うとき、あるものが——例えば"リンゴ"や"baa"などと——名づけられることを通じて、初めてあるものが——そこに"リンゴ"や"baa"があると——認識される。繰り返すと、先に何か分からないあるものが認識されていて、後でそれに名前が与えられるのではない。あるものが名づけられることと、あるものを認識することは同時である。つまり象徴化とは、あるものを概念として認識する行為——思考——でもある。それは世界を分節化し区切る動きと、世界を認識する行為の結合である。この、世界を概念として認識する行為とは、主体の働きに他ならない。外的な現実と内的な現実が同時に発生するというのは、概念を認識する行為としての主体が生まれたということだと思われる。このことを Winnicott, D. W.（1971）は、「可能性のある空間において、外的世界の現象と個人の人間の現象を、一挙にそして同時に表象する象徴の使用が発達する」（pp.146-147）と的確に指摘したのだと思われる。

　遊ぶことは、時間的にも空間的にも閉じていて、遊ぶことの中に主体が閉じられるのであった。そこでは他の日常的な思考や他の物事は排除される。遊びは「それ以外のあらゆる思考形式とは、つねに無関係」（Huizinga, J., 1938/1973, p.28）となる。こう考えると、主体が遊ぶことに夢中になっていること、遊ぶことがそれ自体の目的になっているということは、主体が母なるものや生きた対象から自由になっていることを示している。主体に影響を与えると想定されている外部のものが、遊ぶことにおいては排除されている。

そこで生じる世界を認識する行為とは、主体そのもののことを言う。Huizinga, J.(1938/1973) は「言語を創り出す精神は、素材的なものから形而上的なものへと限りなく移行を繰り返しつづけているが、この行為はいつも遊びながら行われる」(p.23) と述べた。そこから、遊ぶことはまったく独特の思考であり、むしろ思考それ自体を生み出す思考であると指摘されたのであった。このように考えると、遊ぶことはあらゆる他の物事が排除された閉じられた時空間の中で、思考や概念が繰り返し生み出される運動であり、それは認識する行為としての主体が繰り返し生み出される運動である、と考えることができる。

第3章

ユング心理学における遊ぶこと
Jung, C. G. の遊びを通して

1. ユング心理学と遊戯療法

　国際分析心理学会が子どもに対する遊戯療法に積極的ではないことは、序章でも述べた。その中において Kalff, D. M. (1966/1999) は箱庭だけでなくプレイルームを用意し、今に言う遊戯療法を子どもに対して行っていたのであった。Kalff, D. M. がユング心理学のコミュニティから除外されたという経緯を考えると、遊戯療法がユング派の正式な訓練として認められにくいという状況には、むしろ政治的な影響も含まれているのかもしれない。

　それに加えて、Jung, C. G. による人生の前半と後半の区別が影響しているように思われる。田中 (2001) によると「ユングの神経症に対する見解、とりわけ治療実践においては、人生の前半と後半の神経症は区別されている」(p.52) という。Jung, C. G. (1916/1977) は『無意識の心理』において、心理療法が行われる作業に年代によって違いがあるという認識を持っていた。Jung, C. G. (1916/1977) は、中年以降、壮年期に起こるノイローゼ（神経症）は「以前に価値ありと考えられていたものの値踏みの仕直し」(p.123)、「若い頃の諸々の理想の反対物の価値を悟る」(p.123) 対立問題の葛藤を含んでいるという。対立物の問題とは、単純化して言うと、普遍的無意識と意識の対立の問題であり、Jung, C. G. はこの時期における対立物の問題との作業こそが心理学的

な作業であるとみなしていた。一方で青年期のノイローゼは「現実の、あるいは想像上の両親への異常な依存性」(Jung, C. G., 1916/1977, p.96) が原因の、幼児的で不十分な態度と現実との衝突から生じるという。Jung, C. G.(1916/1977) はそのような場合、「フロイトやアードラーの還元的方法は絶対」(p.96) であり、「若い人たちの場合は、過去からの解放で事は足りるかもしれない」(p.97) と述べる。

　この時点での Jung, C. G. は、青年期未満の心理療法を心理学的な作業としてみなしてはいない。第2章で Freud, A. に関する議論で行ったように、Jung, C. G. のこの認識もまた、"ある心理療法を行うに値するある一定の能力を備えているもの／それを行う時期に達しているもの" としての "壮年期" と、"ある心理療法を行う能力がないもの／それを行う時期に来ていないもの" としての "青年期" という、素朴な区別が前提となっている。青年期以前には Jung, C. G. の考える普遍的無意識の問題に取り組む能力がなく、普遍的無意識の問題に取り組むことが可能なのは中年期以降であるとみなされている。このような壮年期／青年期という素朴な二分法は、魂の——心理学的な——作業を人生における発達段階の問題とみなし、魂を、予め設えられた時間的な区分け・カテゴリーの中に押し込め実体化しているともいえる。これに関して田中 (2001) は「彼は人生の前半における神経症（自身の最初の神経症と同様）を魂の視点から、すなわち、『内側』から見ることができなかった」(p.54) と指摘する。その一方で、1935年あたりから、Jung, C. G.(1987/1992) は自ら『子どもの夢』のセミナーを開き、そこで詳細に子どもの夢を検討している。ここでの Jung, C. G. は、子どもにおいてもイメージを表現し、魂に対する心理学的な作業を行う主体を見出していたともいえるだろう。

　ところが Jung, C. G. の死後に出版された『ユング自伝』を紐解くと、Jung, C. G. 自身は生涯で様々な、数多くの創作活動を行っていたことが分かる。有名なものとして『赤の書』に収録されたフィレモンの描画、マンダラの描画が挙げられる (Jung, C. G., 2009/2018)。Jung, C. G. は幼年時代から晩年に至るまで、創作表現を行っていた。これらの活動を、自身の夢と同様に自身に

とって最も重要な内的経験であるとみなしており、またその内的経験を「私の科学的な仕事の第一の素材になっている」(Jung, C. G., 1963/1972, p.19) とさえ述べている。この「第一の素材」は、英語訳では「the prima materia」(Jung, C. G., 1962/1963, p.4) と表記されており、Jung, C. G. の第一質料のことである。「playとは表現すること」(p.160) であり、『『遊戯療法』とは『表現療法』のこと」(p.160) であるという山中 (2006) の指摘を踏まえると、Jung, C. G. 自身が生涯にわたって遊戯療法を行っていたと考えることもできる。Jung, C. G. は自らの創作表現すなわちプレイによって、"第一質料"と向き合い、自らの理論を作り出したとさえ考えている。

　特に Jung, C. G. は石に惹かれていて、石と関わり続ける創作遊びを生涯にわたって行った。本章では『ユング自伝』における Jung, C. G. の最早期のイメージ、特に子ども時代の人形と石との遊びを詳細に取り上げ、Jung, C. G. 自身の遊ぶことを魂の視点から、「内側」から捉えることを試みる。そこから Jung, C. G. において遊ぶことがどのように捉えられるのかを考えたい。Jung, C. G. の人形と石との遊びは Jung, C. G. の言う"第一質料"と深く関係している。Jung, C. G. は遊ぶことを通じてこの"第一質料"に繰り返しコミットし、また遊ぶことがこの"第一質料"を変容させ、同時に Jung, C. G. 自身も変容させている。本章では Jung, C. G. の内的経験を詳細に提示し、次にそのことの心理学的意味を考察していく。

2. 最初のイメージ──即自的なもの

　Jung, C. G.(1963/1972, pp.25-29) の内的経験：Jung, C. G. は初めての内的経験を3歳から4歳の間に体験した。この経験は、その後の Jung, C. G. の石の遊びにも関連するものである。Jung, C. G. はそのころ、夜に漠然とした恐れを抱いていた。ライン川に流されて死んだ人々を、黒いフロックコートを着た男たちが黒い箱に入れ地面の中に埋葬する。そのことを Jung, C. G.(1963/1972) は「主イエスがご自分の許に召された」(p.25) と説明される。

Jung, C. G. が夜への不安を抱いたとき、主イエスへのお祈りを母から教えてもらい、そのことで夜への不安が軽減される。それゆえ夜の恐怖を宥めてくれる主イエスのことを、Jung, C. G.（1963/1972）は「やさしくて、すばらしく（…）夜子どもたちに気を配ってくれる」(p.26) 人物であると想像する。しかし同時に、主イエスが人々を「食べる」ことが死者を地面の穴に入れることと同じ意味であると、大人から教えられる。ここから Jung, C. G. は主イエスの優しいだけの側面を疑い始め、むしろ黒い箱のことに関係したフロックコートを着た陰気な男たちを主イエスから連想するようになる。

　さらに Jung, C. G. は次のような場面に遭遇する。Jung, C. G. が家の前で砂遊びをしていると、黒い服を着た人影が森から降りてくるのを見るのである。即座に「あれはジェスイットだという驚くべき認知」(p.27) が Jung, C. G.（1963/1972）を射通し、Jung, C. G. を非常に恐れさせた。これら一連の思考と体験は「私の最初の意識的な外傷に通じることになった」(Jung, C. G., 1963/1972, p.27)。Jung, C. G. にとってのこの最初の暗い外傷は、Jung, C. G. の後の歩みを方向づける出来事となる。

　また同時期に Jung, C. G. は生涯で最初の夢を見る。夢の中で Jung, C. G. は牧場に穴が開いているのを見つける。そこには地下に通じる階段があり、Jung, C. G. は階段を降りてゆく。すると大きな部屋があり、黄金の玉座にとてつもなく大きなファロスが座しているのを見る。ファロスの頭には目が一つあった。その時、母の声で「あれが人喰いですよ」と言うのが聞こえた。Jung, C. G.（1963/1972）は「目が覚めると、私は汗びっしょりでもう少しで死なんばかりだった」(p.29) という。

　幼い Jung, C. G. は夜への恐れを感じ取っていた。太陽が世界を明るく照らすように物を明示し捉える意識の領域に対して、意識が背景に退くことで優勢となる無意識の領域を感じ始めたということであろう。それは曖昧で多義的であり明確に把握できないものとして、主体のコントロールを超え、主体を捉える。Jung, C. G. は母から教えられた主イエスへの祈りによって、一

旦は不安を減じられる。しかしよりにもよって、その主イエスが死者を地面に「食べる」者であることを知る。そこから Jung, C. G. は主イエスの優しいだけの側面を疑うようになる。ここにおいて Jung, C. G. には既に、単にいわれたことを素直に受け取るあり方ではなく"疑う意識"が生じていたと思われる。そして、死者を埋葬する黒いフロックコートを着た男が Jung, C. G. にとって主イエスの暗い側面を示すようになる。Jung, C. G. の夜への恐れは、地面が死者を食べることに関係している。死者が地面に「食べられる」というイメージを通じて、Jung, C. G. は無意識の領域、死者の世界に開かれたといえる。さらにこの「食べる」ものは、優しいはずの主イエスであり、天上にいる存在が同時に地下へ引きずり込むものでもあることを知った。

　次の夢で、Jung, C. G. は地下に通じる階段を降りる。実はこの時 Jung, C. G. 自らが地面に喰われ、地下の死者の国、無意識の領域に自ら入っていくのである。黄金の玉座とは神の座る場である。そこには「黄金の冠をいだき白の服をまとった」(Jung, C. G., 1963/1972, p.31) 主イエスではなく、巨大なファロスが座っていた。ファロスもまた「人喰い」であった。Jung, C. G. は夢で「自ら地面に食べられる」ことを通じて、無意識の世界に入り、そこに座する巨大なファロスに出会った。Jung, C. G.(1963/1972) は、この出来事の 10 年ほど後になって「人喰い一般がファルロスで象徴され、従って、暗い主イエスもジェスイットもファルロスも同一物であるということになる」(p.29) ことに気づく。黒いフロックコートを着た男とファロス、そして主イエスは、Jung, C. G. にとって人々を「食べる」もの、つまり地下の、死者の、無意識の領域に居るものとなる。これらの経験を「外傷」とまで表現したにもかかわらず、Jung, C. G. はこれ以降も何度もジェスイットやファロスを想起し、また石と遊ぶ際にも、ジェスイットやファロスが Jung, C. G. に想起されていく。

　もう少し心理学的に考えてみると、これらのイメージは Jung, C. G. が感じた夜への恐れから、既に Jung, C. G. に到来していたと思われる。昼間の明るい太陽に照らされすべてが明瞭な世界や、夜への不安を和らげてくれる

「やさしくて、すばらしく（…）夜子どもたちに気を配ってくれる」（Jung, C. G., 1963/1972, p.26）主イエスの存在は、のちに神話的意識と述べるように、意識が周囲に溶け込み、包み込まれ、一体となっている無垢な世界であるといえる。意識とそれを取り囲む環境に断絶はない。目に見えない暗闇や、知ることの不可能な死者の世界への認知が、Jung, C. G.の無垢な意識を揺り動かした。それは死者が地面に食べられるというイメージにも生じていて、生ある者、昼間の意識が死に、主イエスに食べられて消えてしまうことを、Jung, C. G.は戦慄しつつ、その連想を止めることができない。ここで言う生ある者が消えること、無意識の領域、死者の世界とは、否定性の世界であり、日常の素朴な、ただ周囲に包まれるだけの意識を超えた、目に見えない世界への移行を予感させる。これに関連して、Jung, C. G.（1921/1987）は「イメージはむしろ無意識的な夢想活動に由来するものであり、その産物は多少とも唐突なもの」（p.447）であり、「根源的なイメージは生命力を前提としている」（p.452）と述べる。ジェスイットやファロスのイメージは、無垢な意識のJung, C. G.にとっては唐突に訪れたと感じられるものであり、Jung, C. G.に対して強い影響を与える。その意味でジェスイットとファロスはJung, C. G.にとって根源的なイメージであり、Jung, C. G.の"第一質料"であった。

　河合（1998）によると、これらの二つのイメージには既にJung, C. G.の理論が暗示されているという。その一つは、二つの対立するものという思想である。具体的には、「黄金の冠をいだき白の服をまとった」主イエスと「神の暗い側面」としての主イエスの対立が見られる。また、地下へと死者を喰らうことに、無垢な意識に対する死や無意識の領域──否定性の領域──が示されている。また、地下やファロスには、輝く天の精神性に対立する身体性が暗示されている。もう一つは、これらのイメージについてJung, C. G.（1963/1972）は「誰が私の知識をはるかにこえた問題について話しているのだろうか」（p.32）と問う。この「誰が」とは、Jung, C. G.にこのイメージを想起させるJung, C. G.の内なる他者、普遍的無意識を指し示している。

　そしてJung, C. G.（1963/1972）は、これらのイメージについて「それが暗や

みの中にできるだけ最大限の明るみをもたらすために起こったのだ」（p.33）と最後に締めくくっている。この考えには、Jung, C. G. に唐突に生じてきた暗闇としての無意識、第一質料を、理論として明確にしていくために行ったJung, C. G. の生涯にわたる作業（錬金術で言う opus）が暗示されている。そして、これらのイメージは、個々人の心理学的な作業 opus として無意識と対峙すること、普遍的無意識を自らと区別すること、暗闇から小さな明かりとしての近代意識を生み出すことといった、Jung, C. G. 理論の萌芽を捉えることができる。

　また Jung, C. G.（1921/1987）は、象徴[*8]について「これまで知られていなかった・あるいは少ししか知られていなかった・事柄をさしあたってできるだけよく表現している」（p.509）もので、「まだ本質的には知られていない事柄を先取りして表して」（p.510）いるものとして捉えている。その意味で、これらのイメージは Jung, C. G. 理論の萌芽ではあるが、イメージの方が Jung, C. G. に迫り、Jung, C. G. 自身はこれらのイメージに戦慄を感じている。言い換えると、これらのイメージは即自的なものとして、さしあたり無垢な意識のJung, C. G. には捉えることのできないものとして、Jung, C. G. に立ち現れてきたのである。

　その一方でファロスの夢では、Jung, C. G. が無意識と対峙する動きが生じていることを、既に見て取ることができる。Jung, C. G. は、主イエスが死者を地下に引きずり込み、喰らうというイメージに魅せられていた。それゆえ、それに戦慄するほどの恐怖を感じたにもかかわらず、Jung, C. G. は自ら地面に食べられ、地下に降りていった。Jung, C. G. は自らに生じた「人間を地下に喰らう」というイメージを、単に傍観者として眺めたのではなかった。むしろこの「食べる－食べられる」という関係の中に入り、自ら地下に喰われる死者となって、そして地下に喰われる死者として、このイメージの深み――否定性の世界――に落ちていったと思われる。先ほど Jung, C. G. には"疑う意識"が既に生じていたことを述べたが、さらにここには「体験しそして知らなくちゃ」（p.71）という、Jung, C. G.（1963/1972）の世界を認識しようとす

第3章　ユング心理学における遊ぶこと　119

る力が表れていると思われる。Jung, C. G. は地下に自ら喰われたのちに、ファロスと向き合っており、イメージは Jung, C. G. に対自的なものとなっている。

　このような人を恐れさせ慄かせるような外傷的なイメージ——しばしば主体を圧倒するイメージ——から逃げることなく、むしろそれとの関係の中に入り、それに対峙し、"第一質料"と出会っていこうとするこの動きこそ、Jung, C. G. の認識する主体としての意識であり、それが"第一質料"を変容させ、自身の理論にまで高める動因となったものであろう。

3. 魂としての石

　Jung, C. G.（1963/1972, pp.39-40）の内的経験：Jung, C. G. は7歳から9歳のころ、庭の石の上に座って想像の遊びをする。「『私はこの石の上にすわっている。そして石は私の下にある。』けれども石もまた『私だ』といい得、次のように考えることもできた。『私はここでこの坂に横たわり、彼は私の上にすわっている』と。そこで問いが生じてくる。『私は、いったい、石の上にすわっている人なのか、あるいは、私が石でその上に彼がすわっているのか。』この問いは常に私を悩ませた」（Jung, C. G., 1963/1972, pp.39-40）。

　Jung, C. G. の初めての石との関わりは石の上に座ることであった。石の上に座った Jung, C. G. は「私」について、そして「私と石」について思いを巡らす。「私はこの石の上にすわっている」（Jung, C. G., 1963/1972, p.39）と考えた次に、「けれども石もまた『私だ』といい得」（Jung, C. G., 1963/1972, p.39）ると考え、今度は石の方が主体となる。

　この時、Jung, C. G. としての「私」と石としての「私」は同じ存在となっている。それゆえに「私が石でその上に彼がすわっているのか」という問いが生じる。河合（1998）はこれを「石も Jung, C. G. も全てがつながると同時に、それぞれが『私』と言いうるようにユニークに魂として主体になっている」

(p.35)、アニミズム的な世界であると指摘している。

　Jung, C. G.と魂が入れ替わっている石という存在は、Jung, C. G.にとってただのありふれた物ではない。この石とJung, C. G.(1963/1972) は「ある秘密の関係に立っていることは全く疑う余地がなかった」(p.40)。Jung, C. G.にとって石は特別な存在である。この後も石はJung, C. G.を惹きつけるもの、創造をかき立てるもの、自らを宥めるもの、あるいはJung, C. G.にとって聖性を帯びたものとして立ち現れ、そのつどJung, C. G.自身を導くものとなった。幼いころのJung, C. G.が「私と石」について思いを巡らせ、それぞれが主体となっていたように、Jung, C. G.は生涯石と関わり続け、また石がJung, C. G.を導いたのである。Jung, C. G.にとって石は魂であると端的に言うこともできよう。「私は『魂の石』と私自身でもあった石との関係を、漠然と感じていたように思われる」(p.48)と述べ、また石を「私の中に存する他人」(p.70)と述べたように、Jung, C. G.(1963/1972) にとって石は魂の現前[*9]であり、かつJung, C. G.の内なる他者でもあった。

　この時期のJung, C. G.は、魂としての石の上に座ることで、直ちに石もJung, C. G.も主体となるような関係を結んでいる。アニミズム的な世界とは、物に住まう魂——物の魂——とJung, C. G.自身が等しいゆえに、魂がJung, C. G.にもなり、また石にもなることが可能なあり方であった。しかし、Jung, C. G.は次節の遊びで、魂の石と異なる関わり方を創り出していく。

4. 人形と石の遊び——向かい合う形

　Jung, C. G.(1963/1972, pp.40-48) の内的経験：Jung, C. G.(1963/1972) が10歳のとき、「私の私自身との分裂及び世界の中での不確かさは、当時私には全く理解できなかったある行為に私を漫然と誘い込んだ」(p.40)。Jung, C. G.は筆箱に付いている定規に、フロックコートを着て背の高い帽子をかぶり黒い長靴をはいた人形を刻み、インクで黒く塗った。筆箱にはこの人形のためにベッドを作り、布切れで上衣まで作った。また、ライン川から取ってきた楕

円形の黒っぽい石を筆箱の中に入れ、上半分と下半分を絵具で塗り分け、ズボンのポケットに入れて持ち歩いていた。この石は刻んだ人形の石であった。

　Jung, C. G. は屋根裏部屋にかかる梁の下にそれら二つを隠す。Jung, C. G. は自身が傷つけられたり抑うつ的になったりしたときに、人形と黒い石のことを考えた。また、幾度も秘かに屋根裏部屋へ行き、梁によじ登って筆箱をあけ、人形と石とを見た。その度に Jung, C. G. は秘密の言葉が書かれた巻紙を筆箱の中に入れさえもした。

　この行為をしているとき、Jung, C. G. (1963/1972) は「安全だと感じ、私自身と争っているという苦しい感じはすぎ去った」(p.41) という。この一連の行為は「厳粛な儀式的行為の性格を帯びていた」(Jung, C. G., 1963/1972, p.41)。

　Jung, C. G. (1963/1972, p.48) は11歳のときギムナジウムに入ったが、そこでうまくいかないことがあったときも、屋根裏部屋の秘密、人形と石のことを考えた。そうすると不思議に平静に戻るのであった。

　Jung, C. G. は人形と石との遊びを行う。このフロックコートを着た人形は、主イエスの暗い側面としてのジェスイットであると思われる。先ほどジェスイットもファロスも同じであると述べたように、これは地下のファロスとも関連するであろう。そして人形の石は、Jung, C. G. にとっての魂の石に関連づけられる。「陰茎像の神様の夢が、私の最初の大きな秘密で、人形は二番目の秘密だった」(Jung, C. G., 1963/1972, p.48) というように、これらの秘密は地下の、死者の、無意識の——否定性の——領域に属するものであり、"第一質料" が関連している。

　Jung, C. G. (1963/1972) は「石つきの小さな木でできた人物は、まだ無意識的で子どもっぽかったが、その秘密を具象化しようとする最初の試みだった」(p.42) と述べる。Jung, C. G. はジェスイットやファロスが属する秘密の領域に、人形と石という具体的な形を与える。

　Jung, C. G. が "第一質料" を具象化し、それに形を与えたということが重

要であると思われる。そもそもジェスイットやファロスとの出会いは、Jung, C. G. を強く恐れさせていた。それらは Jung, C. G. にとって即自的であり、それらのイメージの方が Jung, C. G. に迫っていた。Jung, C. G. 自身はそれらに対して恐れ慄き、無力化されていた。Kalff, D. M.(1966/1999)は箱庭について述べた際、「一つの形を与えられているとき、無意識の内容は、それらが意識によって把握される前に、すでに、夢よりももっと集約され、いくぶん明瞭にさえ」(p. iii)なると述べている。Jung, C. G.(1963/1972)にとっての人形と石も「まだ無意識的で子どもっぽかった」(p.42)というように、未だ分化しておらず、曖昧で多義的ではある。しかし、イメージは具体的な形を与えられることで、輪郭をもって区切られ、区別されたものとなる。この場合自らの秘密――ジェスイットとファロスのイメージ――を具象化し、人形と石という具体的な形にすることで、Jung, C. G. は自分自身からこれらのイメージを区別し、対自的なものへと変換したのである。河合(1998)は「対象化できてはじめて、それと対話したりして関係を持ったりできる」(p.169)と指摘する。対象化することで、イメージに対して無力であるという主体のポジションも変化し、Jung, C. G. からイメージと関係を持つことが可能となるのである。

　その後、Jung, C. G.(1921/1987)は、象徴の成立について、「これがあらゆる心的機能に作用を及ぼすのはその素材が対立する両者の影響によって特定の形姿を与えられているからである」(p.516)と述べ、形を与えられることを重視していることが分かる。この時の人形と石の遊びの経験から、イメージを具象化し、具体的な形にすることの意義を Jung, C. G. は感じていたといえる。人形と石という具体的な形を創り出すことは、Jung, C. G. がジェスイットやファロスの領域――第一質料――と対峙し、Jung, C. G. からそれらに関わる――それらとの錬金術の作業を始める――ことを可能にしたのである。

5. 行為の中で生じる主体

Jung, C. G. はこの人形や石と繰り返し関わっていく。Jung, C. G. はこの行為を「厳粛な儀式的行為」(Jung, C. G., 1963/1972, p.41) でさえあったとしている。Jung, C. G. はここで、聖なるものと関わり、交流する。それゆえ河合 (1998) はこの遊びには「神聖なるもののリアリティ」(p.39) が伴っていると指摘する。河合 (1998) によると、Jung, C. G. はイメージについて、象徴を重視していると一般的に理解されているという。ユング心理学ではその象徴の意味を解釈し、理解することが重要であると思われている。例えば、先ほど筆者が行った"人形と石の遊びは、ジェスイットとファロスに関連し、死者と無意識と魂に関連する"といった、表象されるものに象徴的な意味をあてがうことが重視され、事例に対してもその考えをもとに理解するよう促される。

しかし、Jung, C. G. (1963/1972) が人形と石の遊びを行っているとき「こうした行為の意味、あるいはそうした行為をどういうふうに解釈したらいいかということはいっこうに気にならなかった」(p.42) と述べる。Jung, C. G. は象徴の解釈を重視していない。むしろここで注目されるべきなのは、石と人形との遊びを通して Jung, C. G. が神聖さそのもの、神聖なるものの現実性を経験することである。そもそも神々や神聖なものは、Jung, C. G. の生きている時代においても既に、知識としての聖なるもの、つまり過去のもの、観念的なものになってしまっている。一方 Jung, C. G. にとって、この人形やこの石は「魂の現前」(河合, 1998, p.43)、聖なるものの現前であった。そしてそれらを「放っておけばよいというものではないのが興味深い。(…) この人形や石も、Jung, C. G. への儀式への参加を求めるのである。それがいかに確かなものであるといっても、それに対する参加や行為なくしては現実性はなくなるのである」(p.44) と河合 (1998) は指摘する。

Jung, C. G. は熱心に人形を刻み、石を黒く塗り、人形と石を創り出した。人形にベッドまで作り、石はポケットに入れて持ち歩いた。さらに屋根裏部

屋に人形と石を隠した。その後何度も屋根裏部屋に行っては人形と石を見たり、そこに秘密の巻き紙を添えた。このように Jung, C. G. が人形と石の遊びに繰り返し参加するという行為、真剣に関わるという行為の中に、単なる観念的なものではなく、生きた現実性（リアリティ）が今、立ち上がってくるのである。このことを「Jung, C. G. に現れている神聖なるものは、今存在していて、それに献身すべきものなのである」（p.39）と河合（1998）は指摘する。「献身」と表現されているように、人形や石は Jung, C. G. に対して自らをコミットさせる——自らを犠牲にする——ような深い関わりを要求する。このように目の前にある魂の現前に自らの身を捧げる行為によって、現実性（リアリティ）——「生き生きとした体験や自分の身体に対する実感」（河合, 2000a, p.134）——は生じる。先にファロスの夢で Jung, C. G. は、死者を食べる地面に自ら入っていったことを指摘した。それと同様に Jung, C. G. は、自ら創り出したこの人形とこの石に繰り返し深く身を捧げたからこそ、単に解釈された知識ではない現実性（リアリティ）を現在において経験したのである。ここにおいてもまた、イメージそれ自身に深く入っていく動きが Jung, C. G. に生じている。

　このように物の魂が完全に現前するようなあり方を「神話的な主体」（河合, 2000a, p.119）と呼ぶ。それは神話的意識と言い換えられる。「私はまるでアフリカの土人がしているのを見たことがあるかのように儀式を行なった」（Jung, C. G., 1963/1972, p.44）と Jung, C. G. が述べたように、アフリカの原住民もまた同じあり方を示していた。Jung, C. G. は 40〜50 代のとき、アメリカのプエブロインディアンやアフリカのエルゴン族を訪ねる旅に出る。エルゴン族は太陽の昇る瞬間、手に唾をはきかけてそれを太陽にかざす祈りを行う。土人にとって唾とは自らの魂であり、太陽は神である。したがってこの行為には「神よ、あなたの御手に私の魂を委ねる」というように、神に自らを捧げ、神と一体となるという意味がある。プエブロインディアンもまた「すべての生命があの山から生ずる」という世界観に生きている。山を神聖視しそこから生命が生じるというあり方も、山に魂——聖性——があり、人間はその山に生かされ、その山との交流が人間の心の生活の基盤になる神話的意識の世

界を表している。

このような原始の人々のあり方は、例えば小さい子どもが風景構成法に臨むときにアイテム同士をまったく関連させず、個々のアイテムを並列的に描くあり方に近い。その時子どもは「川を描いているときは、川と一体に、山を描いているときには、山と一体になっていて、他のものはあまり目に入っていない」(河合, 2011, p.42) あり方を示し、他の物との関係を考えたり、物から距離をとって全体の構成を考えたりしていない。それは、描くアイテム単体と主体が、そのつど一体となるあり方を示す。また、先ほど秘密が具象化されることで初めて関係を持つことができると述べたように、神話的意識には神聖さを帯びた具体的な物が必要となる。Jung, C. G. も原始の人々も、向かい合う具体的な──かつ神聖な──物において魂が現前し、その具体的な物と主体が同一となるウロボロス的なあり方を示している。

そして河合 (2000a) は「主体というのは繰り返し造り出されねばならないし、繰り返し確かめられるのである。その意味でも主体というのが実体ではなくて、行為によって生み出される」(p.121) と述べる。神話的意識もまたそのつどそのつど具体的な物へ参入するという行為──イメージそれ自身に深く入る動き──によって生じるのである。

6. 遊びという形式──神話的意識から近代意識へ

Jung, C. G. と魂の関係の結び方は、原始の人々とまったく同じというわけではない。先ほどの考察をさらに転覆させて、遊ぶことにおいて Jung, C. G. が近代意識を生じさせたことを三つの観点から考えたい。一つ目に Jung, C. G. が神聖なるものを秘密にし続けたこと、二つ目に Jung, C. G. が一人で儀式を生み出したこと、最後に Jung, C. G. が自ら石と人形に関わったことについて、その内的連関を述べていきたい。

Jung, C. G. はこの一連の遊びを、話してはならない神秘的な領域と感じ、周囲の者に対して完全に秘密にする。Jung, C. G.(1963/1972) は人形と石を屋

根裏部屋に隠し、それらは「決して明らかにされてはならない犯し難い秘密」（p.42）となる。それだけでなく、Jung, C. G. はこの秘密を晩年まで保持し続ける。同様にジェスイットやファロスのことも、Jung, C. G. は誰にも話さなかった。"この秘密にする"ということが、神話的意識と Jung, C. G. の違いである。原始の人々も彼らの儀式を秘密裡に行う場合があるが、その儀式や秘密は集団の中で共有されている（Jung, C. G., 1963/1972）。原始の儀式は既に共同体によって担われていて、魂との関係は集団の中に予め所与のものとして共有されている。また、プエブロインディアンがすべてのものが偉大なものから創られると信じていたように、原始の人々は「全てのものに魂の認められる世界」（河合，2013，p.28）にいる。魂と関係する儀式が共同体に共有され、それと同時に、物の魂に取り囲まれ、包まれているのが神話的意識のあり方である。

　それに対して人形と石は、Jung, C. G 個人が独自に創り出したのであり、Jung, C. G. はその儀式を一人で行った。また Jung, C. G. の人形や石は「具体的な形をとるだけではなくて、屋根裏部屋という決まった場所を持っている」（河合, 1998, p.43）。その儀式が行われるのは屋根裏部屋という誰にも見られない限定された、閉じられた場所である。魂との関係を結ぶ儀式は Jung, C. G. 個人が創り出し、なおかつそれは Jung, C. G. しか知らない場所において行われ、その秘密は Jung, C. G. の中に保持され続けるのである。共同体が創り出し、共同体によって執り行われ、共同体が担い続けた古代の人々の儀式とは異なるあり方を示している。このことは「もはや過去の美しい調和のとれたコスモロジーに満ちた世界における魂との関係ではなく（…）魂みたいなものが簡単には感じられなくなった」（猪股, 2013, p.119）ことを示している。Jung, C. G. は魂とどのような関係を結んでいたのだろうか。

　河合（2013）は、18、19世紀のヨーロッパにおいて、個室が生じてきたことと個人の内面性の成立の関係を指摘している。「個人が自然、共同体、神などから解放され、さらに家族の中で個人空間を持つようになったことによって、個人の内面が自覚され、発見されてくる」（河合, 2013, p.23）。世界のすべ

てに魂が偏在し、魂が共同体に担われる神話的意識から、個人の内面性だけに魂が認められる意識への移行とは、近代意識への移行である。近代意識とは物の魂を鎮座させる場所を個人の内面に移行し、それに伴って具象化された神聖な物を客体化し、物が単なる物体や現象となり、その結果、「精神性が認められるのは、人間の心だけに」（河合，2013，p.22）なった意識である。

　人形や石を屋根裏部屋に隠すことが意味するのは、Jung, C. G. は魂を共同体から引き剥がし、魂と関わる場所を Jung, C. G. だけの個人空間に閉じ込めたということである。この時点で Jung, C. G. は、石の上に座った時に石が簡単に私となるようなあり方を後にしている。この共同体から孤立した閉じられた場所を作ることは、Jung, C. G. 自身の個としての内面を作る動きであった。共同体に包まれる神話的意識のあり方を後にし、魂を個人空間に閉じ込めるこの遊びは、近代意識を生じさせる遊びであったともいえる。

　Jung, C. G. は、ジェスイットやファロスのイメージ──第一質料──を、Jung, C. G. 自身もなぜそうするのか分からないままに秘密にしていた。Jung, C. G. は「コスモロジーに満ちた」調和のとれた世界に生きていなかった。10歳の Jung, C. G. は、もはや古代の人々が行っていたような形で、物の魂と関わることはできなかった。また共同体に共有されていて、すなわち所与のものとしてあった物の魂と一体となる儀式ももはや存在しなかった。Jung, C. G.（1963/1972）が感じていた「私の私自身との分裂及び世界の中での不確かさ」（p.40）という不全感は「自らが見出した近代人の心に個人を超えて存在する『近代以前』と『近代』との間の解離」（田中，2001，p.65）であるともいえる。

　したがってこの遊びには、近代以前に「戻れないなりに、どうしたらいいか、どう魂のようなもの、あるいは、宗教性のようなものともう一度接点をつくり出していくか」（猪股，2013，p.117）という課題が含まれていた。そこで Jung, C. G. が行ったのは、周囲から完全に隔たった場所を設け、魂と関わる場所を秘密の空間に閉じ込めることであった。魂は共同体に共有されるような場所ではなく、Jung, C. G. だけの場所を求めた。

　二つ目の観点として、Jung, C. G. がこの人形と石を独自に創り出し、儀式

的行為もまた自ら創り出したことについて述べる。Giegerich, W.（1998/2018）は神話的な儀式と錬金術の違いについて、「すべての儀式は第一に、元々は神や文化英雄によって遂行された原初の行為の単なる反復であり再現とみなされる。だからこそ、そこでの人間の行為は、単なる既知の先住する形式への同調という特徴をもっているのだ。反対に、錬金術は真に実験的であり発明的である。その達人は自分自身の責任において行為する」（p.192）と指摘している。

　古代の人々が行う儀式は、神話的な出来事を――ある意味で反復強迫的に――そのまま再現する。宮古島のパーントゥの祭りでは、泥まみれの来訪神がその地域にやってきて、人々に泥を塗りたくって地域を練り歩く［写真3-1］。諏訪大社の御柱祭も必ず7年に一度の周期で行われる。人間にとっての儀式の実存的意味について、Eliade, M.（1958/1971）も「この世と人間社会を更新するために周期的にくりかえされるのである。なぜなら、天地創造を象徴的にくりかえすことは、この世の始めにおこったことどもを再現実化することを意味し、したがって神々とその創造のエネルギーが現存することを意味する」（p.9）と指摘する。神話的意識における儀式は、原初の聖なる出来事を今、この場所に再生して、その当時の聖なる神々を再度この場所に生み出す。それによって人間が生きる世界が更新され、原初の聖なる世界として再生産される。時間的にも同じ時間が再生産されていて、原初の聖なる時と現在はまったく同じであり、その意味で「未開社会には歴史意識が欠如している」（Eliade, M., 1958/1971, p.8）のである。Jung, C. G.は所与のものとして共同体に共有されている儀式を反復し、再現したのではない。石と人形の遊びはJung, C. G.が新しく創り出したもので、その儀式自体がJung, C. G.に新しく発明されたのである。神話的意識にとって「出来事は、最初から魂に満ちていて、それら自身の内側に存在していた」（Giegerich, W., 1998/2018, p.247）という。この遊びでは、予め設えられている所与のものを反復するあり方が否定されている。この遊びには、周囲に生じる出来事に受動的にただ同調する神話的意識を否定した、自分自身の魂を自ら創り出す、主体としてのJung,

［写真3-1］　パーントゥ（宮古島観光協会提供）

C. G. のあり方が表れている。このように魂との関わり方を自ら新しく創り出したという点において、Jung, C. G. は物の魂が共同体に自明に担われた神話的意識のあり方を後にしている。

　最後に三つ目の観点として、近代的な主体性が立ち上がるのは、繰り返し現実性(リアリティ)を生じさせる行為であることについて考えたい。Jung, C. G. が神聖なるものの現実性(リアリティ)を立ち上がらせる行為を行っていたのは、人形と石という形で魂を自ら新しく創り上げ、その魂を個人空間に閉じ込めるという形式においてであった。Giegerich, W.(1998/2018)は錬金術師にみられる主体性について、「彼がどれほど自分という個人が試されていると感じていたか、自らの取り扱っていた物質の生成過程のなかにどれほど激しく駆り立てられ、本質的に巻き込まれていたか、ということであろう。錬金術師はもはや、人が魂の発展における神話的段階においてそうであったような、受動的な受け手の段階にはいない」(p.194)と述べる。神話的意識には魂を現前させる方法──儀式──が予め用意されていたし、儀式の次第に沿って現れる魂に関する出来

事は、既に魂に満ちたものとして神話的意識に再現されていた。出来事が直ちに魂の現前となるあり方には、その出来事の成立に主体が何らかの介入をしたり、影響を及ぼす余地は初めからない。出来事は既に成立しており、主体はそれをただ受動的に享受すればよかった。儀式や祭りの順序や形式は決まっていて、主体は受動的にそれに従い、文字通りの意味でそこに遊びはない。決定するのは出来事であり、儀式であり、共同体であり、主体に自由や能動性は必要ない。

　しかし、魂は共同体に担われることを既に後にしていて、Jung, C. G. はただそれを享受すればよいわけではなかった。Jung, C. G. は魂の人形と石の遊びに強く惹きつけられ、また駆り立てられていた。Jung, C. G. は個人空間に閉じ込められた場所に魂を据えた。それによって物の魂に満たされ囲まれた世界が否定されて、Jung, C. G. と魂の間には、距離――解離――ができる。そのため、魂の現前に出会うには、自らその場所に赴くことが必要となる。そこは共同体によって制度化され、可視化された場所ではない否定的な場所であり、つまり個人の内に閉じられた内面性である。Jung, C. G. は屋根裏部屋に何度も赴いたり、そこを離れていても幾度も人形と石を想起したりしたのであった[*10]。Jung, C. G. は魂の場所を閉じ、魂との距離を自ら創り出すと同時に、その距離のゆえに自ら魂と出会っていく。この自ら魂と出会っていこうとする動き、自ら現実性（リアリティ）を生じさせようとする行為の中にも、出来事をただ受動的に受け取る神話的意識のあり方を後にした、近代的な主体性が生じていると思われる。

　するとこの遊びの形式には、二つの分裂したあり方が同時に含まれていることが分かる。Jung, C. G. は人形と石を創り出した。それらは魂の現前であり、その具象化された物と繰り返し関わる度に現実性（リアリティ）が生じ、それと同時に魂と一体となった神話的意識も生じたのであった。それに対して神話的意識が演じられる空間が秘密にされることで、魂は個人の内面に囲い込まれ閉じられることとなる。それは共同体に包まれ、物の魂に包まれたあり方を否定する近代意識の生成でもある。つまり、閉じることによって、閉じられた中

では物の魂がありありと現前する現実性(リアリティ)が生じるとともに、また閉じることによって、神話的意識のあり方を否定する近代意識が生じているのである。猪股（2013）はこの遊びについて、「ベタな身体性、直接的な合一に立ち戻るのではなく、分裂を含んだまま、そこに何らかの繋がりをもう一回巻き起こしていくことをクリエイトした」（p.117）という。この遊びの形式に注目すると、Jung, C. G.は即自的に物の魂に包まれた神話的意識に戻ることもなく、同時に聖なる物の現実性(リアリティ)が失われ、客体としての物となった近代意識に一面的に移行することもなかった。この遊びをしているとき、Jung, C. G.には魂に関与する神話的意識が立ち上がり、近代意識は生じていない。それと同時に、Jung, C. G.には神話的意識を否定した、近代意識が立ち上がっている。結合と分離の結合が生じている。

Jung, C. G.は魂を個人空間に閉じ込めることによって、「近代以前」と「近代」との間を解離させたまま、魂を内面化しつつ魂と関わる方法を創り出したと思われる。それだからこそ「私は新しく得た安全感に満足し、誰も知らない、誰も達することのできない何かを手に入れたことに満足していた」（p.42）とJung, C. G.（1963/1972）は述べる。この誰も知らない、誰も達することのできない何かとはJung, C. G.自身の近代意識であり、共同体に包まれたあり方を後にし、魂を閉じ込めつつ魂と関わる、新しい意識の形式のことを示している。その意識とは、魂に参与する意識と魂を否定する意識が同時に生じるという意味で、結合と分離の結合の意識である。

10歳のときのJung, C. G.は、「私の私自身との分裂及び世界の中での不確かさ」（Jung, C. G., 1963/1972, p.40）と明確に述べられているように、分裂を抱えていた。それは「近代以前」と「近代」の分裂であった。その続きとして「当時私には全く理解できなかったある行為に私を漫然と誘い込んだ」（Jung, C. G., 1963/1972, p.40）と述べられる「ある行為」とは、「近代以前」と「近代」の分裂を、分裂させたまま魂と関係する方法としての遊ぶことである。「このような『分断』は、ユングのみならず、近代以降に生きる人類が共通に抱える問題であった」（p.49）と田中（2001）は指摘する。近代以降において、我々は魂に素

朴に包まれるあり方にも、自明に共同体に魂が担われるあり方にも戻ることができない。その中で魂とどう関係を結ぶことが生じるのかということが近代以降の人々の課題となった。

先ほど「魂は共同体で共有されるような場所ではなく、Jung, C. G. だけの場所を求めた」と述べた。それに加えて Jung, C. G. 自ら遊びを創り出したこと、Jung, C. G. 自ら魂に出会っていこうとしたことに、既に神話的な意識が否定されていた。そうだとすると、魂自身が共同体に担われて受け継がれていくことではなく、Jung, C. G. 自身によって創り出され、Jung, C. G. から出会われていくことを求めたとも考えられる。Jung, C. G. のこれら一連の遊び、自分と魂との関係を創り出すことそれ自体も、魂の動きであると捉えることもできる。魂とは、遊ぶこと、具象化された形にしてクリエイトされることを通じて、それと関わることが可能なものとなると同時に、このプロセスを生み出すことそのものであるともいえる。

7. Jung, C. G. における遊ぶこと

本章では、Jung, C. G. の最早期のイメージから始まり、Jung, C. G. が 10 歳のときの人形と石の遊びまでを検討した。とりあえずのまとめとして、Jung, C. G. における遊ぶことの意味を考えていきたい。その際、Huizinga, J. の遊ぶことの形式的特徴との関連にも触れていくこととする。

まず人形と石の遊びが生み出された動因について、Jung, C. G. (1963/1972) は冒頭で「私の私自身との分裂及び世界の中での不確かさは、当時私には全く理解できなかったある行為に私を漫然と誘い込んだ」(p.40) と述べた。この文章は、そのままの形で理解されるべきであろう。つまり、遊びを始めた主体は Jung, C. G. 自身ではなく、Jung, C. G. 自身の中で生じていた分裂[*11]や不確かさである。「私は私が表現しようとしているものがいったい何なのか知らなかった」[*12] (p.42) というように、Jung, C. G. (1963/1972) 自身はなぜこの遊びをするのか、この遊びで何を創ろうとしているのか、理解しないまま

に遊んだ。Jung, C. G.（1963/1973）は後年になって、「一方では自我はこのエネルギーを把握しようと努め、それを所有するに到ったと思ったりさえするが、他方、自我はそれによって所有されている」（p.200）と気づくようになる。一方では確かにJung, C. G.自身が人形を作り、人形と石で遊んでいるけれども、もう一方では遊ぶことこそがJung, C. G.をとらえ、遊ぶことがJung, C. G.で遊んでいる。Jung, C. G.は遊ぶことに所有されている。それゆえ一連の遊びはJung, C. G.にとってまったく新しい行為であり、創作された人形と石も、Jung, C. G.にとってまったく新しく出会ったものである。「遊びとは、単に楽しむだけではなくて、とてもチャレンジングなもので自分の意識では理解できないものに取り組む方法」（p.116）と猪股（2013）が指摘するように、遊ぶこととは主体が遊ぶことに委ね、むしろ遊ぶことが主体となることによって、──自我──意識が把握できない新しいものを創り出す動きである。

　Jung, C. G.の遊びでは、ジェスイットやファロスのイメージが人形と石に具象化された。Jung, C. G.の遊ぶことには、第一質料が関係していると考えられる。これらのイメージは、はじめは突如として現れて主体に迫る外傷的なものの様相を帯びていた。Jung, C. G.にとってそれは暗い秘密となっていた。それが10歳のとき人形と石に具象化され、形を与えられることで「安心感を与えると同時に、畏怖の対象」（河合，2000a，p.138）となり、魂の現前となった。Jung, C. G.（1963/1972）は「まだ無意識的で子どもっぽかった」（p.42）第一質料としての石に、その後も生涯にわたって取り組んでいく。例えばJung, C. G.は、Freud, S.との決別後、湖岸から石を集めて街や家屋を作った。あるいは46歳からその後4年ごとにボーリンゲンの石の塔の建築に取り組む。これらの作業 opus を通じてJung, C. G.は、自らの理論を創り出していく。

　第一質料とは主体を外傷的に揺さぶるものでもあり、また同時に安心感を与えるものでもあり、畏怖の対象ともなる。第一質料はただ様々に──メリクリウス的に──感情を喚起させるだけの対象ではない。そのような第一質

料へ繰り返しコミットすることが、主体を導いていく。第一質料は生涯にわたって主体を導き、主体を決定づける魂と関連づけられるといえる。Jung, C. G. にとって遊びとは、主体を決定づける魂との関わりであり、さらに言うと魂との作業である。

　そのためにはこれらの第一質料としてのイメージが具象化され、対象化されることが重要である。このことは Huizinga, J. (1938/1973) が遊びについて「ただちにはっきり定まった形態をとるようになる」(p.34) としたことにも関連している。Jung, C. G. は自分自身の内側に自らの分裂を抱えていたのであった。それは即自的なイメージともいえ、未だ形を与えられてはいない。即自的なイメージを具象化し、自分自身から区別し、距離をとることで、イメージは対自的なものとなる。それと同時に主体からイメージと関わることが可能となるのである。遊ぶことには主体がそのイメージを自分自身から区別し、主体からそのイメージに関わることが生じている。

　そして人形と石と繰り返し関わることで、Jung, C. G. には「神聖なるもののリアリティ」(河合, 1998, p.39) が現在において生じ、また同時に魂と一体となる神話的意識も生じた。Jung, C. G. は人形と石の遊びを通じて、そのイメージに深く入っていった。重要なのは繰り返しそれに参加するという行為であり、遊びの意味を解釈することではない。これらの Jung, C. G. の遊びの象徴的意味だけに焦点を当てて、解釈することも可能であろう。ところが遊ぶことの意味を解釈すると、遊ぶことは——記号として——対象化されて、客体化される。そこでは遊ぶことを既に外れていて、遊ぶことを外から眺めており、遊ぶことの現実性（リアリティ）は消えている。あえて象徴的意味という言葉を使って考えるならば、Jung, C. G. (1921/1987) の言う象徴とは「まだ本質的には知られていない事柄を先取りして表して」(p.510) いて、「あまりよく知られていない事柄の可能なかぎりで最良の表現」(p.510) である。すると主体は意味を把握していないままそのイメージと遊んでいて、その時そのイメージの現実性（リアリティ）が立ち上がっている。Jung, C. G. が遊んでいたのは、未だ本質的には知的に把握されていない象徴である。Jung, C. G. は人形と石の遊びを繰り返

し行うことで、その本質的には把握されていない第一質料の意味を明確化する錬金術的な作業 opus を行っていたともいえる。イメージの象徴的意味とは、直ちに主体が把握できる単なる記号ではなく、把握されないままに生じている現実性（リアリティ）に関連している。

　Huizinga, J. (1938/1973) も、遊びについて「全体を支配しているのは運動、動きである」(p.34) と的確に指摘していた。遊ぶことにおける現実性（リアリティ）は、主体がイメージと関係を持ち、イメージにコミットするという動きによって生じている。このことを河合 (1998) は「現実性というのは意味以上のものなのである」(p.41) と述べ、遊ぶことの現実性（リアリティ）が生じているのは、遊ぶという行為においてなのであり、そこでは遊びをさらに別の何かを意味するものとして、外から捉えることは生じていない。それは、主体がその現実性（リアリティ）に深く入るという行為である。遊ぶという行為が繰り返しなされることで、主体もまた繰り返し生じる。したがって主体は「実体ではなくて、行為によって生み出される」(河合, 2000a, p.121) といえ、遊ぶことは主体を生み出す行為であると捉えることができる。

　Jung, C. G. は人形や石を屋根裏部屋に隠し、魂と関わる場所を閉じた。Jung, C. G. は遊びを秘密にし、魂を個人空間に閉じ込めた。また Jung, C. G. は人形や石を自ら創り出しただけでなく、それらと関わる儀式的な行為も自ら創り出したのであった。そして魂を個人空間に閉じ込めることで、魂は常に既に世界に満たされるということを止め、Jung, C. G. と魂の間には距離ができた。それと同時にこの距離が、自ら魂と出会っていく主体性を要請したのであった。Jung, C. G. は遊びの場を閉じることで、共同体に担われた受動的に魂を享受する神話的意識のあり方を去り、魂と距離を作りつつ魂と自ら関わる近代意識のあり方に移行していった。

　なお 10 歳の Jung, C. G. は人形と石と関わる時間と場所を区切り、秘密にすることでこれらの作業を行った。このことは特に遊戯療法のセッティングにおいても同じ論理が働いていると思われる。遊戯療法ではプレイルームという決まった場所と来談時間が定められている。また、遊戯療法の内容は他

者には秘密にされる。遊戯療法でも遊ぶことがプレイルームの中に閉じられるという設定がなされる。Huizinga, J. が遊びの完結性について述べたように、遊ぶ主体はその遊び以外の活動を排除しており、純粋にその遊びだけに満たされている時間・空間に入るのであった。また Huizinga, J. が述べた遊びの限定性とは、遊ぶ主体はその遊びの時間・空間においてのみ生じるのであった。そのような「純粋空間」(Caillois, R., 1958/1990, pp.35-36) では、遊びを通じて主体にとって新たなものが創り出され、主体はそのイメージにコミットし、主体は遊びの現実性に深く入る動きが生じる。遊戯療法でそのことが生じるのは、あくまでセラピストとともに入るプレイルームという場所とその時間においてである。遊戯療法において生じる一連の出来事には、"プレイルームの中において"という限定が伴う。遊戯療法で魂の現実性に出会うとしても、それがプレイルームの中に限定されることで、同時にプレイルームの外では魂は否定される。魂は閉じられ限定された場においてのみ現前する。そして決まった場所と時間が設定されていることで、子どもはわざわざその時間にその場所に赴くことが求められる。それに加えてプレイルームの中においても子どもには自ら遊ぶことが要請される。そのように考えると、遊戯療法のセッティング自体が子どもの近代意識が生じるような仕掛けとなっているといえる。

　これに関連して河合 (2013) は、ユング派の心理療法を「その扱っている内容からすると前近代の世界観や癒しのワザに近いけれども、その形式、方法からすると近代の心理療法のパラダイムに則っている」(p.30) と指摘している。遊戯療法や遊ぶことは、その内容としては神話的意識における物の魂が生き生きと現前するような仕掛けを用意しつつ、同時にその場を限定することで物の魂を否定するような構造が仕組まれている。時間と空間を区切り、その中で玩具が配置され、子どもを遊びに参入させるセッティングを設えた遊戯療法は、ユング派の心理療法と同じ方法論を用いていると思われる。

8. 思考や概念としての遊ぶこと

　Jung, C. G.の遊ぶことを検討した結果、遊ぶことは近代意識の構造を備え
た主体を生み出すと捉えられた。Huizinga, J.の考察から、遊びにおける象徴
化は「素材的なもの」から「形而上的なもの」——思考や概念——を創り出す
運動であると述べた。それに加えて、遊ぶことはまったく独特の思考であり、
思考それ自体を生み出す思考であると指摘した。精神分析においても遊ぶこ
とは思考や概念を生み出すと考察した。本章においても思考と概念という点
から考えていきたい。

　Jung, C. G.の近代意識は、主イエスの優しいだけの側面を"疑う意識"か
ら既に生じていたと思われる。昼の太陽に照らされすべてが把握できる世界
や、やさしい主イエスの祈りをそのまま享受する意識とは、取り囲む——所
与の——環境にすっかり包み込まれる神話的意識であると指摘した。意識と
それを取り囲む環境に、断絶はない。夜への怖れや、森から出てくる死者を
埋葬する黒い服の男たちへの認知が、Jung, C. G.の無垢な意識を揺さぶっ
た。そのことは、死者が地面に食べられることにも感じられていた。これら
は日常の素朴なただ周囲に包まれるだけの意識を超えた、目に見えない——
否定性の——世界の予感であると指摘した。この否定性とは、魂に素朴に包
まれる無垢な神話的意識を否定する知性を表している。それゆえに Jung, C.
G.に主イエスの優しいだけの側面を"疑う意識"が生じた。所与のものに疑
いを投げかける意識は、実体性が否定された認識の——思考の——次元にお
いて生じる。それは否定的な概念の次元にあり、そこで主体は自らを概念と
して思考する。それに加えて Jung, C. G.は、夢で自ら地下に喰われていっ
た。そのことも自らの無垢な意識を犠牲に供し、否定性の世界に入っていく
動きとして捉えられる。そう考えると、ジェスイットやファロスのイメージ
が「私の最初の意識的な外傷」(Jung, C. G., 1963/1972, p.27) であるのは、それら
が Jung, C. G.の素朴な意識を揺るがす外傷でありながら、Jung, C. G.の——
仄かな兆しとして感じられた——知性としての意識であるからである。その

意味で、ジェスイットやファロスのイメージは最初の意識的な外傷である。それゆえ Jung, C. G.（1963/1972）は、「あの時、私の知的生産はその意識的な出発をしたのである」（p.33）と断言するのである。

　また、ジェスイットやファロスのイメージは Jung, C. G. の第一質料であった。すると Jung, C. G. の第一質料とは、素朴な神話的意識を否定すると同時に、否定的な次元で概念として思考する近代意識であったと思われる。「私の私自身との分裂及び世界の中での不確かさは、当時私には全く理解できなかったある行為に私を漫然と誘い込んだ」（Jung, C. G., 1963/1972, p.40）と述べられた際の、10歳の Jung, C. G. が抱えた分裂は、素朴な意識——神話的意識——とさしあたりそれに疑問を呈し否定する意識——近代意識——の分裂であった。この時点での Jung, C. G. は、おそらく分裂を分裂として、神話的意識と近代意識を対立するものとして、すなわち同じ次元の物とみなして——実体化して——いたと思われる。ジェスイットやファロスのイメージは、太陽に照らされた世界や優しい主イエスの世界を揺るがすものとして、それらに対する外傷として捉えられていて、Jung, C. G. の視点はまだ物の魂に包まれた神話的意識を見ている。

　Jung, C. G. がジェスイットとファロスのイメージ——第一質料——を具象化し、それを屋根裏部屋に秘密にしたことで、Jung, C. G. のイメージ——第一質料——と Jung, C. G. の関係が反転した。人形と石は具体的な形を持っているものの、Jung, C. G. の思考や概念であった。そのことは、Jung, C. G. がこれらの人形や石を生み出した形式に表れている。まず、この人形と石は Jung, C. G. によって生み出されていて、その意味で Jung, C. G. の思考や概念である。それだけでなく、屋根裏部屋という共同体から孤立した閉じられた場所を作ることは、Jung, C. G. の個としての内面を作る動きなのであった。それは、Jung, C. G. の内面に、単に無機質で形式的な記号としての思考や概念が蓄積されていくということではない。Jung, C. G. の得た思考や概念は、共同体の価値観に包まれ、共同体の価値観に縛られる無垢な意識から自由になった思考や概念であり、共同体——所与のもの——を疑い、否定

する知性としての思考や概念である。

　そして何よりも、Jung, C. G. はこの一連の遊びに、神話的意識と近代意識の二つが分裂しつつ実現するようなあり方を生み出したのであった。それは、人形と石を屋根裏部屋に閉じ込め秘密にしたうえで、人形と石と関わるという形式であった。この時閉じることによって、閉じられた中では物の魂がありありと現前する現実性（リアリティ）が生じるとともに、また閉じることによって神話的意識のあり方を否定する近代意識が生じている。この表現では、神話的意識と近代意識が未だ両立する物であるかのように受け取られるかもしれない。この遊びで魂の現前が生じるのは、共同性が否定された場所であることを強調したい。そこは既に共同体によって制度化されたり、共有されたりするような場所ではなくなっている。その意味で、神話的意識は既に否定的な場所で実現していて、人形と石は具体的な質量を持っていながらも、既に概念となっている。ここには弁証法がある。神話的意識は——近代意識によって——その実体性が否定された場所に置かれ、実体性が否定された概念として保持されている。Jung, C. G. のこの遊びには結合と分離の結合の動きが生じている、と述べた。この動きもまた否定的な次元——思考と概念の次元——に生じていて、同時にそれが Jung, C. G. の意識の形式となっているのである。

　遊ぶことは近代意識の形式を備えた主体を生み出す。それは概念の次元で、自ら考える意識でもある。その際、神話的意識は否定されるが、意識の形式として保持されている。それは排除されたり、駆逐されたのではなく、——概念として——否定性の中にいわば献上されている。

　Jung, C. G.（1963/1972）自身、「石つきの小さな木でできた人物は、まだ無意識的で子どもっぽかったが、その秘密を具象化しようとする最初の試みだった」（p.42）と述べたように、人形と石に表される第一質料は、未だ成熟した思考——Jung, C. G. の理論——とはなっていない。ギムナジウムに入った11歳の Jung, C. G. は、秘密の人形と石のことを考えると不思議に平静に戻った。また、この秘密を晩年まで守り続けたのであった。人形と石は否定

的な"思い出"となり、その否定的な場所において Jung, C. G. は繰り返しそのイメージにコミットしている。Giegerich, W. (1999/2021) が第一質料について「単なる情動のようなものではなかった。また、単なるイメージでもなかった。それは、イメージの中に包まれた思考だったのである。つまり、それはみずからの内に本物の思考を含んでいた」(p.24) と指摘するように、第一質料はイメージの中に包まれた思考として、Jung, C. G. が人生をかけて本物の思考を含んだ概念として、つまり Jung, C. G. 自身の理論として、──否定的な次元で──洗練されていった。それは、Jung, C. G. の錬金術の作業 opus だったと思われる。

第4章

事例 1
自閉症児における遊ぶことの生成

1. はじめに

　自閉症という名称は Kanner, L. の『幼児自閉症の研究』によって提唱された。Kanner, L.(1943/2001) は、自閉症児は「極端な孤立を示しており、外界からやってくるいかなることにも反応しない」(p.53) ことと、「同一性保持への強迫的願望に支配されて」(p.48) いることがあるとした。それゆえ「初めから人には不安と緊張のためなじめず、長い間、一切直接的接触をもたない」(Kanner, L., 1943/2001, p.53) ようになるという。

　また、Kanner, L. が述べたタイプとは異なるが、Asperger, H.(1944/1996) は「自閉的精神病質」(p.83) という障害を提案した。そのような子どもの臨床像として、視線が生きた注意や接触の表れとして何かの物や人に止まることはないこと、言語表現も聞き手に向けられず、あたかも何もない空間に向かうかのように語ること、特定の限定された関心についての知識を非常に蓄えていることなどを挙げ、自閉症の本質には「全体的環境との生きた結びつきの障害」(Asperger, H., 1944/1996, p.147) があるとした。

　その後、Wing, L.(1996/1998) が両者の考え方を再評価しつつ、自閉症は同じ本質の様々な変化とみなすことができると考え、「自閉症スペクトル」(p.27) という概念を提唱した。Wing, L.(1996/1998) は、自閉症スペクトラム

には「人との相互交渉、コミュニケーション、および想像力の発達が共通して欠けていたり障害されていたりすること」(p.30) がその背後にあるとし、これらを「障害の三つ組」(p.31) と称した。人との相互交渉の障害とは、まるで他人が存在しないかのように振る舞うなど、他者との相互的なやり取りができないことを示す。コミュニケーションの障害は、話し言葉の発達が遅れて始まったり、エコラリア（反響言語）が見られたりするなど、言語的なやり取りの難しさを示す。想像力の障害は、ごっこ遊びができず、感覚的な楽しみだけのために玩具を使用したり、物真似はするものの、それは動物や鳥、鉄道などの──音声や形態など表面的な物真似で──生命のないものだったりするなど、目に見えないものを想像しイメージすることの難しさを示す。それに加えて「狭く固い反復的な活動や興味のパターン」(Wing, L., 1996/1998, p.31) があることが指摘された。これらは現在の発達障害の標準的な理解や定義となっている。

　このような自閉症児の心のあり方について、Tustin, F.(1972/2005) は「おっぱいが自分の体の一部分であると混同して」(p.24) おり、「母親からの身体的な分離性についての恐怖」(p.123) のため、身体的な感覚や外界の対象を自閉的な対象として使用して「自分自身に包まれている」(p.105) 状態を維持しようとするという。向井 (2010) も自閉症児のあり方を、言語の場である〈他者〉の世界に参入すると同時に生じる対象喪失の否認であり、対象を失う以前に留まろうとする状態であると指摘している。

　また河合 (2010a) は Wing, L. の考えをもとに、発達障害を自閉症も含めたスペクトラムとして捉え、その本質を「主体のなさ」(p.13) としてみることができるとした。主体は「不在、否定、隙間と関わっている」(p.16) が、自閉症を含めた発達障害には不在や否定が生じないために、心理的な意味での自他の分離や自他の境界がないという。また河合 (2010a) は「言語は、不在や、否定によって成立してくる」(p.19) として、発達障害は言語も存在しない世界にいると指摘する。このような発達障害の心のあり方を、田中 (2010) は「"いかんともしがたい『産まれがたさ』"を抱えて」(p.90) おり、「そこかしこにうま

い具合に『子宮』をつくり出す」(p.91)と述べる。これらのことから、自閉症や発達障害には自他の融合を保持しようとし、身体的分離や心理的分離を避けるあり方が見て取れる。

　自閉症は身体像という観点からも捉えることができる。伊藤（1984）は、自閉症児は自体愛状態に留まり、身体像が未だない状態として考えることができ、そのため彼らは外的世界への探求に埋没し、例えば「見ること」へ囚われると指摘している。身体像の成立によって、主体が形を持った存在として明確に区切られる。そのため、身体像は「私」という意識の基盤となり、また他者への認識も生じるのであるが、自閉症には身体像が生じない。そのため、外的世界の特定のものを「見ること」に囚われ、主体性や言語を生み出すことに困難が生じるのであろう。これらのことを淀（2017）は、「自閉症を抱える子どもは、対象との間に隙間もなく揺れ動く共有空間もない状態で自他が区別されておらず、分離性がない状態」(p.72)と端的に表現している。

　このように考えると、自閉症児では遊ぶことそれ自体が生まれていないと考えることができる。遊ぶことによって「母親の不在ということが実感される」（河合，2010a，p.19）ようになり、主体や象徴が生成されると筆者は考えるからである。淀（2017）は、自閉症児が遊戯療法の場で遊ぶにしても、「退屈さや眠気を感じ、また一方的に話してくる子どもに対して、いつの間にか他に注意が向いてしまっていたり、あるいは応答しているものの心が平板になっていたりする」(p.72)という状態が生じやすいことを指摘している。このことは、自閉症児が特定の外的世界の物に固執し、その世界から出ようとしていなかったり、自己と分離した他者が存在しない世界に嵌まり込んでいたりすることを示していよう。またこの状態は、自他が分離していない世界に居るために、自閉症児に遊ぶことが生じていないことも示していると思われる。

　自閉症児の遊戯療法においては、遊ぶことがどのように生み出されるのかという視点がまず必要であろう。そのことは、自他が融合した状態から「不在、否定、隙間」（河合，2010a，p.16）によっていかに主体が生まれるのかとい

う視点であるともいえる。

本章ではこのような問題意識のもとに、小学校低学年の男児自閉症児の約2年間の遊戯療法過程を取り上げる。本事例では、自閉症児における遊ぶことについて検討したい。ここでは遊ぶことそれ自体が生まれるプロセスと、遊ぶことにおいて象徴化する主体と身体像が結び合わされる様を示していきたい。

2. 事例の概要

以下、「　」はクライエントの発言。〈　〉はセラピスト（以下、Thと略記）の発言。

【クライエント】A　引き継ぎ時、小学校低学年　男児

【家族構成】父、母、姉

【来談経緯】「E療育機関で週4、5回療育（ハサミの訓練など）を受けているが、就学後このようなサポートがなくなるのが心配」と母に連れられてX−1年に来談される。X年まで別Thが担当し、計11回の面接を行う。姉がいないとプレイルームに入室しないため、当時のAは姉とともにプレイルームに入っていた。その時Aは箱庭の砂をまき散らすなど落ち着かず、日常生活でも同様に目が離せない状態だった。X年よりThがAを担当し、1対1の遊戯療法を開始する。

【生育歴】言葉は1歳3カ月ごろには「ママ」「ワンワン」などが出ていたが、「バイバイ」はできなかった。名前を呼んでも振り向かなかったがタンバリンの音には反応した。X−4年、F療育機関で自閉症の診断を受ける。

【面接形態】週1回の遊戯療法（有料、1回50分）をX年4月〜X＋2年3月まで実施した。母子並行面接で行った。

3. 事例の経過

> 【第1期】#1～#11（X年4月～7月）
> 分離によって遊ぶことが生成する

　#1　Thが誘導して初めてプレイルームに一人で入り、大泣きする。箱庭の砂を摑んで落としたり、床に仰向けになって泣く。Thも必死で〈お母さんいなくて怖いんやな〉などと何度も声をかけるも、Thからは顔も体も背ける。ボールテントの中に入り、横になり体をよじって大泣きが続く。ボールは外に出て床に散らばる。木琴の前でAは一瞬木琴の撥を取ってほしそうな様子を見せ、そこでThは撥を手渡した。Th自身もひっ迫していた。プレイルームを出ようとするが〈まだ出たらあかんねん〉と制止すると横たわって泣く。Aが座り込むと先ほど散らばったボールがあった。そこでThはボールをテントの中に投げると、Aも泣きながらボールをテントに入れる。〈じゃ、入れて〉とThがボールを渡すと泣きながら入れていく。Aは泣きつつも、次第に落ち着いてくる。電車をトンネルに入れるが、車両の半分のところで元に引き返させる。Thがレールを四つほど繋いでトンネルの下に敷き、トンネルを通過できるようにする。Aはまた半分通過させたところで、元に引き返させる。〈もうちょっと押してみ〉とThはAの手を持ってトンネルを通過させる。〈通ったねー〉。この辺りから泣き止み、Aは遊び出すようになる。バスもThがAの手を使ってトンネルを通過させる。〈バスどこにでも行くね。遠足やね〉。「エンソク」と発音した。木のアイテムの根っこを触る。〈根っこやね。地面から水を吸い込むんよ〉と言うと、Aは根っこを口に含む。Aがバスを走らせ、それに合わせてThが〈ブーンブーン〉と言うと、ちらっとThを見て少し表情が緩む。

　#2　お母さんに「バイバイ」と言い、自分でドアを開けて入室する。ボートを左手に持ち、ボートだけをじっと見つめながらプレイルーム中を移動する。Thの隙を見つけて箱庭の砂に手を伸ばし床に落とそうとすると、Thが

〈あー悪さはあかんよー〉と制止。このやり取りを気に入って、またAはドアの方へ駆け寄り、出ようかというそぶりを見せる。その度に〈あーだめやで〉と追いかけるとAは喜んで声をあげる。

#4　大きな箱の上でバスを往復させ、箱を口にくわえながらそれに見入っている。Thも別の車で並走させる。シルバニアファミリーの1階にある家具をすべて2階に詰め込み、2階は家具がたくさん、1階は空っぽになる［写真4-1］。Aは空洞から向こうを覗き込む。リンゴ・トマト・カボチャなどのミニチュアを発見。〈トマトおいしいなあ。パクパク〉と語りかけると、Aはそれを自身の口に持ってくる。大人の胸くらいの高さのおもちゃの棚の上によじ登り、立ち上がる。〈すごい高いなあ〉。

#5　プレイルームに導入したバランスボールにThが支えながらAは仰向けに乗る。揺らすとAはリラックスした様子。Aは「クウクウ」と言い、口に自らの手を持ってきて入れる。

［写真4-1］　家具が詰め込まれた2階と空洞の1階

#7　プラレールをする。高低差のカーブがあるレールを繋ぎ、電車を何度も行き来させ、高低差を楽しんでいる。タイムアップになりThが〈終わり〉と遊びを止めると、「ンー！」とThの腕を激しく掴んで怒る。

#8　Aはバランスボールに立とうとし、ThはAの両脇を抱え足でボールを固定する。Aはその体勢でトランポリンのように跳ねる。

#10　かすれた小さな声で、オレンジの木を見て、「オ、オ……オレンジ」。〈そうそう、オレンジよ〉。木を持ち寝転んで見比べ、実を一つ一つ触ったり、口に持っていく。静かな時間が流れる。「オレンジ」とささやく。Thは〈オレンジは甘酸っぱいよ〉と話しかける。30分くらいかけてこの作業を行う。

#11　黄色と赤の三角のコーンを一列に並べる。時々Thと自然に視線が合うようになってきた。

（母親面接より）家では次第に落ち着いてきており、「また今度」とか「今はだめ」と言うと、理解してくれるようになったという。

【第2期】#12〜#34（X年7月〜X＋1年2月）
主体が徐々に分節化されていく

#12　玩具のトイレの蓋をあけ、人形をその上に載せる。男の子の人形と黒いスーツの男性の人形を手洗い場の前に並べる。Thはいつも黒いジャージでAとセラピーを行っていた。Thが〈手を洗いましょう〉と言って手をすり合わせると、Aもニコニコと手をすり合わせる。

#14　入室時にAは自らドアの「空室・使用中」の札を変える。すべてのウサギの人形の服を脱がせ、尻尾を引っ張る。〈おしり向けてるなー〉と言うと「オシリ」と言う。次に、ウルトラマンのフィギュアの目・肩・腕・もも・足を一体ずつ引っかいていく。Thは〈イタタタ〉と引っかかれた箇所と同じAの体の部分をくすぐると、Aの表情が緩む。Aはバランスボールに仰向けになり、Thのおでこや腕を引っかく。〈イタタタ〉と言うと喜ぶ。

#18　木のアイテムを取り出し、Thの指を根っこに持ってくる。〈根っこ

よ。根っこ〉。「ネッコ」と応じる。

　#19〜#23　ボールテントの中に入り、ボールを外に投げる。〈ボールポーンやな〉とThが言うと、ビー玉や野菜のアイテムも摑んで空中に放り投げ、「ボールポーン」と言う。積木でドミノを作ろうとする。手伝おうとするThの手を払い、Aだけでドミノを制作する。いくつもの積木を一度に固めて立て、それから間隔を空けようとするため、なかなかうまくいかないが、Aなりに慎重に積木の間隔を空けていく。やがて間隔も空き、ドミノも成功し〈うまく倒れたねー〉とTh拍手［写真4-2］。次はさらに多くの13個の積木を使い、長いドミノを完成させる（#19）。Aは木琴の金属部分を「チーン」と鳴らし、《開始》を告げる。Aは16個のドミノ作りに挑戦し、密着した積木の間隔を一つ一つ空けていく。途中で何度も倒しつつも、最後には16個のドミノを成功させる。Thは拍手し、Aは《成功》の「チーン」。倒れた積木を摑んで、倒れる様子を興味深そうにスローで再現する（#23）。#20以降は、Aは太鼓や木琴を叩く。Thが〈ポポポポン〉や〈コン、キン〉と、Aの叩く強さに合わせて声の高さを変えると、振り向いてThの目を見る。#21で積木で地面を叩

［写真4-2］　ドミノ

第4章　事例1　自閉症児における遊ぶことの生成　149

［写真4-3］　描かれた顔

き、Thも音とリズムに合わせて〈キンキンキン〉と言うと、たまにThの方を向く。#22でAはノートの上に顔を描く。輪郭、目、瞳孔、鼻、開いた口、ほっぺたを描く［写真4-3］。

　#29　丸い積木を床の上に転がす遊び。Thの〈せーの〉という合図の後、Aは積木を転がし、積木が転がっている間、「アー！」と発声する。Thも同時に〈あー！〉と発声する。またAは撥を持って床に座り、振りかぶる。「テニス、ボール」とAが言い、Thが〈ポーン〉と後に続く。最後にはAは「テニス、ボール、ポーン」と言って、ボールを打つ。

　#33　赤いボールを口にくわえる。〈トマトかなあ。おいしいなあ〉と言うと、Aは「トマト」と発音。そして黄色のボールを「トウモロコシ」、オレンジを「ニンジン」と言って、Thの口に持ってくる。Thは〈もぐもぐ。おいしいなあ〉と応じる。

（母親面接より）新しい環境に馴染まなかったが、少しずつ馴染ませれば大丈夫になり、運動会の入場行進も付き添われながらできたという。

> 【第3期】#35〜#62（X＋1年2月〜10月）
> Thと身体を使った遊びをする

#37　撥を「オチタ」「テニス」と言ってラケットのように素振り。次にTh
の手を持ち、「オチタ」と言って、さもボールが飛んだかのように架空のボー
ルの軌道に沿ってThの手を動かす。〈おちたね〉。

#38　食べ物の玩具を一つトイレの玩具に入れ、蓋を閉める。〈レモンバイ
バイー〉とThが手を振ると「バイバイ」とAも手を振る。

#39　Aはバランスボールの上に仰向けになり、Thは上下に揺らす。する
と、「メロン……メロントッタ」と言う。〈メロン取ったー？　あかんで
しょー〉とThがくすぐると、床に転げ落ちるくらい大喜びで、「キャー！」
「リンゴトッタ」「ミカントッタ」と次々に言い、Thはくすぐる。Aはその間
もThの言葉（関西弁）を真似して「シタラダメ」「アカンテ」と言いつつ身をよ
じらせ笑う。この遊びは、これ以降ほぼ毎回行われた。

#43　ボールを持ち、オレンジは「ヤ」、緑は「ユ」、ピンクは「ヨ」と色ご
とにあいうえお順に対応させ、発音する。

#44　玩具のりんごの房を引きちぎる。〈あかんやんー〉とThがAからり
んごを取ろうとすると「リンゴイル」「イヤ」と発声し、りんごを自分の体に
引き寄せる。初めて言葉で拒否を表現した。Aはりんごを持ってバランス
ボールに仰向けになり、ThはAを上下に揺らす。Aはりんごを眺め、噛み、
気持ちよさそうな表情。〈フーワフワ。リンゴ。リンゴ。甘くて酸っぱいな〉
とThはリズムを付け語りかけた。そこでAは、「リ」とはっきり大きく発音
する。次に、「ン」、「ゴ」と区切って発音した。ゆっくりとした時間の中で、
言葉の分離の作業が行われたようだ。

#47　「オ・レ・ン・ジ・ト」と、Aは単語を区切って発音する。〈オレンジ
と？〉さらに「メ・ロ・ン・ト……ッタ」と言い、〈メロン取ったー？　だめ
よー〉とThがくすぐり、Aは「トッタラアカンー」と体をねじって大喜び。A
が家具を並べて遊んでいるときに、〈トイレもいるんじゃないの？〉とThが

トイレを置くと、Aは中腰になり「うー」といきむ。〈ウンコ出タ。トイレイク〉と言う。〈あらーうんこ出た？〉二人でトイレに行き、プレイルームの洗面所でThは汚れた上着を洗う。Aはニコニコとそれを見ている。〈笑いごとちゃうわ〉とTh。火のアイテムを持ち出し、「アチチ」と言う。〈肉ジュージューやけるよ〉と言うと、「ブタニク」「ナベ」「カボチャ」「エノキ」「タマネギ」と、次々とそれに関連する単語が飛び出してくる。

#54　Aが偶然風船を見つけ、それをThが膨らます。Aは左手に風船を持ち、右手には緑の木のアイテムを複数持ち、同時に放り投げる。風船は飛んでいき、木も上に飛ぶ。そして、自分も風船になったかのようにブルブル……と全身を震わせる。落ちた風船へ駆け寄り、Thの指を持ってそれを空中に向け、Aも空中を見て「キミドリ、キ、フウセン、カエッタ！」と言う。〈キミドリ、キ、フウセン帰ったなー〉とThも応える。この遊びを30分続ける。

#60　プレイルームの真上の階から室内工事の音がする。Aは耳を塞ぎながら「コウジ」。時計を持ち出し、「9ジニナッタラカエロウネ」ととても苦しそう。このセッションは25分で退出した。

#61　猫のアイテムを上に飛ばし、「ネコナイナイ」〈猫ナイナイやなあ〉ロボットを持ち、〈ロボットやで〉と教えると「ロボットナイナイ」と言って上に飛ばす。お母さんが支払いをする間、Thの足の上に自分の足を乗せ、両手はThに上に引っ張られる二人羽織の格好になり、終結までこの遊びが続く。（母親面接より）家では一時も目を離せない状態だったが、ずいぶんと落ち着いており、目を離しても大丈夫になった。

【第4期】#63〜#77（X＋1年11月〜X＋2年3月）
否定形の言葉を使うようになる

#63　相談室のある階も工事で、ずっと両耳を押さえてすごく嫌そう。落ち着かず〈工事終わったんよ〉と伝えると、Aは「コウジ、オワッタ」と言うが、まだその意味は理解していない。入口の穴にボールを落とし、透明の螺

［写真4-4］　ボールが内部を通過する玩具

旋形のトンネルの中をくるくると降下してから、ボールが出てくるおもちゃの中に風船を一つ入れる［写真4-4］。Aは「キイロイフウセン」と風船をThの口元に差し出し、膨らますことを要求。Aはおもちゃの穴に通る大きさまで萎ませ、「ボール」と要求してThに風船を括らせる。いくつもの風船で作った「ボール」を、そのおもちゃに入れ、くるくると通過させる。退出時「フウセンヤロウネ」とThの目を見て言う。〈また風船やろうな〉。

　#65　Aが踏んでいた風船が、偶然ボンッと割れる。その後、「フウセン」とAは言って耳を塞ぐ。それを見て〈バンッて割るの？〉とThが聞くと、Aは風船の膨らんだ部分にThの指を持っていき、「刺せ」というしぐさ。Thに風船を割らせる遊びが続く。シャボン玉ではゆっくりと息を吹き入れることができ、大きなシャボン玉ができる。〈すごいなー大きい風船飛んだよ〉と言うと、「オオキイ」と言う。

　#71　「フウセン」と言って折り紙を机の上に並べて、探す。一枚一枚色を

第4章　事例1　自閉症児における遊ぶことの生成　153

吟味している。一旦薄い青を取るが、それを捨てて別の青を探す……というように、自分のイメージする色の紙を細かく探している。「アオイフウセン」と薄い青い折り紙を握るように丸く折る。そのまま「フウセンピョーンピョーン」とバランスボールに向かう。〈よし、風船ピョーンや〉とThが支えながら、Aは「フウセン」を持ちながらバランスボールでジャンプする。

#73　セッション開始前、遠方へ引っ越しのためX＋2年3月で終結と聞き、Thは20分くらいショックで気もそぞろだった。

#74　（建物内で大規模な引っ越しがあり、大嫌いな工事と勘違いし、耳を塞いでいる。）〈工事じゃないよ〉とThが声をかけると、「コウジジャナイ」とThを丸い目で見つめると、塞いだ両手を離す。

#76　ビー玉が机の上で跳ねるのを見て「ピョンピョン」。ビー玉を落として「ウンコ」。〈うんこぽっとーんやな〉。

#77　緑の風船を「パーンスル」と、剣を持つ人形をThに渡す。〈（自分で）やらないの？〉とThが聞くと、Aは「ヤラナイ」と応える。Aは両耳を塞ぎ、いかにも危ないという表情をしてじりじりと距離をとる。Thが風船を割るとAは笑顔。お母さんよりAが書いた手紙を頂き、Aは「オシマイ」と言って相談室を退出した。

4. 考察

4-1　遊ぶことの生成

生育歴と同様に、第1期ではAは視線がほとんど合わず、Thからの呼びかけに応じる様子は見られなかった。また、発話もセッションの中で単語をいくつか言うのみだった。Aはバスが走る様を同じ高さで見つめ続け、ボートを動かしながらも視線はそれをじっと見入ることも多かった。またクレーン現象も見られた。Aの見立ては自閉症であると考えられる。

なお、Aは母親や姉とはある種の関係ができていることが伺われる。それゆえAは、「ママ」「ワンワン」など、ある程度言葉を発することができた。そ

の一方で「バイバイ」ができなかったということ、前担当者との面接において
も姉と同室でなければならなかったこと、また、#1でAは当初電車をトンネ
ルの半分しか通過させることができなかったことに、Aが分離を躊躇してい
る様子が見受けられる。姉と同室でのセッションでは、砂をまき散らすなど
自己が定まらないあり様を示しており、Aは分離した主体として現れてはお
らず、対象と融合した状態に留まろうとしていたように思われる。

　そこでまず#1において、Aの遊ぶことが生じた過程を詳細に検討していき
たい。それまで姉と同室していて、対象と融合した状態に留まっていたAは、
分離の衝撃から大泣きする。分離とは、Aにとってまさしく対象を失い「そ
うでないという形式をとった存在の出現」(Hyppolite, J., 1966/1977, p.371)であ
り、否定を被ることである。それをもたらしたのはThであり、それゆえかA
は声をかけるThにあからさまに背を向け、泣き続ける。またTh自身も余裕
がなくひっ迫しており、この大泣きに両者が巻き込まれているという点で、
AとThはある種混沌とした状態に入ったともいえる。それは、河合（2010b）
が「同じ部屋に入るという融合が、視点を変えると母親からの分離になって
いる」(p.33)と述べているように、AにThとの融合と母なるものからの分離
が同時に生じたと思われる。

　これに引き続き、AがThが手渡した撥を受け取るといったやり取りが生じ
てくる。そして両者がひっ迫した状況のまま、Thがボールをテントに投げ入
れたのと同じ動作を、Aは泣きながら行う。この動作は、Thの後に続いて閉
じられたプレイルームに泣きながら入るという、そのセッションで生じた一
連の出来事を表していると思われる。Aが遊戯療法という場にThに誘導さ
れ、かつThとともに入ったということを示す「ボール入れ遊び」が生じたと
考えることができる。Aは「母なる対象と離れ、Thとともに強制的に部屋に
入れられる」という受動的に被った分離を、遊びという形に対象化し、対自
的なものとした。それだけでなく、母なる対象からの分離を遊ぶことで、A
は分離それ自体を引き受けている。遊ぶことでA自身が受けた分離を自分自
身から区別し、また遊ぶことでその分離を表現できる形に変え、「自分自身を

いわば情況の主人にする」(Freud, S., 1920/2006, p.66) ことが生じた。そのため分離はAを圧倒することはなくなり、Aは落ち着いてきたのであろう。この遊びを誘導したのもThであり、Thは母なる対象にしがみついている状況から単純にAを分離させるだけではなく、Aとの混沌の状態に巻き込まれつつも、Aの遊ぶことが生じるような契機をAとともに探さねばならなかったのであろう。ここにおいてAに遊ぶことが生じたと思われる。

　それに続けて、Thに手を添えられつつ、Aの持つ電車がトンネルを通過することができた。するとAは泣き止んで、遊ぶことに取り組むようになる。この「在／不在」の遊びは、先ほどの「ボール入れ遊び」がさらに展開したものであろう。この遊びは、Aが主体として歩み始めたことを示していると思われる。Freud, S.(1920/2006) が子どもの糸巻き遊びにおいて見出したのと同様、この遊びは、母の現前／不在を象徴化してもいるだろう。それだけでなく、「ボール入れ遊び」に引き続いて起こり、またその後、セラピー全般にわたり否定を取り入れる遊びが展開していったことを考えると、ここで遊ばれている電車はむしろ、否定をくぐり抜けたA自身であるともいえる。電車がトンネルから抜け出るとともに「否定を被った主体」が生まれ出たのである。

　この遊びを象徴という視点から考えると、対象との融合を維持する主体が否定され、否定を被った主体として生まれることが、電車がトンネルをくぐることとして象徴化されている。Lacan, J.(1954/1991) はここに、「実在しているものを無効にし、否定性の世界を開く」(p.174) 象徴の構造を指摘している。遊ぶことにおいてAは、即自的なものとして被った分離自体を対象化し、否定性の次元の象徴として表現したといえる。

　Aは、母から分離させられてプレイルームの中に入れられ、否定を被る即自的な体験をしたのであった。トンネルに入りそこから出る遊びが生じると、その一連の出来事は対自的なものとなり、Aはそれを自ら表現するようになる。その意味で、否定を被った主体には、主体性が生じている。さらにAがバスを走らせたとき、〈遠足〉「エンソク」とThとAの言葉が出会った。これは、Thの働きかけをきっかけとして、母なる対象から距離をとり、自ら

遠くへ行く動きが生じたことを示していよう。それゆえ#2で入室する際にお母さんに「バイバイ」と言って、Aは自ら母と分離するのである。

この遊びは、母から分離し否定を被った出来事を象徴化し、同時にAの主体を生じさせる遊びであった。これを端緒に、Aは主体として自らを分節化していく遊びを展開することになる。なおこのトンネル遊びにおいても、Aは電車を半分通過したところで躊躇していて、Aのトンネル通過を促し誘導したのはThなのであった。Thは"子宮"の中にいた「彼らをそこから『蹴り出す』」（田中，2010，p.101）働きを見せ、遊ぶことが生じるよう促したと思われる。

またAの身体像も、"否定"の形式を伴った遊びとともに生じていることが伺える。#1でThがAの退出を制止すると、Aはただ大泣きしていたのに対し、#2以降になると、AはThの制止にむしろスリルを感じ、そこから逃げる鬼ごっこのような遊びとなった。AはThの否定を避けること自体も象徴化して、遊びに転換した。その時Aは自分を追いかける「他者」を感じ、ひいては「他者から追いかけられる私」という他者との関係の相関としての、身体としての私を感じ始めたといえるであろう。

4-2　対象化する遊び

遊ぶことが生じて以降、Aは遊ぶことを通じて主体を分節化していった。それは、主体や象徴の構造それ自体を作っていく遊びとして展開したと思われる。ここでは在／不在の遊びを繰り返すことでそれが徐々に深められていく様を示し、次に上下の視点を得ていく様、そして主体性がより明確になっていく様を示していきたい。

まず、Aは#1の在／不在の遊びをさらに分節化していく。#4でAはシルバニアファミリーの家具をすべて2階に入れ、2階を家具で埋めて1階は空洞にする。#14でプレイルームの「空室・使用中」の札を自ら変える。具体的な玩具で示されていた在／不在が、記号の——否定性の——次元で示されるようになる。すると#19では「ボールポーン」と様々なものを投げ、ボールが遠く

へ──否定性の次元へ──消えゆくことを表現する。これと同時に、Aの言葉も分節化され、ボール・ポーン（消えた）という意味での二語文が生じている。#29ではそれが「テニス・ボール・ポーン」とボールを打つ遊びになる。この遊びでは三語文が生じている。そして#37では「オチタ」「テニス」と言った後、実際には存在していない「ボール」を言葉だけで指示し、その「ボール」が落ちる軌道を示す遊びを行う。ここでは不在の──否定性の次元の──ものをイメージするという、心の内面性が生成していることが伺える。

　そしてAは#11でコーンを一列に並べた。ここでもコーンは具体的な意味を持つ物というよりは、"一定の間隔で現れること"のみを示す記号として扱われている。Aは在／不在を連続させると、記号の連続が生じるという"等間隔"の形式を創り出したといえるだろう。主体は「不在、否定、隙間と関わっている」（河合, 2010a, p.16）と述べられたように、この遊びは#1での分離がより深まり、記号と記号が分離し、かつ同じ間隔で存在し続ける"連続すること"を創り出す遊びであると思われる。そうすると、ドミノ（#19・#23）制作は、ひとかたまりになっていた積木を等間隔に分離することで、融合したあり方を分離させる遊びである。さらにドミノは、前の積木が次の積木に対して影響を及ぼし連動することを示す。つまり、ドミノとは等間隔のものが"順序を持つもの"に移行していく遊びであり、融合していたものが分離し、かつ同じ間隔で存在し、その上でそれらが再度繋がり合う運動となる様が示されている。同じように第2期では、Aは様々な音を鳴らし、Aは音程の順序も遊びを通じて作り、音という"感覚"を分節化していく。

　言葉とは音と文字の結合による記号であるといえ、これらを言葉として結びつける遊びも行われた。ドミノ遊びでの"ひとかたまりのものを等間隔に空け、順序をつける"という運動が言葉に適用され、Aは#43でボールの色ごとに「ヤ」「ユ」「ヨ」とあいうえお順に発音し、また#44で「リ」「ン」「ゴ」と単語を区切りながら順に読み上げた。これらは"語"が一つ一つ分離しつつ、"語"と"語"が順序を伴って結合するという言葉の世界に参入する遊びである。そしてAは、この順序性を自ら扱うことを試み、第4期においてはシャ

ボン玉を吹く強さの程度を自ら調節したり（#65）、折り紙の細かい色を見分ける（#71）など、身体的な力や色といった"感覚"も分節化していった。

　在／不在には、現前と不在の二項間のリズムが生じており、この遊びを深めることで、Aに時間性も生じたと思われる。それはおそらく、#11でコーンを並べて空間的な等間隔性が生じたが、ここから時間性も生じていたと思われ、ドミノ遊び（#19）ではそれが明確になり、積木が連続して倒れる運動に伴って、時間性が生成されている。次のドミノ遊び（#23）ではその時間性が区切られ、Aはベルを鳴らすことで開始と終了を創り出した。また、ドミノが倒れる様子を再現したことは、過去という時間性が作られていて、それは出来事を振り返り反省する reflect 意識が生まれていることも示している。それに伴い第3期には「オチタ」（#37）と過去形の言葉が生まれた。また、両者が同時に「アー」と発声する積木を転がす遊び（#29）も興味深い。これはThとともに未来という時間性を作る遊びであった。はじめに発せられた〈せーの〉のとき、両者が「アー」と発声することが予測されていて、Aに未来という時間性が生じている。そして「メ・ロ・ン・ト……ッタ」（#47）でAは、語を区切ることと時間性の二つを自ら操作するようになる。それまでもAは語順を区切る遊びをしていたが、リズムよく単語を区切った後、そのリズムをあえて途切れさせ、「ト……ッタ」と言葉の意味が完成する語尾を"溜める"遊びを行っていて、Aが時間性をも自ら扱うようになったことを示していよう。

　そしてAは上下の遊び、垂直軸の遊びを行うことで、物事を俯瞰し把握する定まった視点を獲得する作業を行った。まずAは実際に棚の上に登り、プレイルームを見渡した（#4）。プラレールの高低差を何度も楽しみ（#7）、「上下の動き」を確かめた。バランスボールに乗ってジャンプし、自ら上下を体験する（#8）。そして第3期、「キミドリ・キ・フウセン・カエッタ！」と風船や木を上空に飛ばし（#54）、「ネコナイナイ」と上空に飛ばした（#61）遊びでは、垂直軸を作ること以上のことが生じていると思われる。これらは、物を不在にするとともに物を上に投げる遊びである。バランスボールで飛び跳ねると

上下の動きをAは全身で体験するが、ここでは上下動するA自身を対象化
し、それをボールの動きとして表現している。A自身が上下するのではなく、
下から見上げる定まった視点が成立している。第4期になると、玩具の中に
風船を落下させ（#63）、跳ねるビー玉を「ピョンピョン」、落ちるビー玉を「ウ
ンコ」と表現した（#76）。Aは物が上下する動きを上空の一点から観察してお
り、俯瞰する視点が定まり、その視点から出来事を把握することが生じてい
る。伊藤（1984）が指摘した「見ること」への囚われは、対象と融合するあり
方である。Aもまた、バスやボートをじっと見入り、対象にぴったりと同調
していた。この上下の軸を作る遊びは、密着していた対象から分離し、かつ
それを捉える視点を作ったと思われる。固定した視点を作る遊びを通じて、
Aは、対象に囚われそれに従って身体が動かされるのではなく、自ら対象を
とらえ、その動きを言葉の次元で自ら表現するようになるのである。

　そして#1でAは否定を被り、それに伴って主体が生じたと述べた。Aはこ
れらも分節化していったと思われる。#1でAはThに退出することを止めら
れるが、#2では退出を制止する〈あかんよー〉にスリルを感じ、Aが〈あかん
よー〉と言うThに追われることで、否定が迫ってくることを遊んだ。他者か
ら到来していた否定は、徐々にA自身が身につけるものとなる。#7でAはTh
に対し明確に「拒否」を示し、自らの意思としての否定を身につける。#44で
は「リンゴイル」「イヤ」と発音し、自らの意思を持つ主体的なあり方を言葉
の次元で表現し出す。また#63ではThが〈工事終わったんよ〉と伝えても、
言葉の次元での"否定形"を理解するには至っていなかった。しかし#74で
は、工事が「ない」という言語の次元における否定形の意味をしっかりと理解
した。#77でもThの問いかけに「（自分は）ヤラナイ」と自ら否定形を使用し
て、Thに自分の意思を伝えるのである。

　遊ぶことを通じて主体が分節化されていく様を、在／不在、上下の視点、
さらに否定と主体性について示した。河合（2010b）が重度の発達障害の遊戯
療法では「意味内容という次元でわかるものではなくて、融合、結合、分離
など、イメージの形式や構造に関わる」(p.39) 遊びが行われると指摘するよう

に、Aは主体や象徴の構造それ自体を作る遊びを行った。本事例においても二語文が三語文になったり、多様な時間性を感じたり、また否定形を理解したように、主体性や象徴性がより複雑に分化していく様が示されている。Aは遊ぶことを通して、順序性や時間性、上下の視点や否定形を分節化させていった。

　そして、Aは主体性や象徴性の形式や構造を遊ぶことで、それらをただ体験しただけでなく、A自身がそれらの形式や構造を自ら使うようになったことが重要である。Aはまず、順序性や時間性、上下の視点や否定形を具体的に体験する遊びを行った。次に、それらの形式や構造を体験的に遊ぶことそれ自体をもう一度対象化し、その形式を体験する主体から、その形式や構造を捉えて自ら遊ぶ主体への反転が生じている。Aはその形式を自ら操作する主体となったのである。こう言ってよければ、Aは遊ぶことそれ自体を遊ぶようになった。自閉症児が遊ぶことにおいて、主体や象徴の形式や構造を遊ぶことそれ自体が対象化されることで、自ら象徴を扱い、表現する主体が生じることが示唆されたと思われる。

4-3　否定と身体が同時に生まれる遊び

　#1でThはAが一人でプレイルームに入ることを誘導し、またAの遊ぶことが生じた際にも、半分しかトンネルをくぐらなかった電車を、Aの手を添えて通過させた。ここでは、Thが本事例において果たした役割を考察する。次に、ThとともにAが遊んだ「バランスボール遊び」において、A自身がThの役割を利用しつつ主体として生まれる様を示したい。

（1）セラピストの役割

　主体が分化していくためには、他者の身体との同一化を通じた鏡像（Lacan, J., 1949/1972）、すなわち身体像の獲得が必要となる。自分の身体が形をもって立ち現れ輪郭を帯びることによって、外界や他者との区別が生じてくる。Aの身体像はThの身体を遊ぶことを通じて作られていったと思われる。#2で

は鬼ごっこのような遊びで、AはThに追いかけられる身体的存在を感じた。第2期までに繰り返しAは、人形やThの身体部分を引っかく遊びを行う。また、AとThを髣髴とさせる二体の人形をトイレに並べ、Thの動作を模倣し（#12）、Thの全身がAの鏡像となりつつある。その後顔を描き（#22）、Aは"顔像"を統合したと思われる。#61以降、退出後に必ず二人羽織のようにして両者は廊下を歩いた。伊藤（1984）が「鏡像様遊び」（p.53）と指摘している通り、これはThの身体全体を通じたAの身体像を作る遊びであろう。

　また象徴化という観点から考えると、Thがテントにボールを入れることを先導したり、Aのトンネル通過を促す関わり（#1）は、Aの象徴化を促す態度といえる。この態度とは「『象徴的なもの』を形成する『父』の態度」（伊藤, 2001, p.134）だと思われる。そして、ともすれば言葉とは受け取りにくい表現を、Thという他者が言葉として受け取ることで、Aは自身の表現を言葉として受け取ることができたと思われる。このことをLacan, J.(1953/2006)は「主体は自らのメッセージを聴き手から逆転した形で受け取る」（p.246）と指摘している。そのことは例えば、Aが様々な音を鳴らしThがその音程とリズムを真似ると、Thの方を振り向いた（#20・#21）ことに表れている。これらの作業は原初的な「象徴的取り入れ」（Lacan, J., 1954/1991, p.83）であったと思われる。例えば「ネッコ」（#18）、「ボールポーン」（#19）など、AはThの発した単語を多く取り入れていることが認められる。

　ここで言葉を取り入れるのみでは、言葉が主体と関係のない単なる記号として蓄積されていく可能性もある。それは、Asperger, H.やWing, L.が指摘したように、"単語"は使えるものの、言葉が主体とは関係のないものとして発せられ、他者との生き生きとした交流が生まれない状態である。そのことを踏まえながら「バランスボール遊び」によって、言葉と身体が関連した主体が生まれることを示していきたい。

（2）否定と身体が同時に生まれる遊び

　#1からAは、Thの発した〈根っこ〉を口にくわえ、自らの身体の中へ言葉

を吸収する遊びを行っていた。そしてトマトなどの野菜を〈おいしいなあ〉と言う言葉かけの後にAは口に含む(#4)。Aは口に含みつつ「オレンジ」と発音し(#10)、ボールの色ごとに「トマト」「トウモロコシ」と名づけて、それらをThの口に持ってきた(#33)。また「リンゴ」を口に含んだ後、「リンゴ」という語順を分離した(#44)のであった。

　また、トイレに関連する遊びも印象的である。それは口から取り入れたものを身体の内側に通過させ、再び外に出すという遊びである。レモンを便器に「バイバイ」と流し(#38)、実際に排便した(#47)。トイレの遊びでAは「内なる身体像」の形成を行ったとも考えられる。また、これは一度自らの身体像に取り入れた言葉を再び分離し、トイレに流すことで象徴性の次元──否定性の次元──に送る意味もあったと思われる。なお#63の「ボールが入口から入り、中身を通り外に出る」様を見るという遊びは、言葉──象徴的な次元のもの──を身体に取り込み、主体と関係づけるAそれ自体を対象化した遊びとも考えられる。

　ここでバランスボールを使った遊びに焦点を当てたい。バランスボールで仰向けになったり、ジャンプしたりする(#8)ことは、身体が揺れることで身体感覚という「内なる身体像」を作る作業といえる。Aは何か言葉として吸収したいものがあるとき、しばしばバランスボールに仰向けになり、それを手に持ったり、口に含んだりした。そのときThはバランスボールを揺らしながらAの発する言葉に応じた。この遊びは既に#5から見受けられる。Thと同様にバランスボールも、象徴的取り入れの場の役割を果たしている。バランスボールで遊ぶことには、身体像としての主体に結びつけられながら、言葉が主体に取り入れられることが生じていると思われる。

　そしてバランスボールの上でAが「メロントッタ」と言い、Thが〈あかんよー〉とくすぐる遊び(#39・#47)は、このセラピーにおいて特に重要であったと思われる。この遊びは偶然生じたが、その後何度も繰り返され、Aはくすぐられ、〈あかんよー〉と言われることを待ち構えているような様子であった。まず身体像との関連で考えると、くすぐられることは内なる身体感覚を

感じる遊びである。ここでAは"内側も含めた身体としての主体"を繰り返し生じさせている。その一方で、否定との関連で考えると、くすぐられながらAはThの関西弁による否定の言葉「アカンヨー」を繰り返し口ずさむ。これは、#1で被った否定を再度繰り返し体験していることを示している。つまりこの遊びで、"否定を被った主体"も繰り返し生成させている。"否定を被った主体"とは、象徴を使用しつつ、そこに主体性が伴う主体であった。バランスボール遊びでは身体を感じる遊びと否定を被った主体を生む遊びが、同時に遊ばれているのである。

　つまりこのバランスボール遊びは、"言葉を取り込む自らの身体という場において、感覚を感じる内なる身体としての主体と同時に、自らの身体から主体的に言葉を発する主体"が生まれる遊びであったと思われる。ここにおいて他者として到来する言葉が、身体と関連づけられることで主体から疎外されることなく、主体自身の、〈私〉の言葉となる様が示されている。

　それだけでなく、この「バランスボール遊び」では、Thがこの遊びに参加しAをくすぐりながら〈あかんよー〉と言うのである。身体像という観点から考えると、向かい合ってくすぐるという鏡像的な次元でのThからの働きかけが、Aの身体感覚をもたらしている。また否定との関連で考えると、Thの〈あかんよー〉という否定によって、Aが「否定を被った主体」として生まれ出ている。つまりこの遊びはThとAが鏡像的でありつつ、同時にThからAに否定が導入されるという関係性を作る遊びでもある。そしてこのようなThとAの関係性――それはこのセラピー全体についてもそうであったように思われる――もまた、"身体と関係づけられながら、主体的に言葉を発する主体"が生まれる場であったことを示しているだろう。

　したがってこのバランスボール遊びには、以下のような動きが生じていたと思われる。改めてそれらを挙げると、言葉を身体に取り入れるバランスボールという場で、鏡像的な《他者》としてのThの関わりが、くすぐることでAの内なる身体像を形成する。それと同時に、否定する《他者》としてのThの関わりが、否定を被った主体としてのAを生み出す、という動きであ

る。この遊びにおいて、一方では鏡像的な同一化が生じ、他方では否定が生じている。結合と分離の二つの動きが、同時に起きて──結合して──いる。この二つの動きがバランスボールという場において、同時にAに取り入れられている。これらのことから、遊ぶことにおいては二つの異なる動きが同時に起こり、かつそれがAに取り入れられるというような、複数の多層的な動きが同時に、そして一挙に生じるといえるのではないだろうか。

　自閉症児の遊戯療法においては、遊ぶことを通じて自らの身体像を作り、かつ自らの言葉を発する主体を生成すること、またそれらを生成する作業が《他者》であるThと遊ぶことによってなされることが重要であると思われる。

第5章
事例2
遊ぶことによる語る主体の生成

1. はじめに

　本章では、約2年半の不登校男子の遊戯療法の事例を取り上げる。不登校という状態像について町沢 (1999) は、不登校の分類を試みた結果、発達障害や精神病圏、神経症的なものから適応的な反応とも見ることができるものなど広い幅があり「不登校の分類は充分に納得できるものはない」(p.38) と述べ、不登校を分類する困難さを指摘している。また不登校の要因や背景を探る調査では、不登校は「どの子どもにも起こりうるもの」(文部省・学校不適応対策調査研究協力者会議, 1992, p.68) とされている。不登校の状態像や原因に焦点を当てると、それらは多様化・曖昧化していて、これといった明確なものは浮かび上がらないことが伺える。

　その一方で河合 (1999) は、日本の文化の否定的側面として、個の区別を抹殺しすべてを包み込む母性原理が優位で、区別し切断する父性を希求するものとして不登校を捉えることができるという。河合 (1967) は不登校となった中学生男子の事例を担当する中で、クライエントが見た「肉の渦に巻き込まれそうになる夢」に出会う。クライエントは太母に包まれ、ともすれば飲み込まれる危険を感じていた。河合はこの夢に、母と子の一体性に偏りがちな日本人の心理学的課題を見出したともいえるだろう。また河合 (2000a) は、個

の確立の問題を主体の生成の問題と捉え、「主体の確立の困難さや抵抗をめ
ぐって、あるいは主体の確立への過程やいわばイニシエーションとして様々
な神経症が生じてくる」(p.116) と指摘している。河合 (2000a) によると、例え
ば対人恐怖においては、自分を包み支えてくれるはずの「共同体からいかに
自分を引き離すか、そのときに自分は何によって立つか」(p.117) という心理
学的な問題があると指摘している。伊藤 (2005) も鏡像段階の議論を参照しつ
つ、現代の不登校に「自己の生成における他者への過度の同一化」(p.347) の
問題を指摘している。幼児は鏡像段階 (Lacan, J., 1949/1972) において、母親な
どの身近な他者の身体像に同一化することによって、自らの身体像を形成す
る。このような他者との関係は「想像的関係」(Lacan, J., 1954/1991, p.170) と言
い、身体像という原初の〈私〉を形成する重要な契機となる。一方、この「母
なるあなた」に過度に同一化すると、主体は私とあなたが一体であるという
理想的なイメージに囚われ、私とあなたという想像的関係から主体が分化し
ない。つまり、私とあなたの区別が曖昧になる想像的関係に囚われてしまう。
これらのことから、不登校を心理学的に考えた場合、母なるものに過度に包
まれることで、個としての主体が生まれることへの困難がある側面が指摘で
きる。

　主体は言語と密接な関係にあり (河合, 2010a)、主体の成立の困難を語るこ
との困難さとして捉えることもできる。浅海 (2006) は不登校児と登校児に対
する質問紙調査を行い、不登校児の主体性について、自分を主張することや
自分の考えを言うことに弱い点があることを指摘している。母なるものに包
まれ、私とあなたが区別されない曖昧な関係の中にいると、主体として「何
も欲望せず、何も〈他者〉に訴えず、そもそも言葉を使う必要がなくなる」(石
田, 1992, p.149) のである。母なるものに包まれるあり方では自ら語ることが
困難となる。簡単に言うと、不登校児には「自らを表現すること」に困難があ
るといえる。これらの議論から、不登校の原因や状態像は多様であるけれど
も、その心理学的課題の一つとして、主体の生成の困難や自ら語ることの困
難を挙げることができる。

このような心理学的課題に対して、遊戯療法はどのように働くのであろうか。つまり遊戯療法で遊ぶことが、主体として語ることとどのように関連しているのであろうか。このことを考える際に有効な視点として、「言表行為としての主体」と「言表内容としての主体」という捉え方からアプローチしていきたい。Lacan, J.(1964a/2000) は、語る主体を「言表行為の『私』」(pp.182-183) と「言表内容の『私』」(p.183)、すなわち「言表行為としての主体」と「言表内容としての主体」の二つの水準に分けた。言表行為としての主体とは、現に語るという行為や自らを語らしめる運動に焦点を当てた水準である。語るという行為は、目では見えない、実体化することのできない動きである。一方で、言表内容としての主体とは、言表行為としての主体が語ったその内容や意味である。本章においてはこれらを順に「語る主体」「語られる主体」と呼ぶこととする。

　我々は通常、それらが言葉として表象されるために、「語られる主体」としての語られた内容や意味にのみ注目して、そこだけに囚われやすい。一方で、第4章での自閉症の議論においても、例えばAsperger, H.(1944/1996) が聞き手に向けられず、あたかも何もない空間に向かうかのように語ることを「自閉的精神病質」(p.83)の臨床像として捉えていたように、語り方にも主体のあり方が如実に表れている。目に見えるものや実体化されたものではないけれども、語るという行為もまた、主体のあり方を形作っている。そして、語る行為としての主体と、語られる内容としての主体という観点は、遊ぶことそれ自体を考える際においても有効であると思われる。遊ぶことは言語と関係しており、遊ぶことにおいても遊ぶ行為としての主体と、その遊ばれた内容としての表現された主体が生じているからである。

　このような問題意識のもとに、不登校男子の遊戯療法の事例を取り上げる。そこでは語る主体と語られる主体という視点を保ちながら、クライエントが一貫して取り組んだ競い合う遊びを中心に考察する。その中で遊ぶことを通じて語る主体が生成される過程について考察していきたい。

2. 事例の概要

　以下、「　」はクライエントの発言。〈　〉はセラピスト（以下、Thと略記）の
発言。

【クライエント】B　中学生　男子

【家族構成】父（別居）、母、兄、弟、母方祖母

【主訴】不登校

【来談経緯】G中学校の担任からの紹介でThが勤務する教育センターに申込
があった。

【問題歴】Bは当初父親の実家に居住し、多くの家族が同居する大家族だっ
た。小学校低学年から行き渋りがあったが、きっかけははっきりしない。小
学校中学年でまったくの不登校になる。その後、私設フリースクールと市の
適応指導教室へ通っていた。中学入学後5月まで登校したが、その後再度不
登校になる。母親が「大家族との人間関係がうまくいかない」ため、Y年に母
方祖母のいる母親の実家へ転居する。BはG中学に転入したが2週間で不登
校になる。

　性格は無口・几帳面・緊張しやすい。学力は普通以上。父親は単身赴任で
週末のみ帰宅。その際、Bは父親を緊張して迎えているように感じると母親
は言う。母親は穏やかでやさしい。

【面接形態】週1回の遊戯療法（無料、1回45分）を、Y年9月〜Y＋3年3月まで
実施した。母子並行面接で、母親は別時間に面接した。#24以降は隔週とな
り、母親面接も別日となる。

3. 事例の経過

> 【第1期】#1〜#7（Y年9月〜11月）
> 自分からは遊び出さなかった時期

　#1　BはThとプレイルームに入室する。はにかんだ笑顔を保っている。B
は部屋を見て「うわ。いろいろある」と驚く。〈見てみる？〉Bはまず、サン
ドバッグをポコッ、ポコッと弱く殴り「痛い……重い」と呟く。〈持ち上げられ
る？〉Bは持ち上げてみるが、とても重そうな様子。「卓球ある？」〈ある
よ〉と、卓球を開始。保たれた笑顔は続いている。回転のない素直なボール
が来る。BはThを左右に振り、逆のサイドに上手にスマッシュを打つ。Th
は汗だくになる。Thがうまく返しても、Bは「おお」と呟くがさらっとした
感じ。タイムアップ後、〈どうやった？〉「暑い……」。〈また来週来てね〉「う
ん」。
【外見・印象】職員が女の子と間違えるほどの童顔で、中学生というより小学
生のようである。笑顔で人に気を使っている感じを受けた。同時に、知的な
雰囲気を感じた。
　#2　〈一人で来た？〉「お母さんと。……疲れた」〈疲れたか〜。お疲れ様〉
「へへ」。〈何しよか？〉「うーん」〈見てみる？〉「……うん」。Bは座って、チ
ラチラとおもちゃ棚を眺めるのみである。そこで、Thが遊びを挙げていき、
〈……オセロもあるよ〉「どこ？」とオセロを開始。Thはなんとなく本気で
やった方がいいのではないかと感じ、本気で行う。Bは角を取ろうといい手
を打ち、Thはそれをかわすという角を取る戦い。33対31でThの勝利。「1
コマ差やった」〈本気でやったわ〉「……」とBは無言。
　#3　「……」と再び無言。〈将棋もある〉の言葉に反応し、将棋を開始。す
ぐにThの詰みとなり、Bの勝ちとなる。Bは時計を見て「……20分」。〈（短時
間で勝って）うれしい？〉「うん」。
　#4　「オセロ。……リベンジ」。Thはセオリーに従って、角から三つ目を

置く。Bは工夫をして攻めようとするが、Thもそれを防ぐ。Thの勝利。「……負けた」〈……うん〉「……オセロは無理」〈でもな〉ThはセオリーをBに説明する。「なんでやろ？」〈分からんけど〉。

#5～#6　（以後、一人で来談するようになる）「ふう」と一旦椅子に座るが、時計を見て歩き出し、棚を調べる。「将棋は？」と将棋をやる。Thは次の回（#6）まで持ちこたえるが、Bが上手に詰みに追い込む。「フフフフ」。

#7　卓球。「くそ～」「やったー」と表現が生き生きしてくる。Thが遠くからサーブを打つと、Bも遠くからサーブを打つ。Thが届くとBも真似をする。実力は両者同じくらい。

【第2期】#8～#26（Y年11月～Y＋1年6月）
遊びに点数をつけ、勝負に取り組む

#9　バランスボールでリフティング。Bは「重い。ボールが上に行かずに足が下に下がる」。Thが7回できると、「目標は……7回」と笑う。

#10　卓球。Bのボールの軌道はより鋭く、より速くなっており、二人とも本気。集中しないと絶対に返せない。「疲れた。暑い～」と休憩し、次に「点数を」と言う。〈おっ。やる？〉11点ゲーム。Thがリードするが、Bが逆転。「勝った～」〈負けた……〉。以後、第4期の#48まで、得点をつけての「試合」がほぼ毎回行われる。

#13　Bはサンドバッグを叩く。「痛い……」「ここが黒くなってる」〈たくさん叩いたんかなあ〉「他は？」とBは側面を覗き込む。また叩いて、「ザラザラして痛い」と言う。卓球ではまず回転のかけ方を「こう？　……こうか？」と練習する。Thの回転サーブに「え？　こっちから出てきた～」などと発話も多い。Thの2勝で〈くやしい～？〉と挑発すると、Bはサンドバッグを叩く。バシッ、バシッ、と鋭くいい音が鳴る。

#14　卓球に負けると、Bは飛び跳ねて悔しがる。
（母親面接より）親戚とスキーに行ってきた。よく話をして、前回はスキー場

でもじっと固くなっているだけだったが、滑ることもできた。

#15　「猫を飼っている。親と、子どもは4匹で『H・I・J・K(とてもシンプルな名前)』。お母さんが命名した」。

#16　「月曜日……」〈併設の適応指導教室、行った？〉「そう……そしたらお母さんが1時間間違えた。10時からやった……」〈そうかー〉「お母さんよく間違える」〈どんな？〉「学校行くときも、こっち行こうとしたら一方通行で、Uターンしようと思ってもこっちに曲がって……みたいな」。

#17　バスケットでゴール数を競う。初回はThの勝ち。〈やった～〉「う～。……次、やる」。ThがBの投げる邪魔をすると、Bも邪魔をするように。

#18　卓球は15対13でBの勝利。「やったー」とBはThに向かってガッツポーズをする。

#19　「自転車で来た。地図で測ったら、ここから3.4kmあった。結構長い」。卓球。まず回転をかける練習をし、「よし。……できた」。今まではThがリードすると「やばい～」「1点差だ」とすぐにプレッシャーを感じていたが、「大丈夫」と気持ちを持ちこたえさせる。両者1勝ずつで「次勝ったら2勝1敗」。〈僕が？〉と言うと、「いや、僕が2勝1敗」とBは勝利宣言をする。(母親面接より)地図を買ったり、少しずつ積極的になっている。適応指導教室も週2日は行くようになる。

#20　「卓球。……45分で点が多い方が勝ち」。残り2分でThは慌ててしまい、Bのリードがどんどん広がる。「勝った～。慌てたらいかんな」と嫌味を言う。

#21　Bは1球1球隅を狙い、回転をかける。勝負中も「負けへんぞ」「いや、まだまだ」と諦めない。Thが勝つ。少し男の子らしくなった印象がある。また、Bが思ったことや感じたことを言っている感じがThにも伝わる。

#24　(施設全体が移転する。以降、母親とは別曜日になり、面接も隔週になる。)〈迷わず来れた？〉「うん。地図を見ながら来た」「結構部屋広い。……あれは？」と、Bから新しいプレイルームを探索し始める。大きな樽やシーソーがある。吊るされたアスレチックの網に登り、Thと「イ」「メ」「ナ」……と体で文字を

作る。

#25　卓球。Th も汗が出て、B も「暑い暑い」と言いながら両者が本気。コーナーを狙い、サーブもスマッシュも低く速い。B の勝ち。〈くそー〉と Th が思わず箱庭の砂に『くそー』と文字を描くと、「それ爪の中に砂が入るで」と B は嫌味を言う。

【第3期】#27 ～ #40（Y ＋ 1年6月～ Y ＋ 2年2月）
競い合う中でお互い嫌味を言う

#27　「暑い……」と言いながら入室。吊り輪で懸垂をする。「暑い……よし……」と卓球のラケットを取り出し、Th にも渡し、卓球が始まる。

#30　「暑い……暑いのは嫌や……冬は好き……。今日一番暑いんちゃうか……。あ、外出てないからか……」と言う。B と Th は吊り輪を摑み樽に乗って、どれだけの時間耐えられるかの競争。両者、座布団を投げたり足で蹴ったりして相手を落としにかかる。卓球は、2回ともデュースまでいくが、Th が2対0で勝利。〈ま、いつでもかかってきなさい〉「くそー。デュースのくせに」〈見せ場は作ってあげないとね〉。

#31　「弟が子猫を拾ってきた。黒いから名前は『ジジ』」〈魔女の宅急便や〉「そう。小指を噛む。それをぐっと喉の奥にやるとゲッとなる。面白い。ジジは食い意地がすごい。他の猫が食べられないように皿の中に乗る。この前、オス（の猫）が出ていった。大きくなると出ていく」〈自立するんや〉「うん」〈メスは残る？〉「残る。今のところは」。

#32　猫のアルバムを持参してくる。ほとんど『ジジ』の写真。それを見ながら「1カ月前は手の中に入るみたいやった」と語る。コップに頭を入れ牛乳を飲む写真。「B が飲んだ後、飲むかなと思ったらすごい頭突っ込んだ」。「引っかかれる」と、たくさん傷がついた腕を見せる。〈血出るやろ〉「うん」。「子猫は1カ月でこれぐらい大きくなる。1年やったらこんなに」〈そんなに！〉「持つの大変」。

（母親面接より）「離婚しました」。母親担当者もまったく聞いておらず、驚く。

#33　入室し、またもや「疲れた……」と言うBに、〈そう？〉とTh。両者、懸垂を4回。「手が赤くなった。痛い」。

#34　「暑い……でも、今日くらいがちょうどいいかな……」。懸垂を両者7回。「これをやったら筋肉つく」。

#35　懸垂を5回。「毎日家で5回できるまでやっている」。

#38　Bは懸垂を9回。〈9回？　ちょっと待って！〉Thが懸垂の準備で必死に柔軟をすると、Bは「それで疲れるで」と指摘する。「今日は早く起きた」〈何時？〉「12時半」〈いつもは？〉「14時半ぐらい」〈それは早起きかー？〉。

#40　卓球はThが4対0で勝つ。「おかしいなー」〈いや何もおかしくなかったよ。B君の調子は悪くないよ〉「くそー」。

【第4期】#41～#63（Y＋2年2月～Y＋3年3月）
自らのことを語り出す時期

#41　Bは9回懸垂する。〈練習してんの？〉とThが聞くと、「最近は勉強が忙しくて」と答える。「来週入試がある。定時制の高校」〈ちょっと心配？〉「んー、それよりも朝起きれるかどうかが心配」。「早く起きてもすることがない……どうしよ？」〈どうしよか〉「……勉強でもしようかな」〈おっ〉「でも弟と兄がいてうるさい。ちょっとでもうるさいと勉強する気がなくなる」〈そっかー〉「あ、でも家の向こうの方に部屋があった」〈おー〉「明日勉強してみよかな……数学と国語は苦手。長い文章を読むのが面倒くさい」とBは30分話す。

#42　「Bにしては（試験）できたかな」「国語は一番できた。漢字も1個しか出なかった」〈何？〉「『視野』。簡単やった」。「よっし」と卓球を開始。Bはバックショットが上手になっていて、Bが4対3で勝つ。「よっしゃー」とかなり嬉しそう。

#43　試験に合格。「作文書かないと。『思い出』について。苦手や。読まれるのが嫌。小2のとき、作文をみんなの前で読まされた。その時も嫌やった」。何を書こうかと考える。猫にしようか？　家には蝙蝠もいるかもしれない。ベッドの下に干からびた死体があったから。天井はネズミが走るし……と次第に連想が浮かんできて、「3枚ぐらいやったら書けるかも」となる。

#44　ジャケット着用で若者らしい感じになっている。「泳ぐの嫌。夏にプールの授業がある。アトピーを理由にしてやめておこうかな」〈プールおもろいやん〉「いや。水が嫌い。作文より嫌」。

#45　「クラブはバドミントンにした。お母さんと一緒。授業はあんなんだとは思わなかった。寝てる人がいる。途中で出ていく人も、大声でしゃべっている人もいる。ゴールデンウィークも暇やった。卓球にお母さんと弟と行った。でもお母さんは、卓球は上手じゃない」。

#46　5分遅刻し、「すごい急いで来た。今日は早く起きようと思って朝起きた。1時間くらい寝ようと思って起きたら1時間前で、すごいびっくりして起きた。お母さんは30分前に言ってきた。（相談室の）カードを机に置いといたら起こしてくれるかなあと思った」。「給食は友達4、5人と食べている。テストは簡単で、英語と理科が100点やった」。他の教科もよい点数をとっていた。

#48　「テストで友達からライバル視されて、『一つは絶対勝つ』と。そう言われたら勝ちたくなる」〈勝ちたくなるんや〉「もう一人にもライバル視されてる」。卓球。「今日はなんか負けそうな気がする」〈『今日も』やろ〉。Thが3対0で勝ち。「おかしいなー」とBは言う。

#50　「暑い……。何かうちわとかないの……？　夏は嫌いや」〈夏のいいところ考えてみようや〉「ないで」〈Tシャツで済む〉「汗だけになって気持ち悪いで。冬がいい」〈山の上に行くと涼しい〉「うそや。山の上は暑い」〈ちゃうで。標高上がると寒くなる〉「虫がいる。虫が嫌い」〈トンボも？〉「ダメ。ミミズは大丈夫」〈なんでー？〉「虫の足が嫌い」。「家でじっとしてて暇」。

#51　「やっと筋肉痛がとれた……。（親戚の）子どもが5人来ている。子守

り。8歳とか6歳。子どもは体力が無限にあるわ……。寝てたら飛び乗ってくる。内臓が破裂しそうになったわ……。二人同時におんぶして。暑いのに公園で……追いかけられた……」。「海に行った。金槌やから2回溺れかけた。海は広いから子どもから逃げられる……」と言いつつも、夏休みの様子を楽しそうに45分すべて使って話す。

#52 「あかんわ……。だらだら過ごしている。でも、寝る時間は直し中やで（言い方が少し頼もしい）」〈おおっ〉「今日は5時に寝てしまったけど……でも10時に起きた」。

#54 Thが一輪車に乗れるのを見て、「うそや。こんなん乗れるわけがない」とBは何度も挑戦する。

#55 「あ、あれできるで」と、一輪車に再度挑戦。「なんで左に倒れるんやろ？」「あ。分かった。もう分かった」と言いつつ、何度も失敗。「次は完璧やわ」とまた失敗。汗をかいている。結局乗れず、「あーなんか悔しくなってきた。これでは満足できへんわ」と言う。

#57 「今日起きてたで。昨日から寝てない」〈なんと〉。「授業は理科が面白い。先生が違うこと話すのが面白い。その時はみんな黙って聞いているし、先生も自分の言ってることみんな（が）聞いてて嬉しそう。爆弾の作り方とか。ガラスの中にドライアイス入れるのが一番簡単な作り方」。

#58 「今日数学のテストやねん。2次方程式」。ホワイトボードに$aX^2 + bX + c = 0$を変形させて、ああでもないこうでもないと二人で解の公式を導く。「こういう風になってたんか。テストには出えへんけどな」。

#59 「猫は温度調節する。暑くなったら伸びをして、寒かったら丸くなってる」。

#61 〈今日な、避難訓練あるから〉「おー面白そう」と入室。「英語のライバルがいて、僕が96点でそいつが98点やった。くやしー」。そこで、英語の綴りを書いていくことになる。「怠け者は？」Thがlazyを書くとBは悔しがる。〈立方体は？〉「……知らん」〈cubeやで〉「あー」。〈ドラゴンクエストは？〉「竜……退治？」〈退治はバスターやろ〉「あっそうか。いちいち『これは

こうやろ』と言われると悔しいわー」。

#62　Thの急な退職が決まり、〈僕がここを退職することになってん〉「そうなんや」〈4月からB君どうする？〉「そうかーバイトしようと思ってるねん」と言う。〈どんなバイト？〉「楽なんがいいな」。「友達はみんなバイトしている」。〈マクドナルドは？〉「えー嫌や。ポテトを揚げるとき暑いらしい」〈そんなんでへこたれとる〉「(笑)だって暑いやろ。ガソリンスタンドは間違えて入れると罰金で。だから嫌」。「どこがあるかな……別に時給はたくさんはいらんねん。暇な時間多いしな。それよりはと思って」と、バイトについて話し合う。最終的には「やっぱマクドナルドかな？」となる。

#63　Bは休みだと思い込み、キャンセル。急遽翌日に設定する。成績は体育が4で、その他がオール5。「天才やから」と笑う。〈天才やったら卓球も勝てるやろ〉と言うと「やろか？」と久しぶりに卓球。バイトを自転車で探している話。「家と、学校との間にあれば、ちょうどいいねんけどな」と語る。

【その後】Y＋9年に、クライエントより事例発表の快諾を得る。高校卒業後、大学に進学され、大学生活を送られているという。

4. 考察

4-1　クライエントの課題

　私が対峙する他者に語るとき、語る主体が「それが私の気持ちです」「それが私の望みです」と数多の言葉から選び出した言葉を、他者に差し出し晒すことになる。当然のことではあるが、語ることは他者と関係している。先ほど定義した言葉を使うと、語る主体が、言葉としての語られる主体となり、それを他者に譲り渡すということである。それは同時に、選び出された語られる主体を、あなたではなく私が語ったものとして私が引き受けることでもある。この、あなたではなく私が、という否定は、他者に同一化した状態に埋没するのではなく、他者から分化した主体が立ち現れる契機となる。

第5章　事例2　遊ぶことによる語る主体の生成　177

　しかし、語る主体が語られる主体として、他者に向かって差し出すこと
──私が私として語ること──には差異や不安が伴う。語られた言葉が他者
にどのように受け取られるのかは、その他者に委ねるしかない。語った言葉
が他者に完全に理解されることはある種の理想であり、主体の語ることと、
他者の理解との間には常に差異が生じている。また語る主体は、語られる主
体が他者から理解されるか誤解されるか否定されるか予想できない、宙吊り
の状態に晒される。つまり、私が私として語るには、この差異や不安を引き
受けねばならない。
　Bはこの差異や不安を引き受けることが難しく、主体が生じているのかど
うかが曖昧な、母なるものに包まれた状態に陥りやすいあり方を示した。例
えばBは遊びを選べず、Thからいくつか遊びを挙げたこと（#2・#3）、「……
20分」（#3）、「……リベンジ」（#4）と、文章が完成しない話し方をすること、
作文を人前で読まされることへの嫌悪感（#43）は、この状態を如実に示して
いる。また、不在がちの父親との関係に緊張し、Thに対して笑顔を保ってい
る様子（#1）や、集団の中で「じっと固くなっている」（#14）様子は、対峙する
他者が主導権を握っているかのようになり、他者に囚われてしまい、身動き
がとれない様を示していよう。また、Bの遅刻は母が間違えたり（#16）、起こ
さなかった（#46）ことにされ、自らの行為を私が引き受けず、責任の主体が
母となる。邪魔が入ると途端に勉強する気がなくなり（#41）、「面倒くさい」
（#41）、「水が嫌い」（#44）、「楽なんがいいな」（#62）と、Bは環境のイレギュ
ラーな変化に対しても、あるいは何度も「疲れた……」「暑い……」と発言す
るなど、身体的な違和感に対しても、敏感であった。
　これらは、差異を感じるとたちまち母なるものに包まれる状態に主体を
引っ込めてしまうようなあり方である。そもそも第4期まで語り出さなかっ
たこと自体に、語る主体として私を他者にあらわにすることへの困難が示唆
されている。Bはまったく語らないこともないものの、しっかりと語ること
が難しいようなあり様であった。Bが語る不安や語った後の差異を引き受け
られないため、母なるものに包まれることにいつでも戻れるように、母なる

ものを保持しているとも言うことができる。

　しかし、Bは初回で自らサンドバッグを殴り、「痛い……重い」と呟き、卓球という競い合う遊びを自ら始めた。初回で既に痛みや重さに耐えるという課題や、私とあなたが曖昧な状態を分かち、語る主体を鍛え上げる課題に自ら取り組む様が示されている。特に卓球を中心とした競い合う遊びは#48までほぼ毎回行われ、このセラピーにおいてBが最も深くコミットした遊びである。そこで、卓球を中心とした競い合う遊びの構造と、語る主体の生成の関係という視点から考察したい。

4-2　差異を認め、結果を引き受けること

　先ほど定めた「語る主体」と「語られる主体」の視点を含めて、競い合う遊びの構造と形式について考えていきたい。

　BにとってThは真似をしたり（#7・#17・#54）、「目標は……7回」（#9）とThと同じ回数を目標にしたりするなど、身体として同一化し、攻撃性を向ける鏡像的な対象となっていたと思われる。卓球は同じ形の長方形を挟んで、鏡のように他者と対称に向かい合う。この構造に既に私か－あなたかという緊張を孕んだ中で、攻撃性を表現することがセッティングされている。攻撃性を他者に対して安全に表現するには、私か－あなたかという鏡像的関係と異なる次元を導入する第三のものが必要となる。その一つは《ボール》という象徴である。向かい合う両者の攻撃性はボールの勢いと軌道に変えられ、両者の間を安全に行き来するものとなる。さらにBは自ら得点をつけることを提案する（#10）。Bはラリーの結果を《1／0》という単純な数字の対置に印しづけ、語られる主体に変換した。一度語られる主体として「こちらが1」「こちらが0」と印しづけられると、両者の差異が明確になる。そのつどのゲームの結果が語られる主体として印しづけられることで、どちらが勝っているのか定まらない曖昧な関係から抜け出ることとなる。そして最終的に《勝／敗》という優劣で両者がさらに分かたれてゆく。

　卓球に負けた直後、「ザラザラして痛い」はずのサンドバッグを、Bは強く

鋭く叩く（#13）。「欲望が確立される欠如を生成するのは、まさに去勢の引き受けである」（Lacan, J., 1964b/2006, p.723）というように、Bは《負け》という結果——語られる主体——を引き受けるとともに、自分が劣っていることも引き受け、その悔しさを表現するようになる。この時サンドバッグを叩いた痛みへの囚われが、既に乗り越えられている様も示されている。

　勝負は拮抗しつつもBが負けることが多かったが、その度にBは自分が劣っていることを明確に突きつけられた。《負け》という結果を引き受けて、「くそー」（#30・#40）と悔しさをしっかりと感じたからこそ、むしろBは「よし」（#27・#42）と自ら卓球を選び、「次、やる」（#17）と繰り返しThに挑み、勝利宣言（#19）をするなど、繰り返し主体を立ち上げていくのである。

　BはThを一旦は鏡像的な他者と定めつつ、その関係の中に《ボールの軌道》・《1／0という得点》・《勝／敗という結果》という順に、記号としての語られる主体を導入した。この順に私と他者はより深く分かたれ、両者の差異が明確に位置づけられていく。それに伴い、私か−あなたかが不鮮明な関係もより明確に区切られていき、同時に勝ちたいと望む主体性が立ち上がっていった。

4-3　コントロールする技術としての語る主体

　両者は全力でゲームを行った。ここでの全力とは、ただ100％の力でボールを打つのではなく、自らの身体・衝動を統合する磨かれた技術のことをいう。Bは相手からの攻撃性をひるむことなくボールの軌道として捉え、そして自らの攻撃性をこめつつも、それを制御して打ち返さなければならない。したがって技術とは、攻撃性という直接的な感覚的な次元から一旦距離をとり、それを俯瞰して捉えるという語る主体の意識が関係している。卓球を練習（#13・#19）し技術を磨き、回を重ねるにつれて勝負が高度になっていく（#21・#25・#42）にしたがって、Bは即自的な衝動を俯瞰する意識を繰り返し練り上げていった。この意識によって、語る主体は衝動から距離をとり、かつそれを捉えていった。なお「こっち行こうとしたら一方通行で」（#16）と目

の前の事物に囚われ地面と同じ視点であった状態から、Bが自ら「地図」(#19・#24) という地面を俯瞰する視点を獲得して街を探索したり、国語のテストで「視野」(#42) と答えたりしたことも、これと関連していよう。卓球で磨かれたBの語る主体の意識とは、即自的な攻撃性から距離をとって俯瞰して、それを捉える動きが同時に生じている意識である。それは、攻撃性を捉える結合と、そこから距離をとって俯瞰する分離が、同時に生じている意識であるともいえよう。

4-4 遊ぶことによる語る主体の生成

さて、Bがしばしば見せた、「ふう」(#5)、「疲れた」(#10) と一旦椅子に座るものの、立ち上がり遊びに取り組み出すことは、違和感を避け母なるものに包まれるあり方を否定し、衝動を表現する語る主体が文字通り立ち上がる動きと捉えられる。このことは「暑い。暑い」と言いつつも遊び続けること (#25・#27) にも表れている。

ここで、「よし」(#27・#42) とBが語る主体へ移行し、競い合う遊びが行われる場の現実性について考えたい。競い合う遊びでは、オセロ (#4) のように、単にセオリーに倣った死んだ勝負ではなく、Thの語る主体も剝き出しになるほど、本気で対峙する (#2) ことが重要であった。ボールが行き交いゲームが生きているときは、語る主体が《1／0》や《勝／敗》という《結果》として語られる主体に印される以前の、どちらに転ぶか分からない時間性が生じている。両者はこの状態に晒され、《結果》の前に宙吊りにされる空間性に閉じられる。競い合う遊びの時間と空間は、語る主体にとって《結果》が保証もされず、予想もできない不安の場となるのである。この閉じられた場で主体は、表現する不安を引き受けなければならない。つまり、母ではなく私がすべての――他者からのボールの軌道を捉え、かつ自らの衝動を捉える――技術を投入し、そしてその《結果》としての語られる主体を、母ではなく私が引き受けねばならない。主体は母なるものとの一体感に包まれるあり様から引きずり出され、私が私として立ち上がることを要請される場に閉じられる。

《結果》という語られる主体に印しづけられる前の予想がつかない不安に晒されるとともに、語る主体の意識が全力で取り組むことが、この競い合う遊びの場の現実性（リアリティ）を構成している。そして、この遊ぶことの場の現実性（リアリティ）に深く入ることが、Bが生き生きとすることであり、またBの語る主体の意識を鍛え上げることであると思われる。語る主体が不安の場に入り全力でゲームを行った結果、《1／0》や《勝／敗》という語られる主体がBに対して印される。それゆえに《結果》に対し飛び跳ねて悔しがり（#14）、Thにガッツポーズをし（#18）、「よっしゃー」（#42）と自分の力を誇示するなど、Bはこの不安の現実性（リアリティ）により深くコミットし、《結果》という語られる主体もより深く引き受けたと思われる。

そのことは同時に、遊ぶことに深く入ることを通じて、語る主体から語られる主体が現れた瞬間でもある。伊藤（2001）は言表行為者である〈私〉から言表内容である〈私〉が現れてくるとき「二つの分裂した〈私〉の出会いの場となる」（p.4）とし、「発話者としての〈私〉」（p.4）の場が生成されるとしている。この不安に晒されつつ自らを賭す深いコミットによって、身体・衝動の次元に関わる語る主体と、言葉として印された語られる主体が出会い、結びつく。このセラピーにおける《結果》としての語られる主体とは、単なる点数や勝敗でありながら、両者が全力で対峙した痕跡であり、得点と勝敗の差異が刻まれた傷跡であり、不安を引き受けた証左でもあろう。だからこそBの語る言葉が生き生きとしてくるようになり、「Bが思ったことを言っている感じがThにも伝わる」（#21）のである。Bが生きた勝負を繰り返し行うことは、母なるものへの一体感を否定し、主体としての不安に浸りつつ、生き生きとした「語る主体と結びついた語られる主体」を生成する作業であったと考える。

なお、Bは当初少しでも劣勢になると簡単に不安を感じていたが（#19）、徐々に不安に対し自らを鼓舞する（#19・#21）ようになる。そして、「負けそうな気がする」（#48）と自らの不安を捉え、むしろ《結果》への余裕を見せていく。これらにはBの主体としての不安それ自体が徐々に深まり、Bが不安に囚われるのではなく、Bが不安を含みつつある様が示されている。田中（2001）

が「神経症においては、そこに入ることとそこから出ることは同一」(p.50)で
あると指摘するように、不安に深く入ることが、むしろ不安から抜けること
となる弁証法的な動きが生じている。

4-5　語られる主体の展開

　さて第4期では、Bは遊ぶことよりもThに語る——感覚の変化に敏感な、
母に包まれたあり方も多く語られるのではあるが——時間が多くなる。この
語ることが生じたのは、卓球で鍛えられた直接的な次元から距離をとりつ
つ、それを俯瞰して捉える意識が働いていたからである。語る主体の意識の
二つの契機からそのことを考察していきたい。

　その一つは、語られる主体から距離をとり、語られる主体自体を俯瞰して
捉える、反省する reflect 意識である。Bは身体を文字化する——まさに自ら
が語られる主体に対象化される——遊び（#24）を行った後、「暑いのは嫌や
……」（#30）と身体の違和感を初めて言葉で語り出す。さらに続けて、「今日
一番暑いんちゃうか……。あ、外出てないからか……」と語る。「今日一番暑
い」と語るや否や、「あ」と母なる家から「外」に出ていない自分自身に気づ
く。身体の違和感が言葉にされると、Bはそれを距離をとって捉え、「今日一
番暑い」と感じるのはB自身が母に包まれようとしたからであることを直ち
に理解する。それと同じように、第4期に入ると「早く起きてもすることがな
い」と語った後に「勉強でもしようかな」と言い、語られた状況を自ら乗り越
える動きを示す（#41）。また「苦手」な作文について、まさに人前で語る嫌悪
感を語るうちに、次第に連想が浮かび「3枚ぐらいやったら書けるかも」（#43）
となる。#62でも楽なバイトがいいと「マクドナルド」を避けていたが、バイ
トについて語るうちに「やっぱマクドナルドかな？」と納得する。

　それに加えて、Bはいつまでも——家の中に包まれて——眠るあり方（#38）
を語った後、朝に起きる——主体が立ち上がる——ことを徐々に意識するよ
うになる（#41）。#46ではBはセラピーの時間に合わせて早く起きることを自
ら試みる。その時ぎりぎりの時間に起床し、「すごいびっくりして」という驚

きからは、母から包まれることから立ち上がる意識が目覚めたことが示唆される。Bは「あかんわ。だらだら過ごしている」(#52)と自身のあり方を対象化して捉え、また自らのあり方を否定することで、この課題にも取り組み続けた(#57)。

Bは自分自身を語るようになった。語られた内容からは、身体の違和感にただ敏感なあり方や、いわばぬるい環境に留まりたい甘えたあり方が示された。Bにとって既にそうなっているもの、所与のものとしての、即自的なあり方を語ることで、その内容である語られる主体は言葉として対象化され、対自的なものとなる。つまり語られる主体は、語る主体と距離をとって向かい合う。すると主体は語られた内容ともう一度関わることができ、Bは語られる主体となった自らのあり方を捉え、それを否定できるようになる。ここに、競い合う遊びで鍛えられた、直接的な次元から一旦距離をとり、それを対象化し俯瞰する働きが見て取れる。反省する reflect 意識が生じている。日常を語ることを通じて、Bは自分自身のあり方を対象化することで見抜き、自分自身のあり方を否定することに取り組んでいった。

もう一つの契機は、競い合う遊びにおいて相手の攻撃性を捉えるという動きである。この動きはThと嫌味を言い合うこととして現れた。それは他者との関係性を作る動きでもある。Bは勝敗が決した後「慌てたらいかんな」(#20)、「爪の中に砂が入るで」(#25)と上手に嫌味を言い、その後は、嫌味の応酬(#30・#40)となっていく。BとThの関係性にも否定が含まれていく。セラピー開始当初の〈お疲れ様〉(#2)というThからの声かけは、単なる鏡像的で自己愛的な同調である。両者の差異はぼやかされ、ThはBと区別された他者として現れえない。ThもBの語りを聞いていく中で、次第に〈そう?〉(#33)、〈それは早起きかー?〉(#38)、〈おもろいやん〉(#44)とBの語りに踏み込み、むしろ疑問を呈していく。そして、「うそや」〈ちゃうで〉(#50)と否定の応酬となったり、〈そんなんでへこたれとる〉(#62)とBの甘えたあり方を端的に指摘するようになったりする。BとThの関係性は、競い合う遊びに全力で取り組み、次に勝敗という《結果》を介して嫌味を言い合い、そして会話

の中にも否定が含まれるようなものとなった。これは、ただ相手に同調するだけの表面的な関係を否定し「思ったことを言い合う」という、両者の間に否定が入りつつ両者が繋がるような関係である。言葉で相手を否定するプロセスに、BとThの関係性が徐々に深まる様が示されている。

　これらの自分自身の対象化と自分自身の否定——反省する reflect 意識——に伴い、競い合う遊びの構造を引き継ぎつつ、語りの中での主体——それは語る主体であると同時に語られる主体でもある——も立ち上がっていった。Bは「でもお母さんは、卓球は上手じゃない」(#45) という。Bは、現実の日常生活においても包み込む母なるものを否定し、その外に出て、個としての主体が試される競い合う遊びの生き生きとしたあり方を選びつつある。それゆえBは「家にいてても暇」(#50・#62) と、母なる家では満たされないことを述べる。Thに対抗し、Bは汗をかきながらも一輪車に何度も挑戦し「満足できへんわ」(#55) と現状の自分に飽き足らない姿を示す。そして知的なライバルを見出し、「勝ちたくなる」(#48)、「くやしー」(#61) と感じ、プレイルーム内だけではなく日常においても競い合う姿を見せた。

　さらには、「授業はあんなんだとは思わなかった」(#45) と、日常においても他者に対しての緊張や不安が緩むとともに、突然の避難訓練に「おー面白そう」(#61) と言い、周囲のイレギュラーな変化に囚われず、むしろ興味をもって体験する。授業で「先生が違うこと話す」(#57) 余談もまた、しなければならないことをただ処理することではない、生き生きとした遊びの領域が日常にも生じていることを示している。しかも「爆弾の作り方」(#57) は、Bの衝動を知的に捉える動きとして興味深い。同じように数式を変形させ (#58)、バイトを探す (#62・#63) など、Bが語る中でもBの知的・社会的な世界が徐々に広がっていく様が伺える。

　またBは、猫の話 (#15) を端緒に“象徴*13としての私”を語ったように思われる。「面白い」(#31) と、Bと同一化した子猫は「食い意地」がひどく「大きくなると出ていく」。Bの小さな生命が外からのエネルギーを吸収し、母なる家から自立していく様を髣髴とさせる。また、腕の傷は母なるものから外に

出ることによってできる、自分自身の傷であり、それによって自らが外に開かれたことを示しているかのようである。それは第3章で考察した、所与の環境にただ包まれる神話的意識が否定された傷であり、神話的意識が傷という否定性に移されると同時に、近代意識の成立を示唆すると思われる。また、母親面接で報告された離婚（#32）は、家族全体にも自立の動きが生じていることを感じさせた。そして第4期では、蝙蝠やネズミ（#43）の動物のイメージが語られた後に、「体力が無限にある」「子ども5人」（#51）という人間のイメージが生き生きと語られるようになった。

4-6　遊ぶことから語ることへの移行

　では「最近は勉強が忙しくて」（#41）とBが言ったように、なぜ遊ぶことから語ることへ重心が移ったのだろうか。つまり、Bはなぜ語り出したのだろうか。それには競い合う遊びの、語る主体と結びついた語られる主体が現れる作業が起点となったと思われる。

　私が私として語るためには《結果》の予想がつかない不安を引き受けねばならないのであった。競い合う遊びを全力で行うことは、この不安の場に深く入ることであり、また同時に語る主体と結びついた語られる主体として現れることでもあった。この不安は深められ、自らに含まれていったと述べた。それと同様に、語る主体と結びついた語られる主体も、Bに含まれていったと思われる。つまり、競い合う遊びという場で語る主体と結びついた語られる主体として現れることが、今取り組まれるべき作業では徐々になくなっていき、むしろBはその遊び自体を身につけ、B自身がその行為を行う主体——生き生きと語る主体——となったのである。それゆえ競い合う遊びはいわばBの背景に退いていき、語ることが前面に出てきたのではないだろうか。

　高嶋（2013）は、クライエントの世界がイメージや遊びで十分に表現し尽くされることで、クライエントがそれまで囚われていたその世界から覚め、日常の世界に取り組むことができると指摘している。そう考えるとBは、競い合う遊びの場で不安に入っていき、語られる主体が現れる作業を十分に繰り

返し行うことで、徐々にその作業——競い合う遊び——が色褪せ、日常を語るようになったと思われる。

　私が私として語る作業を身につけ、B自身が私が私として語る主体となったことには、競い合う遊び自体は背景に退くけれども、その遊びの形式や構造は引き継がれていることを強調しておきたい。Bの語られ方——語りの形式——には、語られた内容を俯瞰して再度捉え否定することや、また相手の言葉を捉えて自分の思いをこめて応えることが生じていた。そこには競い合う遊びで鍛えられた、距離をとって俯瞰しそれを捉える、語る主体の意識が身についている。またBの語った内容でも、ライバルを見つけ知的な次元で競い合うことに、競い合う遊びの構造が引き継がれている。

　それだけでなくBは、私が私として語るあり方それ自体を身につけた。"語る主体と結びついた語られる主体"とは、語られた言葉が"私"という現実性_{リアリティ}を伴って、生き生きと語られることである。Bが語るときに、"私"という現実性_{リアリティ}が語られた内容とともに生じているからこそ、語られた内容としての自身の甘えたあり方に取り組み、それを否定することができる。また逆に、猫の話やライバルの話などの日常での話や、Thとの否定の言葉の応酬が生き生きとしていることに、Bの語る主体と語られる主体の結びつきが示唆されている。

　このように、競い合う遊びを十分に遊び尽くすことを通じて、Bはその遊びの形式や構造を内在化し、生き生きと語られる主体が生じることが、本事例では示されていると思われる。

第6章
事例3
遊ぶことにおける入る動きと否定する動き

1. はじめに

　本章では、食べることの拒否や吐き気などの身体症状やイライラで来談した、前思春期にさしかかった女児との遊戯療法事例を検討する。

　Sullivan, H. S.(1953/1990)の言う「前思春期」(p.276)にあたる10歳前後は、「子ども」から「大人」への意識の変容が生じる心理学的にも重要な過渡期である。小倉(2006)によると、この時期は「それ以前において親にすっかり依存してきたのに対して、これからあとも依存しつづけるものの、同時に親と自分とは本質的に別の存在であると思考するようになる」(p.450)と言う。河合(2006)も「10歳くらいになったとき、この世に『私』という唯一の存在があることを強く意識する。それは、自立の方向に向かう強さと孤独の寂しさによる不安とをともに感じさせる」(p.444)と述べる。10歳前後は、それまで親などの環境から包まれ守られていたあり方から離れ、唯一の「私」という意識を持つようなあり方へ変化していく。それと同時に、唯一の「私」が生じることに伴って、孤独や不安などの心理的な危機を感じる。

　10歳の時期の心のあり方を、近代的な主体——近代意識——の成立という観点から考えることができる。風景構成法の構成型の発達的変化を調査した研究(高石, 1996)では、小学校1年の風景構成法では、「川」と言われれば川

を、「山」と言われれば山を、そのつどばらばらに描くあり方を示すという。第3章でも述べられたように、神話的意識の主体は「川を描いているときは、川と一体に、山を描いているときには、山と一体になっていて、他のものはあまり目に入っていない」（河合，2011，p.42）のである。これが、目の前の具体的なものに囚われ、それと一体となった近代以前の主体のあり方である。その一方で高石（1996）は、小学校4年の風景構成法では、鳥瞰図的なもしくは地図に近い表現となることがあり、「この時期が、構成型に見られる発達上の過渡期の始まり」（p.251）であると指摘している。この変化について河合（2000a）は「個々の対象から引き離して、はるか高いところから鳥瞰するのである。このような否定を通じて主体というのは成立してくる」（p.118）と述べ、ここに近代的な主体——近代意識——の成立の契機をみている。また、言語教育の観点から播磨（2006）も、10歳のころの言語能力について「具体的状況から切り離された抽象的な概念を扱う言語の力が獲得されていくことで、『いま、ここ』に縛られない世界が広がっていく」（p.456）と指摘している。これらのことから、10歳のころとは、親や環境から包まれ守られていたあり方から離れ、唯一の「私」という意識を持つようになる時期である。その意識とは、個々の目の前の出来事と一体となっていたあり方を否定し、目の前の出来事から距離をとることでそれを俯瞰し、抽象的な思考を伴う近代的な主体であるといえる。

　しかし10歳のころについて梅村（2014）は、「かつての世界との調和した関係は失われ、自らと世界との裂け目が生じる」（p.14）と述べる。心理学的な「子ども」から「大人」への過渡期には、子どもにとっては今までの調和した世界が失われ、世界との裂け目を感じるという危機的な体験が生じうる。そのため、唯一の「私」という意識の出現は、孤独感や不安感を強く伴う。河合（1990）も「大人とまったく同じ症状に悩まされる子が出てくるのが、小学校4年生である」（p.202）と述べ、この時期が心にとって危機を迎える時期でもあることを強調する。

　そうであれば、クライエントの呈する症状と前思春期における心のあり様

がどのように関連しているのだろうか。また、遊戯療法で遊ぶことによって、それらはどのように変容するのであろうか。これらの問題意識をもって、実際の事例を検討することとする。本事例におけるクライエントは、前思春期にあたる時期にイライラや吐き気、登校渋り、強迫的なあり方など、大人の神経症に近い症状を示し来談するに至った。クライエントは共同体や親──神話的意識──から離れ、近代的主体──近代意識──として成立することに葛藤を抱えていたと思われる。本事例では、遊ぶことによって"現実性_{リアリティ}に入りつつ、現実性_{リアリティ}を否定する二重の動きの主体"が生じたと考えられる。本章では遊ぶことが二重の動きのある主体を生じさせる様を、具体的に明らかにしていきたい。

2. 事例の概要

　以下、「　」はクライエントの発言。〈　〉はセラピスト（以下、Thと略記）の発言。

【クライエント】C　小学校3年生　女児

【家族構成】母方祖母、母、弟（D）

【主訴】たびたび身体的にしんどくなること。イライラが多いこと。

【問題歴・生育歴】年度当初から苦手な給食を「しんどい」と言い出し、常にイライラするようになる。朝「しんどい」と言って2回ほど学校を休む。洗面器を持ってきて吐こうとするが、しばらくすると治り平気になる。医師の診断では身体的な異常はない。朝食が食べられず、しばしば登校渋りがある。母が弟に気持ちを向けると、Cは殴る、蹴る、暴言で母に向かう。弟と収拾のつかない取っ組み合いの喧嘩になる。一方で、弟とはいつも一緒にいる。これらのことから、CはThが勤務する教育センターに来談した。

　Cは杉の葉のギザギザや虫を嫌い、来談時は鳥も怖がるようになっていた。Cは宿題を「やらないと」と思いながらも鉛筆を持って固まり、見開き2枚を細かいところまで書いて2時間半かかる。きっちりしていて生真面目。

趣味は絵を描くことと読書。

　Ｃは乳児期から泣き止まず、一日中抱いていなければならなかった。二人の子どもは「分からない怖い人」と父親に懐かず、Ｃが幼少時に離婚する。しばらくは離婚が母親の心を占め、Ｃに十分目を向けられなかったという。二人とも母親から少しでも離れると不安になる。

【面接形態】週１回の遊戯療法（無料、１回45分）をＺ年９月～Ｚ＋１年３月まで実施した。母子並行面接で行った。なお、母親の都合や弟・本人の病気などで休みになることが多く、総回数は７カ月で14回であった。

3. 事例の経過

> 【第１期】#1～#6（Ｚ年９月～11月）
> 無垢なあり方が示される時期

　#1　入室後、Ｃはプレイルームを見回して「……いっぱいある」と玩具に反応する。棚に置かれた箱庭の玩具にも「いっぱいある」。しかしＣはその場で固まり、「……」と無言。〈何かする？〉「うーん」。〈絵とか描いてみる？〉「うーん」。〈あんまり？〉「うん」。一通り玩具を見てみるが、いろいろな玩具を前に止まっている。Ｔｈは思いきって〈人形とか置くの、やってみる？〉と箱庭に誘う。Ｃは「うーん、やってみようかな～」と棚の箱庭の玩具を探し出す。「いっぱいあるなー。たくさんあってどれにしようか分からんわー」。「あ、ここにもある。う～ん」。「Ｃな、家にもこういうの（小動物や家具）ある。これ椅子？」〈うん〉。「椅子を置いてみよう」。Ｃははじめに椅子、机、赤い椅子を置く。「ここでご飯とか食べる。こっちは赤ちゃんがいるところ」。ここから、ゆっくりと小動物の玩具が置かれていく。「赤ちゃんが生まれた。枕を敷いて寝てはる。それを『あ、寝てる』と猫が発見している」と、中央の小さい方のベビーベッドの中に子豚の赤ちゃん。その左側にそれを発見する黒い猫。「ニワトリの卵。大きな卵が割れると既にニワトリになった鳥が生まれ

第6章　事例3　遊ぶことにおける入る動きと否定する動き　　191

［写真6-1］　箱庭1
中央のベビーベッドの中に赤ちゃん。その左側にそれを見る黒い猫。右下部の丸い籠に鳥と卵。滑り台の正面の椅子でウサギが劇を見ている。

ている。その卵のところにうその卵をビー玉で置く人」と、右下部の丸い籠の中に、ニワトリと卵、ビー玉を置く。「滑り台の上で劇をする人。それを見ている人」と滑り台正面のウサギが劇を見る場面を置く。そして、「テーブルの上ではうその食べ物を作っている。猫の親子が写真を撮ってもらっている」と左下部に丸太のテーブルの上で包丁で食べ物を作る犬と、左上部に猫の親子と写真を撮る犬を置く。「だんだん楽しくなってきた。家（で小動物や家具を並べる時）は砂がないから、いろいろ立てられて面白い」と、さらに動物を置いて箱庭1［写真6-1］を制作する。残り時間を告げると「えー、もっと遊びたいー」。〈また来週来てな〉「うん」と終了。退出後、母親に「すごい面白かったー」と駆け寄る。

【外見・印象】眼鏡をかけ、細身で、髪の毛を二つに分けて束ね、小さくて可愛らしい。非常にゆっくりとしたペースで遊ぶ。絵と読書が趣味のCは知的な能力が高いと感じられた。女児の遊戯療法ということで、第1期ではThは緊張していた。

　　#2　入室して「いっぱいあるなあ。う〜ん」と玩具を前に迷う。〈これ、お絵かきするやつ〉というThの提案に、「う〜ん、あんまり」。箱庭の骸骨に

「ガイコツ……」。〈ほんまや〉とThは応えるが「……」とCは無言のまま。そして、「あ、貝や。……これ綺麗やな〜。これ砂のところに埋めたらいいな〜」と言って箱庭を開始。

シルバニアファミリーの家を二人で持ち上げ、砂箱に置く。「上が子どもの部屋で、下が大人の部屋。家で作るときな、下が服屋さんで、上が女の子だけの部屋。女の子ばっかりいるねん」。大人の部屋に「机と椅子。お台所。包丁」を置く。子どもの部屋に「椅子。起きたらここでぼーっとできる。(貝の)飾りを置いておく」と赤い机と椅子、貝を置く。「赤ちゃんのベッド。……これにしよか……やっぱやめとこ。……これにしよ」と慎重に選び、布団を畳み直して「赤ちゃんのベッド」を上の部屋の左隅に置く。「赤ちゃんの座る椅子。ここから外を眺める」と窓際に青い椅子。1階の台所の裏に椅子と木を置き、「赤ちゃんがここでご飯を食べる」〈ここで食べたら気持ちいいなー〉「ここに座って木の観察をする」と言う。家の外に「トカゲが遊びに来ただけやのに、びっくりされる」とトカゲの傍に羽ばたく鳥を置き、「びっくりしてる」。〈ほんまや〉と箱庭2［写真6-2］を作成した。

［写真6-2］　箱庭2
家の右に、トカゲとその奥に「びっくりして」羽ばたく鳥。

第6章　事例3　遊ぶことにおける入る動きと否定する動き　193

（母親面接より）絵の課題を放課後に直していたら、友達に「さっきの方がよかったのに」と言われた。それで元に戻すと、「何で元に戻したん？　ペンがもったいない」と言われ、「〜ちゃんむかつく」と言っている。

#3〜#4　「なにしよ〜」と、一通りプレイルームを見るが、「う〜ん」とC。〈お砂（箱庭）もあるよ〉との提案に、「うん……」とCは乗り気でない。二人同時に誘発線を引いて紙を交換し、同時に絵を描く変則スクイグルをThが提案し、やってみることになる。線を引き始めると、「ひゃはは〜。ぐしゃぐしゃになった〜」。1枚目、Cは「お花とちょうちょ」。Thの〈船〉［写真6-3］に乗っている人を指し、「これなー、赤ちゃんが入っていて、手を上げている。髪の毛ぼさぼさ〜」と言う。2枚目を作るとき、「面白くなってきたー」と言い、Cは「まほうつかい」を描く。〈まほうつかい、目がちょっと悪そう〉「うん」。Thの〈ゾウ〉に「うわー、すごい」とC。3枚目、Cは「お化け。真ん中のお化けが左のお化けを棒で殴っている。そこから血が出ている」と3人のお化けを描く［写真6-4］。Cは彩色時に「手汚れた」と言う。4枚目、Cは「けんかしている二人のおばさん。右のおばさんは（それを見て）びっくりしている」と、3人のおばさんを描く［写真6-5］。Thの〈ウシ〉［写真6-6］に「うわー。上手」。Thの5枚目は〈お化けに驚く人〉で「おもしろーい」とC。Thは5枚の絵を描き、とても疲れる。#4でも、同じくスクイグルをする。2枚目、Cは「きつねとオオカミが化けているところとヘビ」。4枚目、Cは「かいじゅう（右）の墓をゆうれい（左）がほって骨を盗んでいるのでかいじゅうが怒って火を噴いている。女の子（中央）は怖くない。それを見て笑っている」絵を描く［写真6-7］。Thは〈かいじゅうの子ども〉を描く。

#5〜#6　スマートボールを見つけ、「やってみたい」。勢いよくボールを弾く。「これは何？」と絵の道具を一つ一つ見ていき、「今日は絵描きたい気がするな」。揺りかごの中のウサギと、それを覗くウサギの玩具を置き、「描けるかな？　難しいかも」と言いつつ見本にする。Cは女子トイレ、Thは男子トイレで水を汲み、描き始める。傍でじっと見ているだけのThに「……何か描かないの？」とC。Thも緊張しながら犬を描く。終了後、次回から弟もボ

［写真6-3］　#3　スクイグル1（C ⇒ Th）

［写真6-4］　#3　スクイグル3（Th ⇒ C）

第6章 事例3 遊ぶことにおける入る動きと否定する動き　　195

［写真6-5］　#3　スクイグル4（Th ⇒ C）

［写真6-6］　#3　スクイグル4（C ⇒ Th）

［写真6-7］　#4　スクイグル4（Th ⇒ C）

［写真6-8］　#5・#6　赤ちゃんの絵

ランティアの大学生と過ごすことが、母親ThよりCに伝えられる。複雑な表情のCに、母親は「Cだけで独占できないって思った？」と言う。「でもD（この時間）おいしいもの食べてるもん」とC。#6は絵の続き。ThはCの画用紙の下に絵の具が落ちないように紙を敷く。絵を描きながら、「ここはどれくらいの人が来はるの？」〈小学校1年生から高校3年生まで来るよ〉。「高3の人は何して遊んではるの？」〈そうやなーお話とかしたりしてる〉。「Cぐらいの人は何して遊んではるの？」〈うーん……何してはると思う？〉「うーん、分からへん」。〈Cちゃんは絵描いたりしてるよね〉「うん」〈みんなここで好きなことしてはるんよ〉「うん。ここに来るの面白い。……何歳？」〈えっ？　26……〉「ふーん」という会話をする。そして、絵が完成する。「女の子と犬。これが赤ちゃん。これが一番小さい赤ちゃんでお母さん。椅子に座っているお人形」と、中央にスカートをはいた「女の子」、青い服の「赤ちゃん」、揺りかごに乗った「一番小さい赤ちゃん」、椅子に座った「人形」のウサギの絵を描き上げる[写真6-8]。「……持って帰りたい」とC。〈あんな、ここで描いたものは持って帰られへんねん〉。退出後、母親に絵を見せる。Thは〈ごめんな〜〉と言って、Cの絵をひょいともらう。

（母親面接より）今まではおままごとのような遊びばかりだったが、最近「走り回りたい」と鬼ごっこで遊んでいる。Thの絵に対して、「男の人のわりに小さい絵描く」と言う。

【第2期】#7〜#14（Z年11月〜Z＋1年3月）
身体を使い、Thを攻撃する遊びの時期

#7　「お母さんの先生とな、Dの先生とな、グループはどうやって決めたん？」と言われ、〈えっ？〉とThは少し動揺する。Thは担当者の決め方について、言える範囲で説明をする。しかしTh自身どうもしっくりいかず、〈というか、ほとんど偶然で決まったのかも〉と言う。「ふ〜ん」とC。「今日は絵というよりも……。3年生のとき何して遊んだ？」〈ドッジボールとか〉。「C

な、砂鬼ごっこをやる。砂に落ちたら鬼になる」。
（母親面接より）#6の退出後、「絵持って帰りたかったー」と大泣きした。

　#8　前回途中であった「オセロの続きやろっか」とＣが提案。Thから見ると、Ｃはあまり考えず置き、勝負にならない。「あ、（シルバニアファミリーの）家を作った人がいる。すごい綺麗。……あそこ（箱庭）に置こうかな」と、箱庭制作に取りかかる。「ここが浜辺やねん」。〈掘ったら水色出るよ〉という提案に、Ｃは砂を掘り、「ほんまや」とそのまま掘って海を作る。大きな二枚貝の横に人魚。途中、棚の骸骨を「骸骨や〜。ここのは怖いものも作れる。このお墓とか」と、Ｃは墓にちょんと触れる。またも残り時間がわずかとなり、「え〜じゃあ片づけよう」〈せっかく作ってくれたし、どんなんか教えて〉「これが人魚でな〜貝の中は人魚の宝物。浜辺やから貝とか石とか落ちてる。お花とか咲いててな〜。ここ（椅子）で休んだりする」と、波打ち際に人魚と大きな二枚貝の中の宝物、浜辺に貝や石、花が咲いている箱庭3を作る［写真6-9］。

　#9　緊張ばかりだったThは、積極的に関わろうと、ジェンガを〈やる？〉と提案する。「やろうか〜」とＣ。次にThはtwisterに誘い、やることに。Ｃ

［写真6-9］　箱庭3
波打ち際に大きな二枚貝と人魚。砂浜に貝が並ぶ。

は「転んだ〜（笑）。面白い。Ｃもう一回やる」。Ｃは難しい姿勢に耐えきれず転ぶことが面白く、終了まで行う。

#10　「もう何やるか決めている」とtwisterを30分行う。次に、モグラたたき。はじめはモグラが出現するペースについていけなかったが、速く叩くようになり、最終的にモグラを全部落とすようになる。スマートボールでは、ＣからＴｈとの勝負を提案する。

#11　人形を揺れる塔に置くバランスゲームに、「ハッ。あぶない〜」とＣは熱中。Ｔｈに「崩れろ〜」と言って大笑いするなど、全身で遊ぶ。的にボールを当ててＴｈと点数を競う。

（母親面接より）宿題の漢字を少し崩し、「わざと崩して書いてみてん」とＣ。

#12　入室して〈めがね変わったね〉と声をかけると、Ｃは勢いよく話し出す。「あのね、あのね、めがねね、三つ持っててね、一つは、お祭りの宝探しっていってね、新聞紙の中に、箱があるやつで、私のめがねが落ちてね、ここが取れてて、ここが傷ついてね。一つはおばあちゃんからもらってね」〈ふーん。お祭りっていつあったの？〉というＴｈの言葉に、「……」とＣはポカンとした表情で首をかしげる。「今日はすること決まってる」と人形のバランスゲーム。「この前負けたから悔しい〜」。ＣはＴｈの置く番がくると、「落ちろ〜」と言って笑う。次に、ドミノを行う。さらに、車に順番にスポンジ人形を入れ、限界が来ると人形の圧力で車が破裂するゲーム。

（母親面接より）朝も起きるようになった。Ｃのイライラがなくなり、きょうだい喧嘩の雰囲気が変わり、Ｃが冗談っぽく弟をつつき、一緒に遊ぶようになる。前は嫌いだったプリンを毎週母親と作るように。

#13　相談機関の都合でＴｈの次年度の勤務曜日が変更になり、担当者が変わらざるをえなくなる。残念な思いでＴｈは〈4月からな、Ｃちゃん新しい先生と遊ぶねん〉と伝える。「うん」とＣは応える。車に人形を詰め込むゲーム。Ｃは「どかーん！」とＴｈを脅かし、Ｔｈの〈プレッシャーや〜〉に笑う。ドミノを作る。「階段置くときキンチョウする〜」。「新しい先生は男の人？　女の人？」〈どっちかなあ〉。「……最後のところはやって」〈うん〉。すると、最後

のピースでThは失敗し、全部倒してしまう。〈あ〜ごめん〜！〉Thは両手を合わせて謝る。「あはは。あ〜あ（笑）」〈ごめんな〜〉ともう一度作り直す。最後にあっち向いてホイの勝者がハンマーで叩き、敗者はグローブで防ぐゲーム。Cはハンマーを持つ前から大笑い。負けても思わずハンマーを取り、〈違うでー〉「ひゃははは〜」と大笑い。

（母親面接より）友達と喧嘩になる。鬼ごっこで急に時間を延長されたり、一緒に帰っていると急に先に帰られたり。家に着くなり涙をダーッと流す。Cの言うことは確かに正しいけど、「四角い枠にはまって思う通りにいかないと怒る。そこは我儘やなあ」と母親は言う。Cは料理を作るようになった。

　#14　最終回。「あんな、あんな、明日な、お休み（祝日）やろ。だからC、今日が土曜日やと思ってな、ここがあるの忘れててん」〈明日休みやと思ってんな〉。「うーん……今日が土曜日やと思ってん」と、CはThの誤解を修正する。「あんな、学校楽しい。3年生も、3年生終わるの嫌やと思った。ここも楽しい」とCは語る。Cの身体の半分ほどもあるバランスボールを投げ合う。ゴムの毛のついたゴムボールでキャッチボール。Cは時々Thのお腹にぶつけ、〈やられたー〉と言うと笑う。箱庭の前に立ち、「これやってみようかな。今までのと同じのをやろうか、今までとは違うのを作るか……。よし、今までと違うのを作ろう」と箱庭4を制作する。Cは骸骨を摑む。「お化け屋敷。お化け屋敷やけど、本物のお化けが出る」。灯篭、般若の面、お墓、千手観音をさしあたり砂箱の中の一カ所にまとめる。「すごく怖くしないと。怖い道を作ろう。かわいい道じゃなくて。何かいいのないかなー」と制作していくが、またも残り5分と時間が足りなくなる。「えー。もうそんな時間？」と言って、骸骨を砂箱上部に置き、骸骨から砂を掘って「怖い道」を箱庭下部まで引き、他の怖い玩具は一カ所にまとめたままで、タイムアップとなる（なお、箱庭4は制作途中で終了したため、残念ながら写真がない）。「これはまたやな」とC。「最後にCが描いた絵を見てみたい」と希望し、Cは絵を見て、「最後に見たかった」と言って退所していった。

（母親面接より）宿題の漢字も適当になり、字が踊っているという。

そして1カ月後、母親から終結の申し出がある。以前のように暴れることはなくなり、自分から塾に行きたいと言って通い始めたとのことである。その1年後、事例研究発表の許可を得る。良くなったり悪くなったりと大変だったが、最近は落ち着いてきたとの報告を受ける。

4. 考察

4-1 クライエントの課題と可能性

Cは乳児期から母親との分離が難しく、母親を「独占」(#5)しようとしていた。母子を分離する父親像も「分からない怖い人」と漠然としていた。弟とも常に一緒にいるなど、他者との分離が困難であった。また、離婚が母親の心を占めるなど、家族においても分離の課題があったと思われる。これらから、Cは母と一体となった世界に生きようとしていたと思われる。

Cがそのような世界にしがみつこうとしているのに対して、来談の数カ月前から、Cに吐き気や食べることの拒否など、身体的な症状が生じてくる。高嶋(2012)は料理には母の思いが反映されており、料理を拒否し吐き出すことは、母と自身との一体的な世界に切れ目を入れ、母と一体となった世界と自身の違いを体感することであると述べている。10歳前後の前思春期とは、それまで自分を包んでいた親から分離し、個としての主体となる動きが生じてくる時期である。Cの症状も、母に包まれようとすることと、母から分離した主体となることの葛藤を巡って生じてきたと思われる。

ここで、Cがセラピーの初めに取り組んだ箱庭1 (#1)と箱庭2 (#2)を取り上げつつ、Cのあり方をより詳しく考えていきたい。まず赤ちゃんが頻繁に登場する。赤ちゃんはベッドに寝かされ、布団は非常に丁寧に整えられ、起きてからもぼーっとする椅子が置かれる。Cは守られる赤ちゃんのイメージを強迫的に作り上げる。Cは何者にも邪魔されず、まどろみの中で母と一体となり、いつまでも保護され包まれるというあり方を示す。Cが朝の登校を渋ったり「起きたらここでぼーっとできる」(#2)というのは、まどろみに包ま

れようとするあり方であろう。また、赤ちゃんはまさに「純粋・処女性・無垢」（Giegerich, W., 2013, p.41）を表すが、Cはこの無垢に切れ目を入れる怖いもの——攻撃的で衝動的なものや死を連想するもの——に触れようとせず、無垢なままであろうとする。#2でCは「……」と反応し、自身の内に蠢く攻撃的な衝動を感じてはいた。しかしすぐに「あ、貝や。……これ綺麗やな」と、綺麗で無垢な世界へ意識が逸らされる。その一方で、鋭利なものや虫を恐れる症状も現れてきており、自身に蠢く怖いものが常にCを脅かすようになっていた。それはCの視点からすると、自身の意図や意識のコントロールを超えてCに到来する、C自身とは関係のない異物である。来談のきっかけの一つであるイライラや羽ばたく鳥を恐れるようになったのは、突発的に生じてきた攻撃性や衝動にCが突き上げられるようになったためであろう。

　そして、無垢な世界を維持しようとするために、無垢を打ち破る出来事を避けたり、自らを突き動かす衝動をコントロールしたりする。そのためCは「四角い枠にはまった」（#13）考えを持ち、宿題に——間違いやズレなどがないように——強迫的に取り組み、長時間を要する。セラピーにおいても、Cは「いっぱいある」（#1・#2）と玩具に魅力を感じ、玩具で遊ぶ可能性に開かれていたが、「うーん」（#1・#2・#3）、「たくさんあってどれにしようか分からん」（#1）と逡巡してしまう。この攻撃性や衝動は、母と一体となる世界を打ち破り、主体として生まれる動きそれ自体なのであるが、攻撃性や死を意識から逸らしてきたゆえに、Cは主体として選び出すことが難しく、玩具を前に逡巡したのであろう。

　なお、父親像は漠然とし、弟は母との一体感を脅かす存在でもあり、Cは男性性を排除した「女の子ばっかりいる」（#2）無垢な女性の世界を生きていた。これに関連して、箱庭1で主に小動物が置かれたことは、「未だ小動物の段階にとどまっている少女の《女性性》」（山中，2009，p.53）を示していよう。

　そして母親が弟に気持ちを向け、母子一体の世界が揺るがされると、文字通り怒りに触れ、Cは「殴る、蹴る、暴言」で母親に向かう。言うならばCは怖いものにとらえられ、怖いものそれ自体になるのである。以上のことから、

蠢く攻撃性がCを内側から常に突き上げており、それに対してCは意識から逸らすか、あるいは怒りに囚われるかしかなかった。つまり、Cが攻撃性や怖いものを把握しコントロールするというよりも、むしろそれらはCにとって即自的なものとなって、それらがCを翻弄していた。Cの一つ目の課題として、Cの内に蠢く攻撃性や怖いものとどのように対峙していくかということが挙げられる。

　そして、箱庭1・箱庭2の構成を見てみると、個々の場面は関連づけられず独立して散らばっており、一つの全体として捉えられていない。Cのあり方は目の前の個々の具体的な事象にただ委ねるのみで、時には生じてきた出来事に主体が巻き込まれるという、物と一体となったあり方であることが伺える。Cのもう一つの課題として、個々の出来事から距離をとって全体を捉える視点を作る作業を行うことが挙げられる。

　そのように述べた一方で、箱庭1では赤ちゃんを発見し、劇を見、写真を撮る動物が置かれ、箱庭2では赤ちゃんが外を眺めることや、木の観察をする動きが示される。この見るという働きは、距離をとって事象を眺め、捉え、対象化する近代的な意識のあり方である。これに関連して、あまりにCに合わせようとして動かないThに描画を促したり(#5)、Thの絵を「男の人のわりに小さい」(#6)と評したりしており、CはThをよく観察していたことが伺える。

　ここでさらに、箱庭1の「大きな卵が割れると既にニワトリになった鳥」を文字通りに捉えてみたい。「既に」とは早くもある状態が完了しているという時間性を示している。Giegerich, W. (2001)によると、神経症は「意識の世界は変わってしまったのに、意識自体は引きずっている」(p.168)状態である。本事例においては、自身を包みこむ場所——赤ちゃんとして包まれること——から既に離れているにもかかわらず、意識は無垢に包まれることにしがみついている状態であるといえる。すると、ヒヨコとして生まれるのではなく、既にニワトリとして生まれていることには、Cは既に母から包まれるヒヨコの時期を後にしており、まさに大人のニワトリ——大人の意識——とし

て生まれつつあることを示唆している。

　そして箱庭2で、家の外で「トカゲが遊びに来ただけやのに、びっくりされる」と羽ばたく鳥を置く。原始的に蠢くトカゲとの出会いは意表を突くものであり、それに驚いて鳥が羽ばたくゆえに、Cが鳥を嫌うことが連想される。その一方で、この場面でCは意識が——母に包まれる——家の外に出ていて、そのうえで「トカゲが遊びに来た」と述べ、トカゲが主語となっている。Cは外から到来し、Cを翻弄するもの——トカゲ——の側におり、トカゲが鳥と——Cを翻弄するものがCと——遊べるようになることが示唆されている。

4-2　包まれるあり方から距離をとり、捉えること

　それでは、本事例において遊ぶことがどのように生じ、Cにとってどのような意味があったのかを検討する。

　第1期のThはCの表現する内容に合わせて〈ここで食べたら気持ちいいなー〉(#2)と同調する、船やウシ(#3)など包み込む母のイメージを描く、赤ちゃんに布をかけるように、Cの画用紙に紙を敷く(#6)といった関わり方であった。Thは女児の遊戯療法に緊張し、まるでCのあり方に呼応するかのように母子一体的な態度で関わった。その一方で、遊びを逡巡するCに対し、Thは箱庭(#1・#2)やスクイグル(#3・#4)を提案するなど、遊ぶことを生じさせようともした。第1期にThから差し出されるセラピーの場は、母子一体的でありつつCの表現を促す場であった。

　このような場でCはスクイグルを行う(#3・#4)。1枚目、Cは無垢な「お花とちょうちょ」を表現した。しかし、自ら誘発線を描くときに「ぐしゃぐしゃになった」と強迫的なあり方が崩れる感覚を楽しむと、CはThの〈船〉に乗る「髪の毛ぼさぼさ」の赤ちゃんを見出す。赤ちゃんが乗っているThの船は、Thが設えたセラピーの場でもあるだろう。箱庭では布団でまどろんでいた赤ちゃんが、セラピーという船に乗って髪も整えずに——あるいは風で髪を乱して——無垢な世界から力強く出航したのであり、Cが——汚れを含んだ——女の子としてセラピーの場で誕生したことを示唆している。ここから

「手汚れた」と実際に汚れに触れつつ、悪い目つきの魔法使いや、棒で殴るお化け、喧嘩するおばさん、ヘビなど、次々と攻撃性や悪を感じさせる女性や原初的なもののイメージが現れた。その中にしばしば第三者の女性が描かれることが興味深い。この第三者は当初、喧嘩に「びっくりしている」(#3の4枚目)様子であり、喧嘩の怒りに巻き込まれていた。それが、「女の子は怖くない」(#4の4枚目)と、怒りが渦巻く場から距離をとって眺める視点が描かれる。このように、スクイグルにおいて既に、攻撃性を含んだ女性やそこから距離をとる視点が表現されていた。その一方で、これらはあくまで意識に浮かび上がる連想として現れていて、Cがそれらを身につけ、自ら表現するまでには至っていない。

　第1期で遊ぶことに既に、表現したものの現実性（リアリティ）に入っていく動きと、そこから距離をとって全体を捉える動きが生じていたと思われる。このことは箱庭(#1・#2)から始まり、スクイグル(#3・#4)、そして描画(#5・#6)と、Cが限定された空間に表現したことと関係している。絵を描くことが趣味であり、箱庭1で写真を撮る動きを示すなど、Cには限定された空間の中で自身を表現することが見受けられていた。もちろんそれは四角い枠にはまりやすい(#13)あり方でもある。Cはたくさんの玩具から一つを選ぶことはできず、Thの方から遊びを促していたのであった。

　そうであっても、箱庭1を作ることから遊ぶことが生じ、このセラピーが始まったと思われる。河合俊雄(2002)は「箱庭はどこまでも作ることに没頭して、いわば我を忘れ、我を失ってしまうことと、それを外から全体を見渡して反省して、意味を捉えるという両方の契機を持っている」(p.118)と指摘している。Cは限定された空間の中では強迫的なあり方を緩めることができ、自らに生じてくるイメージに委ねることができた。そのイメージとは、普段はCが無視し避けていた怖いもののイメージでもあった。Cにとって、イメージに委ねる動きは、何が出てくるか分からない領域に触れていく体験であっただろう。それと同時に領域を限定する砂箱は、自己を安全に表出させる守りとなるだけではない。領域が区切られることで箱庭の作品を全体とし

てCに見せ、対象化して把握することを強いるのである。Cは見ることにすぐれていたゆえに「いろいろ立てられて面白い」(#1)と、対象化された玩具の現実性（リアリティ）に入る動きが生じていた。箱庭によってCは、自らに生じるイメージに触れていくと同時に、出来上がった作品の現実性（リアリティ）を捉えるという新しい動きを経験した。箱庭1で生じた遊ぶこととは、このような動きであったと思われる。それゆえCは箱庭制作に強いインパクトを受け、「すごい面白かったー」(#1)と言うのである。

　これに引き続いてスクイグルでも、限定された空間にイメージを表現する。スクイグルでは強迫的なあり方が「ぐしゃぐしゃに」崩れた途端、攻撃的なイメージが次々と表現された。ここでもCは攻撃的なものや衝動に委ねると同時に、出来上がった作品を全体として捉えることで、攻撃的なものの現実性（リアリティ）により入った。このような動きが生じたゆえに、その後、スマートボール(#5)や「今日は絵描きたい気がするな」(#5)、「走り回りたい」(#6)と、Cの主体性が徐々に生じてきたのだと思われる。

　そして次に、母に包まれる「赤ちゃん」(#5・#6)の絵が描かれた。その描かれ方に注目すると、玩具のウサギの見本は「描けるかな？　難しいかも」と言うほどしっかりと見られながら、画用紙の枠内に描かれる。ここで自らの無垢なあり方は、しっかりと見られることで対象化されると同時に、そのあり方全体が一つの区切られた空間の中に限定されている。それに加えて、Cを"包み込みつつ"Cの"表現を促す"セラピーの場も、この母に"包まれる"絵を"描く"という動きに集約されていたと思われる。このことを示すかのように、Cはセラピーの場の意味を問う。意味を問うことは、目の前の個々の具体的な遊びをただ素朴に楽しく体験するのではない。それは、その遊びから距離をとって再びその体験を振り返り、目に見えない抽象的な概念によって、その体験を全体としての一つの意味に位置づけようとする試みである。それは反省 reflect する意識である。つまり、箱庭1のように出来事をばらばらに体験するのではなく、それまでの体験それ自体を対象化し、全体として捉えて見るという主体がCに生じてきているのである。

Cはこの絵に2セッションにわたって集中して取り組んだ。つまりCは母に包まれる世界にも深くコミットし、その現実性（リアリティ）に深く入っているのである。すると、この絵は、内容として単に母子一体性を象徴しているというだけでなく、この絵を描くことには母に包まれる現実性（リアリティ）に深く入りつつ、同時に母やセラピーに包まれる私から距離をとり、それを集約し、一つの全体として捉える動きとしての主体が生じていると考えられる。ここにおいて「どこまでも出来事に没入していくと同時に、それを眺めているような二重性を持った主体」（河合，2000b，p.53）が生まれつつある。

それゆえCは出来上がった絵に特別な意味を感じ、「持って帰りたい」と明確に要求した。しかしCは、母子一体性を感じさせるとともに、二重性を持った主体として生まれた証としての絵を、Thからの制限によって失わなければならなかった。その絵を描くことで二重の動きのある主体が生じたとしても、完成した絵それ自体は既に過去のもの、実体化された動きのないものである。それを我が物にする——実体化する——と主体の動きは止まり、Cはその絵に包まれることになる。すると再び、母なるものに包まれる世界に留まることになる。Cの主体を生じさせたセラピーの場は、今度はCとその絵が一体となることを拒み、Cとその絵を分離させた。つまり一度主体として生まれると、母と一体となる世界だけでなく、主体として生まれた証をも後にし、何かに包まれるというあり方そのものを後にしなければならないのである。「持って帰りたかった」というCの大泣きは、「Dおいしいもん食べてるもん」（#5）という誤魔化しが効かないほど、その絵からの分離を引き受けさせ、Cが真に主体となる契機となったと思われる。この分離の大泣きは、何かに包まれるというあり方それ自体の死であると同時に、Cが二重の動きのある主体として誕生した産声でもあったのであろう。

4-3　体感としての怖いものと遊ぶこと

第1期において主体が生成したと述べたけれども、それは主に無垢な世界を表現し、それと分離する作業であったとも考えられる。Cの内に蠢く攻撃

性や怖いものと対峙していく作業は、第2期において遊ぶことによって行われた。

　既に「Cは女子トイレ、Thは男子トイレ」(#5) と分かれたことに示唆されていたが、この絵との分離によって、ThはCに対して同調し包み込むものではなくなった。ThはCに明確に差異を突きつける他者として、またCと母なるものを切り離す機能として立ち現れ、Cの無垢なあり方に切れ目を入れたと思われる。第2期の冒頭から「今日は絵というよりも……」(#7) と、Cは自ら絵を後にする。そしてCは「砂に落ちたら鬼になる」(#7) 砂鬼ごっこを語る。Cは砂に落ちることで「暗黒の女神のいる深遠へと下降」(Perera, S. B., 1981/1998, p.14) し、激しい情動を持つ鬼との出会いを身体全体を使う遊びの中で見出したように思われる。そして箱庭3 (#8) では、小動物ではなく、人魚や二枚貝の中の宝物、開花した花など、より分化した女性性を示した。Cは砂を掘り、身体性や――目に見えない――地下へ開かれる動きを示す。それゆえCは「ここは怖いものも作れる」と怖いものや地下、そして死を意味する墓にも触れたのであろう。

　この動きが生じたために、それまで同調していたThとさらに分かれ、Thと対峙しようとオセロ (#7・#8) を行う。それに引き続いてジェンガやtwister、スマートボール、車に人形を詰めるゲームなど、身体全体を使い二人が対峙して勝敗を決めるゲームがなされていく。また〈やる？〉「やろうか～」(#9) というように、ThもCに能動的に関わってCもそれに応じたり、「もう何やるか決めている」(#10)、「今日はすること決まってる」(#12) と、Cは迷わず遊ぶようになるのである。

　この時期、Cは「キンチョウする～」(#13) と一触即発の危険を感じながら、慎重に物を置く、無理な体勢を維持する、多くの人形を詰め込むといった強迫的なあり方を突き詰め、そして限界を超えて崩れる遊びを繰り返し行った。この遊びによってCは、身体全体を使って強迫的なあり方を限界まで推し進め、そのあり方をCの身体ごと崩したと思われる。この時、それまで受動的に翻弄されていた一触即発の攻撃的な衝動に、自ら委ねることも生じて

いる。Cは「崩れろ〜」(#11)、「落ちろ〜」(#12)とThを攻撃するようになる。Thに「崩れろ〜」と言った途端、Cは既に自身の攻撃性に触れており、むしろCの強迫が"自ずから崩れ落ちて"いる。それと同時に強迫的にバランスを保っていたThとの融合的な関係をも"自ら崩し"、Thが異なる他者として立ち現れ、CとThがより分離していく。

そして、第1期で意識に浮かび上がる連想として現れていた「かいじゅうが怒って火を噴いている。女の子は怖くない。それを見て笑っている」(#4)というイメージが、Thを叩き(#13)、攻撃する(#14)ことで、Thとの間で実演される。この時Cは、攻撃的な怪獣であると同時に、距離をとってそれを見て笑う女の子でもある。つまり攻撃性にとらえられ翻弄されていたCに、攻撃性に自らを委ね、また同時にそこから距離をとって事態を捉える動きが生じている。

第2期ではCの無垢なあり方に切れ目が入り、また身体性に開かれる箱庭3の制作を経てCの内に蠢く攻撃性が展開した。それは来談前に「殴る、蹴る、暴言」で母親に向かったような直接的な形式でThに表現されたのではない。第1期ではCは自らのイメージの動きに委ねるとともに、そこから距離をとって全体を捉える動きとしての主体が生じたのであった。Cはこの主体の動きを通じて、新しく開かれた攻撃的な衝動——怖いもの——と自ら関わろうとしたと思われる。つまり、Thと向かい合い競い合う遊びでは、攻撃的な衝動に身体全体を委ねつつ、同時にそこから距離をとって、それを捉える主体が生じている。ここにおいて、蠢く体感としての怖いものが距離をとって捉えられ、怖いものが対象化されている。このように、第2期では内に蠢く衝動としての怖いものと遊ぶことが生じたのである。

Thと対峙し競い合う遊びは、はじめはオセロ(#7・#8)であったが、twister(#9・#10)やモグラたたき(#10)となり、Thに攻撃的なことを言い、最後はThをハンマーで叩く(#13)ようになる。Cは蠢く攻撃性を遊ぶことを通じて、蠢く衝動により深く入り、同時に自らの攻撃性を大笑いして楽しむようになり(#13・#14)、攻撃性に委ねかつ攻撃性を捉える主体の動きを身につけて

いったと思われる。

4-4　現実性に入ることと現実性を否定すること

　これまでの過程を踏まえつつ、「かわいい道でなくて」(#14)とＣが言ったように、箱庭４で無垢な世界ではなく怖いものが制作される意味を考察したい。Ｃは箱庭２の制作中に骸骨に反応するが、骸骨は話題から逸らされたのであった。Freud, S.(1919/2006)が不気味なものは慣れ親しんだものであると指摘したように、Ｃは骸骨——内に蠢く不気味なもの——の現実性^{リアリティ}をあまりにも身近に、ありありと感じていた。言い換えると、Ｃにとって骸骨は即自的なものとなっていた。それゆえ骸骨は触れることができないほどＣを脅かし、むしろ怖いものにＣが翻弄されていたのであった。

　その後、#6での分離によって、母なるものに包まれるあり方が死に、Ｃは主体として誕生したのであった。それゆえ箱庭３で、Ｃは死を示唆する墓に初めて少し触れる。Ｃは怖いもの、無垢を破るものである死を意識から逸らさず、死の概念を認めた。つまりＣは——無垢なだけではない——死という概念も含まれたあり方を認めたのである。しかし箱庭３では墓は置かれることはなかった。Ｃは出来上がった作品の現実性^{リアリティ}に深く入り、箱庭作品から強く作用を受けていた。箱庭３で墓に触れられても置かれなかったのは、箱庭に置かれるとそれがＣに迫るためでもあるだろう。ここでは「ここは怖いものも作れる」(#8)と、怖いものと対峙する可能性が示された。

　第２期で攻撃性に委ねつつ、そこから距離をとって攻撃性を捉える二つの動きが、遊ぶことにおいて生じた。そして箱庭４では、この二つの動きが引き継がれつつ、Ｃが明確に語ったように「今までとは違う」(#14)ことが生じていた。第２期での遊びは、その遊びのルールが既に攻撃性を表現するよう強いており、Ｃはそのルールに従って攻撃性に自らを委ね、攻撃性を身体で感じることができた。文字通りの意味でＣの視点から考えると、Ｔｈを攻撃して遊ぶときＣは叩かれるＴｈを見ており、攻撃性は体感として感じられている。一方、箱庭４でＣが玩具を選ぶとき、ＣはＴｈを見るのではなく怖い玩具

第6章　事例3　遊ぶことにおける入る動きと否定する動き　211

を自ら見出す。つまりCは攻撃性の体感を感じるのではなく、それを捉えたうえで自分自身から区別し、玩具という形あるものに対象化したのである。それに加えてCが怖い玩具に触れるときも、体感に委ねるのでなく、自ら見出した怖いものにCの方から能動的に触れていく。

　この時「本物のお化けが出る」と言いつつも、実は怖いものの"本物さ"——現実性（リアリティ）——は剝ぎ取られている。むしろ骸骨に触れられず意識から逸らされた#2の時の方が、怖いものはCにとって"本物"であり、Cの方がその現実性（リアリティ）に圧倒されていた。箱庭4では、その現実性（リアリティ）から距離をとり、否定する主体の働きによって、Cの方が怖いものを動かし、並べる。つまり、怖いものが単なる物として扱われるのである。そして箱庭3で可能性のみ示された怖いものが、砂箱の枠内に置かれる。領域を限定する砂箱によって箱庭作品はCに作用を及ぼすと述べたが、怖いものはCに迫り、Cはそれと対峙する。梅村（2011）は、体感として生じていた不気味な蠢きが、目の前に向かい合う気味悪いものとして形として現れると、気味悪いものが徹底的に対象化され、そこから距離が生じると述べている。Cが砂箱に固定された怖いものの姿形を見ることで、怖いものが対象化されるのである。

　これらのことから、箱庭4では、一方では怖いものを自ら見出し、怖いものに自ら触り、怖いものと向かい合うことで、Cは怖いものの現実性（リアリティ）に自ら能動的に入っていくことが生じている。その一方では蠢く体感が形ある物となり、単なる並べられる物となり、対峙する物となることで、怖いものが対象化され、C自身から区別されることが生じていると思われる。

　そうであるならば、箱庭で遊ぶこととは、玩具を見出し、玩具に触れ、作品と向かい合うことで、表現されつつある現実性（リアリティ）にCが自ら能動的に入り込む動きと同時に、表現された現実性（リアリティ）を否定し、対象化して、Cが現実性（リアリティ）と距離をとる動きが生じている。そのことは、「お化け屋敷やけど、本物のお化けが出る」（#14）という語りにも的確に示されており、Cは「本物のお化けが出る」と怖いものの、現実性（リアリティ）をしっかりと感じながら、同時に「お化け屋敷やけど」とその現実性（リアリティ）を否定し、その現実性（リアリティ）は虚構であり、設えられたものであ

ることを見抜いているのである。箱庭で遊ぶことには、その作品の現実性に_{リアリティ}能動的に深く入りながら、同時に現実性_{リアリティ}が虚構であるという否定の働き——設えられたものであると見抜くこと——が生じている。Cは#6での無垢なあり方を示す絵を完成させるだけでは不十分であった。Cには不気味に蠢く攻撃性とどう対峙するかという課題が残されていた。Cは遊ぶことを通じて、蠢く攻撃性をまず身体で十分に体験する遊びを行い、次に箱庭で蠢く攻撃性を対象化することを試みた。

　遊ぶことには、遊ぶことの現実性_{リアリティ}に即自的に囚われるのではなく、その遊びの現実性_{リアリティ}に深く入りながら、同時にその現実性_{リアリティ}と遊ぶ主体を区別し、その現実性_{リアリティ}を否定するという二重の動きが生じている。またそれは主体の動きでもあり、遊ぶことが深まるにつれ「どこまでも出来事に没入していくと同時に、それを眺めているような二重性を持った主体」（河合, 2000b, p.53）がより分化していくと考えられる。

　箱庭4では骸骨だけでなく般若の面も置かれた。それは鬼女の面であり、妬みや苦しみ、怒りをたたえるという（新村, 2008）。ここでは、箱庭3で示された美しい女性性だけでなく、Cは怒りや嫉妬、そして死を携えた女性性の世界に入り、それを分化させ始めたことも示唆されている。

4-5　おわりに

　Cが「これはまたやな」（#14）と言ったように、怖いものと対峙し、怖いものを分化させていく「怖い道」はまさに道半ばで終結となった。これに関連して、「うその卵」や「うその料理」（#1）が表現されたものの、他者の意図を読む、表と裏の二重性を遊ぶオセロ（#7・#8）は十分になされなかった。そのためCは同級生にあっけなく騙されてしまう（#2・#13）。これらは他者の語り方や語った内容の虚構を見抜くという課題であり、それゆえCが落ち着くまでにさらに1年が必要であったのかもしれない。

　しかしながらCは最終回に、#6でThから取り上げられた絵を「最後に見たかった」と自ら振り返る儀式を行った。Cは母に包まれる世界や主体とし

て生まれた記念の絵といった、何か特定の物から包まれることを自ら後に
し、それを思い出──概念という否定的な場所──に据えたのだろう。それ
は反省する reflect 意識である。Cの症状も落ち着いており、母親もまたCを
「そこは我儘やなあ」(#13) と距離をとって捉えるようになり、家族でCの課
題を受けとめられつつあったともいえる。

第7章

まとめ
遊戯療法における遊ぶこと

1. はじめに

　本書では6章にわたって、遊戯療法における遊ぶことについて、心理臨床学的な探究を続けてきた。まず、遊戯療法の理論を批判的に検討することで、遊ぶことを捉え直すことを試みた。次に、三つの遊戯療法の事例を挙げ、それぞれの事例において遊ぶことそれ自体がクライエントにどのように働きかけているのかについて検討した。本章ではこれまでの議論をもとにしつつ、遊戯療法における遊ぶことを心理臨床学的に捉えることを試みる。

　特に、遊ぶことによる主体の生成という観点から考察したい。第2章で精神分析から遊ぶことを検討することを通して、遊ぶことは主体の生成と関係していることが示唆された。それは象徴化の働きとも関係していた。主体の歩みは母なるものとの原初的な分離から始まる。そして遊ぶことは、主体がいかに個として生きるのかという課題への取り組みと捉えられた。また第3章でJung, C. G.の遊びを検討することで、遊ぶことは主体を決定づける魂との関わりであり、その魂との作業から近代意識が生成していくことが示唆された。遊ぶことによる主体の生成については、理論的な検討に加えて、本書で挙げられた三つの事例も含めて検討する。ここで改めて、遊ぶことの運動が単なる分類となって、固定されてしまわないように注意を払いつつ、考

察を試みたい。序章で述べたように、遊ぶことを動的で、たえず流動的な心の表れとして捉えるよう努めたい。

2. 遊べないこと

　まず遊戯療法における遊べないこと、遊びが生じないことについて述べる。遊戯療法に訪れるのは、心に何らかの困難を抱えているクライエントなのであり、そのクライエントが遊ぶということを考える上でも、遊べないことについて述べておく必要がある。

　事例1でAは、自閉症を抱えていた。自閉症とは自他の融合を保持しようとし、心理的分離を避けるあり方であった。Aは母や姉と融合しようとしていた。筆者との遊戯療法を開始するまでは姉と同室で、プレイルーム内でも箱庭の砂をまき散らすなど自己が拡散したあり方を示し、同じように日常生活でも目が離せない状態だった。まき散らされた砂や落ち着きがなく目が離せない様子に、自他が融合しており定点のないあり方が示されている。それゆえ初回でAが分離させられると、Aはその衝撃に大泣きする。Aは身体的な感覚や母なるものに即自的に埋没していて、それらから分離した主体が生まれていない状態であった。

　事例2でBは、不登校の状態で来談した。不登校の心理学的課題として、鏡像的な他者に過度に同一化するあり方や、語る主体の脆弱性が指摘された。Bは対峙する他者に囚われやすく、自らを個として表現する主体が立ち上がることに困難を抱えていた。また、身体的な違和感に対しても敏感なあり方を示していた。これは、主体が語る不安や、身体的な違和感などの差異を引き受けることを避け、不安や違和感の生じない母なるものに包まれようとするあり方であった。面接初期においても、Bは自ら遊びを選び出すことができず、言葉が途切れる話し方をした。Bは他者との鏡像的な次元に即自的に囚われ、そこから主体として分化していなかった。

　事例3でCは、イライラや吐き気、登校渋りを呈して来談するに至った。C

は、母なるものとの一体的な世界から抜け出すことに葛藤を抱えていた。赤ちゃんを頻繁に登場させ、かわいいだけの世界を語るCは、無垢な女性性の世界に生きていた。一方でCに自ずから生じた吐き気やイライラは、その一体的な世界に切れ目を入れる動きであった。C自身は自らに生じてきた新しい動きに対して、四角い枠にはめるような強迫的な対処しかできなかった。そして一旦怒りを感じると「殴る、蹴る、暴言」で、怒りに囚われるのであった。Cもまた、主体的に遊びを選び出すことができなかった。無垢な世界に埋もれるにせよ、怒りに囚われるにせよ、Cは生じてくる出来事や感覚にただ委ね、即自的に囚われるあり方を示していた。

　遊戯療法に訪れたクライエントは、身体的な感覚や、母子の融合状態や、母子一体の世界に即自的に囚われていた。それらは自身の感覚と距離をとり、自身に湧き上がってくる動きを捉えたり、他者と対峙する中で自分を表現したりするなど、自身の感覚や他者を区別して、対自的に関わることに困難がある状態であると思われる。いずれの事例においても、面接初期にクライエントは自ら遊び出すことが難しかった。この状態は即自的なものに囚われる主体のあり方を映し出している。クライエントが来談するに至った経緯が、遊戯療法の場にも反映されている。Freud, S.(1914/2010)は「転移を、反復強迫のために遊び場として空けておいてやる。するとこの遊び場で、反復強迫は、ほとんど完全な放任状態で羽を伸ばすことが許され、被分析者の心の生活のうちに潜んでいた病因としての諸欲動を、余すところなくわれわれの眼前にさらけ出さざるをえなくなる」(p.304)と述べた。このように、面接初期ではクライエントのあり方が遊戯療法の枠組みの中に閉じられ、遊戯療法の場がクライエントの問題を扱う場となった。もちろんFreud, S.は遊戯療法のことを念頭に置いていたわけではないものの、反復強迫がさらけ出される場を「遊び場」と表現したことは興味深い。Freud, S.はクライエントの反復強迫が遊ぶ状態になること、「完全な放任状態」になることの重要性を知っていた。これは遊戯療法にもそのまま当てはまる。遊戯療法の場もまた、クライエントのあり方が自由に、また完全に展開することが必要である。その

ために、プレイルームにクライエントがセラピストとともに閉じられるのであろう。クライエントにとってプレイルームはまったく新しい状況であり、母に包まれる状況や、選ばないでもいられる状況が揺るがされる。遊戯療法に閉じられることを通じてクライエントの主体が問われ、クライエントの主体があらわとなるのである。

Winnicott, D. W.(1971) が「治療者のなすべき作業は、患者を遊べない状態から遊べる状態へ導くように努力すること」(p.53) と述べたように、この時点でセラピストは、クライエントのあり方が反映された転移の場に共に巻き込まれつつも、クライエントが遊び出せるような関わりが要求されていたと思われる。事例1では、泣きわめくクライエントに声をかけ続け、散らばる玩具も使って、クライエントに関わり続けた。事例2と事例3では、玩具に興味を示すものの自分からは遊び出さないクライエントに対して、遊びを絞って提案する必要があった。このようなセラピストの関わりを通じて、クライエントに遊ぶことが生じてきた。特に面接初期は、「遊べない」という形でクライエントのあり方が生じてきやすいと思われる。次節以降では、遊戯療法で遊ぶことが生じると、また新たな事態が生じることを示していきたい。

3. 遊ぶことに閉じられるクライエントのあり方

遊戯療法はそのセッティングにおいて、遊ぶことが要請されている心理療法である。遊ぶことが生じるということは、遊戯療法においてどのような意味を持つのであろうか。

事例1では、初回にＡは母子分離の衝撃に大泣きした。この時Thもひっ迫していて、両者はある種融合状態にあったと思われる。それでいてＡと母とは分離しており、Ａはこの融合と分離を体験していた。セラピストがボールをテントに投げ入れると、Ａも続いてボールをテントに投げ入れる「ボール入れ遊び」が生じた。Ａとセラピストがまき散らされたボールをテントに投げ入れたことが興味深い。砂をまき散らすなど、Ａは自己が定まらないあり

方を示していた。このまき散らされたボールも、分離を受けたAの動揺に加えて、Aの定まらないあり方を示している。すると、このボールがテントという閉じた場に入れられる遊びは、Aの拡散するあり方が遊戯療法という閉じた場に集約され、この閉じた場でセラピストとともに定点を作る動きであると思われる。さらにこの遊びでは、遊戯療法の閉じられた場にセラピストに誘導されて入るA自身を、Aは遊んだのだと思われる。つまりこの遊びは、融合と分離を即自的に体験していたAが、その体験を対象化し、対自的なものとする動きも示していると思われる。遊ぶことで、この体験自体を自分自身と区別したのである。その後に現れたトンネルをくぐる「在／不在」の遊びで、Aは否定をくぐり抜ける主体として生まれたのであった。

　事例2では、面接初期で将棋やオセロなど、様々な競い合う遊びが行われた。オセロはセラピストの方が明らかに強く、そのうえセオリーに従っただけの力の入らない勝負であった。一方で、将棋はBの方が明らかに強かった。Bは、B自身とセラピストという他者が最も競り合い全力で対峙しうる遊びを探しており、そこで選ばれたのが卓球であった。Bは、卓球に最も深く取り組んだ。卓球は、鏡像的な他者と対峙する緊張感の中に入り、攻撃性や衝動をコントロールしつつも主体的に表現するというBの課題と同じ構造を有していた。つまりこの競い合う遊びは、主体として他者に表現することが困難なBのあり方だけでなく、「差異や不安を引き受け、私が私として語る主体」となる課題への取り組みも表していた。

　事例3では、面接初期にCは二つの箱庭制作に取り組む。そこでは赤ちゃんが頻繁に登場し、無垢な世界にいつまでも保護され包まれるあり方が示された。また骸骨を意識から逸らし、内に蠢く攻撃的な衝動を摑むことが難しいために、主体として選ぶことの困難さも示された。箱庭は個々の場面が関連づけられずに独立しており、個々の出来事と一体となり生じてきた出来事にただ囚われるあり方も示された。それと同時に、事象から距離をとって見通す動きや、無意識に委ねて遊ぶ動きも示唆された。Cは二つの箱庭制作を通じて、無意識に委ねつつ、そこから距離をとって攻撃性を捉える課題への

取り組みも示していた。

　これらのことから、遊戯療法で遊ぶことが生じると、遊ぶことにクライエントのあり方が如実に示されるようになる。これはFreud, S.(1920/2006) が糸巻き遊びにおいて「あるべきものがすべて出揃った」(p.64) と述べたことに端的に示されている。それはFreud, A. や Klein, M.、Erikson, E. H. でも指摘されたことである。それに加えて遊ぶことには既にそれ自体のうちに、子どもの不安や問題の解決をも示唆されている。遊ぶことにおいて主体は自らのあり方を示すだけでなく、自らの課題に既に取り組んでいる。

　このことは特に、遊ぶことの象徴化の作用、自己を対象化する作用が関係していると思われる。Freud, S. の糸巻き遊びにおいては、母の不在という即自的な体験が糸巻き遊びに変わる。そしてその体験自体が対象化され、対自的な遊びとして主体の目の前に繰り広げられるようになる。Freud, S.(1920/2006) が「印象の強烈さを浄化反応によってやわらげ、自分自身を情況の主人とする」(p.66) と述べたように、その出来事が遊ぶこととして加工されると、その外傷的な出来事に受動的だった主体が、能動的にその出来事を操作するようになる。また Jung, C. G. も、遊ぶことで自身のイメージを対象化したのであった。ジェスイットやファロスのイメージは、幼少期の Jung, C. G. を揺さぶり慄かせる外傷的なイメージなのであった。それらのイメージに Jung, C. G. は即自的に囚われていた。それらのイメージが人形や石として形を与えられ対象化されると、イメージは Jung, C. G. 自身から区別され、対自的なものとなって、イメージと距離が生じる。それと同時に Jung, C. G. のポジションが逆転し、Jung, C. G. からイメージに関わる主体的な動きが生じたのであった。

　先ほど、遊戯療法に閉じられることを通じて、クライエントの主体が問われ、クライエントの主体があらわとなり、遊戯療法の場がクライエントの問題を扱う場となると述べた。クライエントは自らのあり方に即自的に囚われていた。遊ぶことによる自己の対象化によって、即自的なあり方が自分自身から区別され、クライエントがそのあり方と対自的に向かい合い、関係を持

つことができる。遊戯療法において遊ぶことが生じると、遊ぶことにクライエントのあり方が指し示され、閉じ込められるのである。遊戯療法における遊ぶことは、自らのあり方に自ら関わるという自己関係であると指摘することができる。

4. 遊ぶことによる主体の生成

遊戯療法で遊ぶことが生じると、クライエントのあり方が対象化され、クライエントは自身のあり方と向かい合い、それに自ら関わる自己関係の運動に入る。遊ぶことによる自己関係の運動を通じて、主体が生成されていくことを示していきたい。

まず、遊ぶことの現実性_{リアリティ}と主体の関係について理論的に概観する。次に、各事例においてなされた中心的な遊びを取り上げ、遊ぶことによって主体が生成されていく様を示していく。そして最後に、遊ぶことそれ自体が遊ばれるという、遊ぶことの弁証法的な運動を考察する。

4-1　遊ぶことにおける現実性と主体

遊戯療法における遊ぶことの現実性_{リアリティ}は、あまりに自明であるとみなされていた。遊ぶことの現実性_{リアリティ}について、本書で明らかになったことを示していきたい。

遊ぶことの現実性_{リアリティ}は、主体との関係で生じ、主体のあり方と常に関係している。第2章でWinnicott, D. W.(1971)が「遊ぶことは行うことである」(p.55)と明確に述べたように、遊ぶことには主体がそこにコミットする動きが生じている。それと同じく、第3章ではJung, C. G.が人形と石の遊びを繰り返し行うことで、神聖なるものの現実性_{リアリティ}が繰り返し立ち上がることが指摘された。遊ぶことの現実性_{リアリティ}が立ち上がるのは、遊ぶという行為によってであり、そこには遊ぶ行為としての主体が生じている。そのことを河合(2000a)は「主体というのは繰り返し造り出されねばならないし、繰り返し確かめられるの

第7章 まとめ 221

である。その意味でも主体というのが実体ではなくて、行為によって生み出される」(p.121) と述べた。遊ぶこととはカテゴリー分類できるような実体として捉えられる物ではない。遊ぶことは主体を生み出す行為であり、運動である。遊ぶことの現実性は遊ぶ主体の行為によって立ち上がる。

　遊ぶ行為によって生じる主体や、それに伴って立ち上がる現実性は、それ独自のあり方を示す。Freud, S.(1908/2007) が既に指摘していたように、遊ぶ主体には、その現実性に夢中になるということと、それでいてその現実性を日常と区別していることが生じている。このように遊ぶ主体には、二つの動きが同時に生じている。この二つの動きとは、主体が遊ぶことの現実性に入りつつ、遊ぶことの現実性を否定する動きである。

　遊ぶことの現実性を否定する動きについて、Huizinga, J.(1938/1973) は「しかしそれでいて、日常生活の意識をすっかり失ってしまったわけでもない」(p.43) と述べ、そのことを見て取っていた。精神分析においても否定の働きが指摘された。Lacan, J. はこの否定の作用を、主体が象徴的な次元に——言葉の世界に——参入することとして捉えた。Lacan, J.(1954/1991) は遊ぶことに「象徴的弁証法への主体の導入」(p.190) を見た。遊ぶことで生きた対象が象徴的な記号——否定的な次元——に置き換えられる。主体は生きた対象との即自的な関係を否定し、主体そのものも言語の世界——否定性の世界——に誕生する。Lacan, J. の言う象徴的な弁証法とは、生きた対象が否定されると同時に、主体が言語の世界——否定性の世界——に置き換えられることを示している。Winnicott, D. W. もまた、主体が移行対象を創り出し、それと遊ぶことに否定の働きを見ていた。Winnicott, D. W.(1971) は移行対象を「原初の"自分でない"所有物」(p.2) であると述べ、移行対象で遊ぶことに否定が働いていることを明確に捉えていた。移行対象は乳房の不全 failure と関係しており、主体を強く惹きつける。それと同時に、移行対象はその実在性のゆえに、常に既に他者性が織り込まれている。移行対象と遊ぶことで、主体には外的現実の実在性への意識も生じ、それが自らの全能的な幻想を否定するのであった。

また、Jung, C. G. は人形と石の遊びに深く没頭し、そこに神聖なるものの現実性が立ち上がる。その一方で Jung, C. G. はその遊びを秘密にし、遊びの場所を閉じることで、神聖なるものの現実性を否定する動きを生じさせた。遊びを閉じることで、Jung, C. G. に、神聖なるものの現実性に入ると同時にその現実性を否定する意識が生まれた。このことで Jung, C. G. は共同体に包まれた神話的意識を後にし、魂を閉じ込めつつ魂と関わる新しい意識の形式──近代意識──を得たのであった。

　これらのことから、遊ぶことによって生じる主体は、遊ぶことの現実性に入りつつもその現実性を常に否定する弁証法的な動きとして捉えることができる。遊ぶ主体には、遊ぶことの現実性への結合と分離が同時に生じている。

　これに関連して、遊ぶことはそれ自体で閉じられた場を生じさせるのであった。Huizinga, J.(1938/1973) は遊びの本質に「完結性と限定性」(p.34) を指摘し、Caillois, R.(1958/1990) も遊びの領域を「純粋空間」(p.36) と呼んだ。遊ぶことは他の現実性を排除し、遊びはそれだけで完結する行為となり、またそれ自体を目的とする行為となるのであった。Winnicott, D. W.(1971) は遊ぶことには「不確かさ」(p.64) があるために、主体は遊ぶことに夢中になると指摘した。この先どうなるか分からない状態になることで、遊ぶことが今、ここだけという形で時間と空間を閉じ、主体は遊ぶことの閉じられた中に含まれるのであった。Jung, C. G. においても人形と石の遊びを秘密にすることで、遊ぶことの場を閉じるという動きが生じていた。遊ぶことの場が閉じられ、遊ぶことがそれ自体で完結することで、主体は遊ぶことの場に真にコミットし、遊ぶことの現実性から強いインパクトを受ける。

　さて、主体は、主体自身から区別された自らのあり方を遊ぶのであり、遊ぶこととは、主体が対象化された自らのあり方と関わる自己関係の動きであると考察された。そうすると、遊ぶことが他の現実性が排除された、それ自体に閉じられ、それ自体で完結する「純粋空間」なのであれば、遊ぶことでは自己関係の運動だけが生じていることになる。そのために遊ぶことで主体のあり方それ自体が影響を受け、主体が分化していくのであろう。このような

視点を持ちつつ、次項では各事例において特に重要だと思われる遊びを取り上げ、遊ぶことで主体が生成される様を示していきたい。

4-2　遊ぶことによる主体の生成

　事例1では、自閉症を抱えるAは主体として生まれることそれ自体に困難があった。初回でAは否定をくぐり抜ける遊びを行い、そこからAの主体としての歩みが生じた。事例1では何度も繰り返された、バランスボールの上でAが「メロントッタ」と言い〈あかんよー〉とセラピストがくすぐる遊びを取り上げたい。この「バランスボール遊び」では、Aが主体として生まれる作業が繰り返し行われたと思われる。セラピストにくすぐられることでAは、セラピストとの鏡像的な同一化とともに内なる身体感覚を感じ「内なる身体像としての主体」が生じていた。それと同時にAは「アカンヨー」とセラピストの否定の言葉を自ら口ずさみ「否定を被る主体」が生じていた。「否定を被った主体」とは象徴を使用し、同時に主体性を伴った主体なのであった。この遊びは身体像としての主体と、自らの身体から主体的に言葉を発する主体が、同時に生まれる遊びであると考えられた。ただしこの遊びでは、身体像と否定はセラピストとともにもたらされていて、Aはこの遊びに身を委ねている状態である。つまりAは身体を感じつつ、そこから主体的に言葉を発する主体の構造それ自体を体験し、その主体の構造を作る作業を行っていたと思われる。この遊びを十分に体験した後に、Aはこの構造を身につけた主体として生まれるのであろう。また、象徴性という観点から考えると、主体の構造それ自体を作る遊びは、象徴の構造それ自体を作る遊びであったとも指摘できる。事例1では主体性や象徴性それ自体を作る作業が、遊ぶことによって行われたと思われる。

　事例2では、Bは他者の身体像に過度に同一化し、自ら語ることが難しいあり方を呈していた。Bは卓球を中心とした競い合う遊びに中心的に取り組んだ。この遊びもBに対して否定が働いていたと思われる。梅村（2014）は「スポーツに打ち込むということは、本来の自己身体から遠ざかる行為であり、

自己の身体性を作り変える作業である」(p.163)と述べる。Bは行為する主体として、自らの衝動から距離をとり、かつ衝動を把握するという語る主体の意識を練り上げていった。それに加えて、Bは懸垂を何度も行っていた。これらを通じてBは生身の――生ぬるい――身体や感覚から距離をとり、自らの身体を対象化し鍛え上げる意識を獲得していったと思われる。

　それに加えて、競い合う遊びでは《結果》がどのようになるか分からない不安に主体が晒されるのであった。この時母ではなく私が行為し、同時にその《結果》も母ではなく私が引き受けるのである。また、卓球の相手となる鏡像的な他者は、まさに否定の対象となる。このように、Bは自らの生身の身体を否定する意識を練り上げつつ、母なるものに同一化しようとするあり方と向かい合う鏡像的な他者をも否定する作業を繰り返し行ったといえる。

　競い合う遊びの現実性（リアリティ）は、語られる主体としての《結果》が出る前の不安に晒されることであると述べた、向かい合う他者に囚われる緊張もBは感じていたのであろう。競い合う遊びに全力でコミットすることによって、Bはこの遊びの現実性（リアリティ）――不安と緊張――に深く入った。そしてBは、語られる主体としての《結果》も引き受けた。この動きが繰り返され、《結果》を巡る不安を引き受けた「語る主体と結びついた語られる主体」が生成した。つまりBは競い合う遊びを通じて――Aがトンネルをくぐり抜けたように――不安や緊張をくぐり抜け、否定を被った主体として生まれたと思われる。また象徴性という観点から考えると、明確な象徴性がBによって示されたのは、子猫や動物、そして子どもたちのイメージを語った第3期以降であると思われる。河合（2010b）は、発達障害の遊戯療法では「意味内容という次元でわかるものではなくて、融合、結合、分離など、イメージの形式や構造に関わる」(p.39)遊びが行われることを指摘した。このように考えると、事例2においては、語る主体の形式や構造を身につける作業が遊ぶことによってなされたと捉えることができるだろう。

　事例3では、Cは無垢な世界に生きるあり方を示していて、無垢な世界に切れ目を入れる攻撃的な衝動や死を連想するものから目を逸らしていた。こ

こでは、第1期でCが取り組んだ赤ちゃんの絵を描く遊びを取り上げたい。並べられたウサギをよく見て、それらを1枚の画用紙に描くことは、現れてくる個々のイメージにそのつど囚われるのではなく、それらから距離をとって対象化し、全体として捉える動きである。それと同時にCは、並べられたウサギのイメージ——母に包まれる世界の現実性（リアリティ）——にも深く入っていった。ここに「どこまでも出来事に没入していくと同時に、それを眺めているような二重性を持った主体」（河合，2000b，p.53）が生じている。この時Cはセラピーの意味を問うた。河合（2000a）は「否定性は、生の体験から出ていくということでもあるので、意味を知りたいという形で生じてくることもある」（p.143）と述べている。それゆえCがセラピーの意味を問うたことにも、生の体験を否定する動きが生じている。それだけでなく、Cは絵の持ち帰りを制限されることで"包まれる"というあり方それ自体を否定された。これらを通じて、Cは"包まれる"というあり方それ自体の否定をくぐり抜け、主体として生まれたと思われる。

　事例3についても、象徴性という観点から考えると、面接初期の箱庭で既に無垢さを示す赤ちゃんが置かれ、スクイグルでは悪や攻撃性を彷彿とさせるものが描かれた。Cには既に象徴性が備わっていたといえる。Cが表現した個々の象徴はそれぞれの現実性（リアリティ）を有していて、クライエントのあり様を映し出している。そのため事例3は、遊びの内容の展開だけに注目しても、Cの変容を考えることがある程度までは可能である。先ほど挙げた赤ちゃんの絵を描く遊びを例にとると、赤ちゃんのウサギは母なる世界に包まれた無垢な世界の象徴ではある。しかしCがこの絵を描くことには、母に包まれる世界の現実性（リアリティ）に深く入る動きと、それを一つの全体として把握する動きが生じていたのであった。そう考えると、象徴性が高いと思われる事例においても、遊びそれ自体に生じている動きを捉えることが重要であると思われる。

　ここまでで、各事例において主体が生成される様を示した。象徴性という観点から述べておくと、事例1の遊ぶことは主体性の構造や象徴性の構造それ自体を作る作業とみなされた。事例2の遊ぶことは語る主体の形式や構造

を身につける作業と考えられた。事例3では既に象徴性は成立していたが、無垢な世界を表すものだけでなく、それに切れ目を入れる攻撃性や死に関連する象徴性も自ら捉え、そこにも深く入る作業がなされたと思われる。このように、各事例の象徴性のあり様に応じた主体生成の作業が行われると考えられる。

　また、前項で理論的に概観することを通じて、遊ぶことの現実性〔リアリティ〕に入る動きとその現実性〔リアリティ〕を否定する動きが生じていることを指摘した。各事例においても、遊ぶことの現実性〔リアリティ〕に入る動きが、鏡像的なセラピストから直接身体をくすぐられること、他者と向かい合い競い合う不安に入ること、無垢な世界に入ることとして現れていた。

　その一方で、遊ぶことの現実性〔リアリティ〕を否定する動きは、二つの観点から考察できる。まずそれは、遊ぶことが成立するための即自的な現実を否定する動きとして生じていた。事例2では、攻撃性はボールに媒介されることで鏡像的で殺人的な攻撃性が否定されている。事例3では、赤ちゃんは単に並べられたウサギの人形であり、また単なる絵でもあることで、母に包まれる現実性〔リアリティ〕が否定されている。なお、事例1でのAの一連の遊びは、一見すると即自的な現実を否定した遊びではないと思われるかもしれない。このことを再度事例に戻って考えると、Aは工事の音に耳を塞ぎ、セッションを続けられなくなってしまう（#60）。この時工事の音は即自的であり、生の音として直接Aに届いていて、Aにはきわめて苦痛な音だったのだろう。これが事例1における、遊べない、即自的なあり方であったと思われる。その後Aは「コウジジャナイ」と否定形をしっかりと理解し、塞いだ両手を離し、セッション――遊ぶこと――を続けることができた（#74）。この「コウジジャナイ」と言ってセッションに取り組み始めたことに、Aは生の即自的な現実性〔リアリティ〕を否定する場、つまり遊ぶ場として遊戯療法を捉えていたことが明確に示されている。

　もう一つの否定とは、即自的な自己のあり方が否定されることで、主体もまた否定を被ることである。遊戯療法で遊ぶことが生じると、クライエントにとって常に既にそうであった、所与のものであった自己のあり方が対象化

されると述べた。クライエントは、対象化された自らのあり方に自ら関わるという自己関係の運動に入る。事例1では自ら「アカンヨー」と言うことで、事例2では不安や緊張をくぐり抜けることで、事例3では"包まれるあり方"を去ることで、クライエントは否定を被ったと思われる。この時否定されたのは、クライエントが対象化した、即自的に囚われる自らのあり方であり、身体的な感覚に埋没しようとすることや他者に囚われること、あるいは母に包まれようとすることである。クライエントは、遊ぶことに閉じられた自己関係の場で、遊ぶことを通じて自らのあり方を否定したのである。

　これらのことから、遊戯療法における遊ぶことは、自らをとらえていたあり方を対象化してその現実性（リアリティ）に入ることで、そのあり方を自ら否定する弁証法的な動きであることが示唆された。遊ぶことのこの動きを通じて、クライエントは新たな主体として生まれていくと思われる。

　本項では、各事例で中心的となる個々の遊びを取り上げた。クライエントには自らの現実性（リアリティ）に入り、そのことを通じてその現実性（リアリティ）を否定する自己関係の動きが生じる。次に、事例の経過の中で、遊ぶことは、遊ぶこと自体を対象化する運動となることを考えたい。

4-3　遊び自体を遊ぶ主体の生成

　遊ぶことがより分化していくに伴い、主体もまた分化していく。Klein, M.(1923/1983)は「子どもがもともとある原始的な象徴・ゲーム・活動を捨てて他のより複雑なものへ進歩するように、ますます複雑になっていく発明や活動の中で象徴が働いている」(p.122)と述べ、遊ぶことの象徴化の働きが、主体の内的現実と外的現実を共に分化させることを指摘した。Winnicott, D. W.(1971)もまた「移行現象から遊ぶことへ、遊ぶことから他者へと共有する遊ぶことへ、また、そこから文化的体験へとまっすぐに発展していく」(p.69)と述べ、遊ぶことがより複雑に、高度に洗練されるにつれ、主体の内的現実と外的現実が同時に深まっていくことを指摘した。遊ぶことと主体が同時に分化していくあり様は、リニアな発展が想定されるかもしれない。しかしな

がら、遊ぶことはそのつど、遊ぶことの現実性（リアリティ）が生じつつもその現実性（リアリティ）が否定されるという弁証法的な動きが生じているのであった。遊ぶことと主体が分化する過程もまた、弁証法的な動きであり、ただ段階的に発展していくようなものではない。遊ぶことと主体が分化するあり様について、事例をもとに考えていきたい。

　事例1では、Aは遊ぶことを通じて主体や象徴の構造を作る遊びを行った。遊ぶことで在／不在が展開し、順序性を理解し、また時間性が生み出された。まずAが取り組んだのは、主体や象徴の構造を体験する遊びであった。次にAはセラピストに「メ・ロ・ン・ト……ッタ」（#47）と言い、自ら順序性と時間性を扱うようになる。また、上下の視点の遊びは、主体の構造それ自体が作り出されたと考えられた。この遊びも初めは、自ら上下に動いたり、上下する電車の動きをじっと見つめてそれに強く同一化し、Aは上下の動きそれ自体となって体験していた。ある意味、上下する対象に強く融合していた。次第にAは風船や木を上空に飛ばし（#54）、跳ねるビー玉を「ピョンピョン」、落ちるビー玉を「ウンコ」と表現し（#76）、A自身ではなく玩具が上下する遊びに変化していく。同じ上下の視点の遊びでも、密着していた対象から分離し、かつそれを捉える定まった視点が生じる。遊ぶことでAはまず、主体や象徴の構造を全身で体験する作業を行った。次に主体や象徴の構造を体験する自分自身を区別して対象化し、それと同時にAはその構造を身につけ、それを自ら操作することが生じた。

　事例2では、遊ぶことから語ることへの移行に、遊ぶことと主体の弁証法的動きが示されている。Bは競い合う遊びを通して、否定をくぐり抜けた、語る主体と結びついた語られる主体が生まれる作業を行った。その後、Bは語りに多くの時間を使うようになった。競い合う遊びは、語りの形式や構造それ自体を生み出す遊びなのであった。Bはこの遊びを十分に行うことを通じて、語りの形式や構造を身につけた。その結果、B自身が語る主体と結びついた語られる主体として、言葉で自らを表現するようになった。この時、競い合う遊びそれ自体は失われているけれども、B自身が語る中に競い合う

遊びの構造が引き継がれていた。Bの語ることに引き継がれていたのは、生の衝動から一旦距離をとり、それを把握する反省するreflect意識と、私が私として現実性リアリティを伴って生き生きと表現されることであった。

　事例3では、面接後期の競い合う遊びから箱庭への移行に、遊ぶことと主体の弁証法的動きを指摘できる。絵の持ち帰りを制限され、赤ちゃんとして包まれるあり方を去り、主体として生まれたCは、面接後期にセラピストと向かい合う攻撃的な遊びを行うようになる。この時Cには遊びのルールという枠組みのもとで、攻撃性を感じてそれに委ねつつ、それを自ら捉える動きが生じていた。Cは身体全体で攻撃性を体験していたと思われる。そして最終回で置かれた箱庭では「怖いもの」の玩具が置かれた。Cは体感として感じていた攻撃性を、自分自身から区別し、玩具という形あるものに対象化した。これによって怖いものとCに明確な距離が生じ、怖いものが単なる物として見抜かれていった。それと同時に、怖いものに触れ、怖いものと向かい合うことで、Cには怖いものの現実性リアリティにより深く入る動きが生じていた。怖いものの箱庭制作では、攻撃性に委ねていた主体がより分化し、怖いものの現実性リアリティに入りつつその現実性リアリティを否定し見抜く主体が生じた。

　以上のことから、遊戯療法における遊ぶことでは、その遊ぶこと自体を対象化する動きも生じると考えられる。まず、象徴の構造や語る主体の構造、また体感としての怖いものが、主体を含む形で遊ばれる。主体はその遊ぶことに含まれていて、それらを全身で体験する。もちろんこの形式の遊びも、遊びがより複雑になり、象徴の構造や語りの構造、また怖いものがより分節化されていく。しかし、ある時点で主体は、それまで主体を含んでいたその遊びの形式それ自体を身につけ、むしろ主体がその遊びを含むようになる。それまで主体を包み込んでいた遊びは消え失せ、同時に主体がその遊びの形式を使うようになる。言うならば、遊ぶことが主体を遊んでいたが、主体が遊ぶのである。それまで現れていた形式が消えつつも、それがより高次の形式の中に保存される、弁証法的な運動が生じている。遊戯療法で遊ぶことでは、遊ぶこと自体を対象化しその遊ぶこと自体を操作する主体が生じる。

Giegerich, W.(1998/2018) は、錬金術において「メリクリウス（やその他）の投影に追いつくことが意味するのは、意識にとっては、まさにその構成において、直観され投影された意識の対象の構成のなかへと同化されることであり、言い換えれば、メリクリウスと同じくらい弁証法的になること、石でない石である賢者の石と同じくらい哲学的に（思考することと同じくらい論理的で概念的に）なることである」(p.208) という。メリクリウスとは、錬金術で取り組まれる第一質料である。それは「石でない石」と表現されるように、決して実証的に——実体化して——示すことができない論理的な多義性や矛盾に満ちていて、それゆえ主体を強く惹きつける。錬金術の作業 opus を通じて、メリクリウスという第一質料に主体が追いつくということは、主体の意識の構成がそのメリクリウスの——多義性と矛盾に満ちた——論理と同化することを意味する。つまり主体の意識の構成がメリクリウス性を帯び、「石でない石」という論理的な矛盾を含んだ思考を身につけるということである。それは、そうでない（「石でない」）という否定の形式と、そうである（「石」）という形式を、自らの意識の構成において同時に実現する主体となることである。その意味で、結合と分離の結合の論理が実現している。そうであれば、それまで主体が含まれていたその遊びの形式を主体が遊ぶようになる動きは、錬金術的な——弁証法的な——動きであるといえる。遊戯療法で遊ぶことで生じる、遊ぶこと自体を対象化しその遊ぶこと自体を操作する主体とは、遊ぶことの構造や形式を自らの意識の構成に同化した主体のことである。

　主体が遊ぶことに繰り返し深くコミットすることで、それまで取り組んでいた遊びが消え、その遊びの形式を引き継いた主体が生じる。主体はそれまでの遊びを包括し、否定し、かつその遊びの形式を身につけた主体として生まれる。いわば、主体はそれまで遊んでいた遊びそれ自体を遊ぶ主体となるのである。

　遊戯療法において遊ぶことは、その遊び自体に進んで入ることによって、その遊び自体が消える運動であり、同時にその遊び自体の形式が主体に引き継がれる運動であると捉えられた。事例1で、Aは象徴の構造を体験するだ

けでなく、より象徴を使用し主体性を表すこととして、それが生じた。事例
2で、Bは語る主体の構造を体験するだけでなく、B自らが言葉を語ることと
して、それが生じた。事例3で、Cは攻撃性を体験するだけでなく、怖いも
のにより深く入りかつより見抜くこととして、それが生じた。遊戯療法にお
いて遊ぶことで、主体はその遊びの構造を受け取るだけでなく、その構造を
身につけた主体として生まれ、より高次の遊びとして、あるいは抽象化され
た語りとして主体が表現されていく。

5. 遊ぶことによる認識する主体の生成

Giegerich, W. (1998/2018) は、メリクリウス（やその他）の投影に追いつくこ
とについて「意識にとっては、まさにその構成において、直観され投影され
た意識の対象の構成のなかへと同化される」(p.208) と述べた。そのことを、
主体の意識の構成がメリクリウス性を帯び、「石でない石」という論理的な矛
盾を含んだ思考を身につけることであると考察した。意識の構成と主体と
は、どのように捉えることができるのであろうか？　本書では既に、遊ぶこ
とを思考や概念の生成という観点からも考察していた。今まで述べてきたこ
との繰り返しが多くなるけれども、本節では遊ぶことを思考や概念の生成と
いう観点からまとめたい。そしてそこから、意識の構成としての主体を捉え
ていきたい。

5-1　思考や概念としての遊ぶこと

Huizinga, J. を検討した際に、遊びとは生き生きとした思考や概念を生み
出す思考であると指摘した。そのことは遊ぶことの象徴化の働きから考える
ことができた。遊ぶことには「本物ではないものを本物と考え」(Huizinga, J.,
1938/1973, p.43) る象徴化の働きがみられる。またその象徴には「形象、イメー
ジに充たされた」(Huizinga, J., 1938/1973, p.43) 現実性が生じている。そのこと
をHuizinga, J. は「言語を創り出す精神は、素材的なものから形而上的なもの

へと限りなく移行を繰り返しつづけているが、この行為はいつも遊びながら行われる」(1938/1973, p.23)と述べた。「言語を創り出す精神」とは、思考や概念を生み出す働きに他ならない。思考や概念は遊ぶことによって生み出される。

精神分析においても、遊ぶことの象徴化の働きが思考や概念を生み出すと指摘された。Winnicott, D. W.は乳児が初めて遊ぶ移行対象を最初の象徴として捉え、それを"自分でない"所有物と呼んだ。その象徴が"自分でない"のは、乳房を自己の延長とみなす全能的な幻想を既に否定しているためである。遊ぶことで生み出された象徴とは、母なるものや生きた対象から分離した、思考や概念である。それは否定性の次元にある。それゆえ遊ぶことによる象徴の発生は、母なるものや生きた対象から自由になった、自らの概念を用いて自ら思考する個としての主体の発生である。また、象徴化によって外的な現実も創り出される。あるものが名づけられることと、あるものを認識することは同時であり、象徴化とはあるものを概念として認識する行為——思考——である。遊ぶことによって思考や概念を用いる内面性が生じ、同時に外的な現実を認識することも生じる。遊ぶことは、概念を認識する行為としての主体の生成であると考察された。

Jung, C. G.においても、遊ぶことの思考や概念を生み出す動きが、神話的意識を否定する近代意識の観点から考えられた。Jung, C. G.は当初、母親から教えられた主イエスの祈りの効果をそのまま享受するあり方を見せていた。それは、自らを取り囲む——所与の——環境に、疑いもなくすっかり包み込まれる神話的意識である。一方でJung, C. G.は、主イエスの優しいだけの側面を疑ってもいて、所与のものを疑う知性が既に生じていた。Jung, C. G.にはジェスイットやファロスのイメージが繰り返し想起されていて、それらはJung, C. G.の第一質料なのであった。そしてJung, C. G.は、これらの第一質料を人形と石という形に具象化した。人形と石は具体的な形を持ちながらも、Jung, C. G.によって生み出されていて、既にJung, C. G.自身の思考や概念である。Jung, C. G.はそれを屋根裏部屋という共同体から孤立した

場所に閉じた。つまり、ここで得られた思考や概念は、所与のものである共同体の価値観に包まれ、縛られる無垢な意識から自由になった思考や概念であり、また所与のものを疑い、否定する知性としての思考や概念である。それらは個人の内面に閉じられることで、共同体に共有される場所ではなく、その実体性が否定された場所に生じている。このように遊ぶことによって、Jung, C. G. 自身がそれらを生み出し、またそれらが閉じられることで所与のものに縛られない、否定性の場所に保持されるという意識の構成が生じる。これによって Jung, C. G. の意識の構成は根本的に変容していると思われる。そこには弁証法があり、周囲の出来事にただ素朴に同調する神話的意識は否定され、それは概念や思考として——否定性の次元で——保存され、より高次の意識に含まれる意識のあり方を示している。Jung, C. G. の遊ぶことにおいて、近代意識の形式を備えた主体が生じている。近代意識とは、所与の共同体の価値観の影響から切り離された否定性の次元で生じ、自らを思考や概念として生み出す意識である。その際、神話的意識は否定されるが、それは概念という抽象的な否定性の次元で保持されている。

　Giegerich, W. (1998/2018) は Jung, C. G. について、「彼は自らの意識の中に『第一質料』として作業されるべく噴出してきたものを認知しようとした。体験それ自体、その内容こそが、彼にとってはまさに始まりだった。それは、後に続かねばならなかったもの、最も本質的だったものにとっての契機、あるいは主題に他ならず、彼が生涯をかけて取り組んだものだった。(…) それゆえ、ユングがしたこともまた、錬金術的な意味での『作業 opus』の特徴をもっていた」(p.84) と指摘している。Jung, C. G. にとって遊ぶことは、第一質料との最初の作業 opus であり、その作業は初めから第一質料を認知しようとする作業である。つまり、Jung, C. G. 自身の思考や概念——Jung, C. G. が生涯をかけて取り組んだ自身の理論——を認知しようとする最初の試みであった。

　ここでさらに、三つの事例において、思考と概念がどのように生成しているのかを示していきたい。

234

　事例1では、Aは自他の融合を維持しようとして、遊ぶことが生じるのが困難であった。#1では分離の衝撃に動揺したAの状況と、Aの定点のない自閉的なあり方が、散らばったボールに示されていた。ここで生じた「ボール入れ遊び」は、分離の衝撃をただ即自的に体験していたAが、その体験を対自的なものとして捉えた遊びである。即自的な体験を自分自身と区別することを、遊ぶことの象徴化の作用であると考察した。この区別——象徴化の作用——に、その状況を捉え、認識する力が働いている。「ボール入れ遊び」が生じた途端に、即自的にAをとらえて振り回していた状況が捉えられ、認識される。同時にそれは、否定性の次元において——テントにボールを入れることとして——表現されるのである。遊ぶことにおいてクライエントを対自的に捉える状況が反転し、「印象の強烈さを浄化反応によってやわらげ、自分自身を情況の主人とする」（Freud, S., 1920/2006, p.66）のは、認識する運動が生じているからである。

　Aは象徴の構造を分節化していったが、それは、この認識する運動が高度に洗練されることである。Aは在／不在の遊びを分節化し、「ボールポーン」と様々なものを投げ、ボールが遠くへ消えゆく（#19）遊びをしたり、さらには「オチタ」「テニス」と言った後、実際には存在していない「ボール」を言葉だけで示した（#37）。目に見えていたものが消える遊びは、目に見えない「ボール」という概念を獲得し、まさに具体的な対象が否定性の次元へ、思考や概念の次元へと送られる遊びである。同じように、コーンを一列に並べる（#11）遊びやドミノ（#19・#23）は、何か具体的な物を示すのではなく、否定性の次元の記号——概念——を意味している。そしてこれらの遊びは、概念が連続することや、連動する遊びであり、概念を操作する思考を生み出している。さらにAは、それを単語の理解に応用し、「ヤ」「ユ」「ヨ」という語順（#43）や「リ」「ン」「ゴ」という単語（#44）を理解していく。あるいはドミノ遊びなどの連続する動きは、時間性——時間という概念——の発生としても捉えられた。この時ドミノを倒れる様子を再現した（#23）のは、時間という概念が分化し、生じた出来事を振り返り反省する reflect 意識が生じたのだと思われ

る。この反省する意識は、空間的に距離をとって対象を捉える意識として、空間の概念にも関係している。Aはそれを垂直軸の遊びを通じて獲得していった。Aは上下の視点を得る遊びを行った。当初Aの視点は対象と融合していたが、その後対象から分離し、それを俯瞰する視点を作っていった。このように事例1では、遊ぶことによる即自的な状況を否定性の次元において認識する運動をもとに、概念が連動する思考や、時間や空間という概念や、反省する意識が分節化されていった。そして、対象から離れて俯瞰する定まった視点を得る意識も作っていったと思われる。

　事例2では、遊ぶことでBは生の直接性や攻撃性から距離をとって捉える意識が磨かれていったと思われる。競い合う遊びを繰り返し全力で行うことを通じて、Bは相手からの攻撃性を捉え、自らの攻撃性を感じつつ制御する「語る主体の意識」を磨いていった。Bの競い合う遊びが消えて自らを語り出した時にも、その意識はしっかりと保たれていた。Bは「今日一番暑い」と語るや否や、「あ」と母なる家から「外」に出ていない自分自身に気づく（#30）。そこに自ら語った内容を俯瞰して捉え、反省する reflect 意識が生じていた。それゆえBは、語られた自身のぬるいあり方を否定することに取り組むことができた。すると、Bに生じていた反省する reflect 意識とは、自分の生の直接性や攻撃性を捉え、また自分自身の母に包まれるあり方を捉える、自らを認識する運動であるといえる。

　また、競い合う遊びに全力で取り組んだBは、不安の現実性に深く入った。その結果、母ではなく私が行為し、母ではなく私がその結果を引き受ける。遊ぶことでBは、私が私として、私の行為を引き受けるようになる。それは“私”を引き受ける意識であるといえる。この意識とは、精神分析やJung, C. G.の遊ぶことで既に指摘したように、自らを取り囲む——所与の——環境に囚われる意識ではなく、私が、私の思考——語る主体の意識——のもとで考え、判断する近代意識である。さらにはBが自らを語り出した際にも、“私”を引き受ける意識は引き継がれていたのであった。

　事例3では、Cは無垢な意識を維持しようとして、個々の具体的な出来事

にただ委ね、物と一体となった意識のあり方を示していた。しかし箱庭1では、赤ちゃんを発見し、劇を見、写真を撮る動物が置かれるなど、距離をとって事象を眺め、捉える近代意識も仄めかされていた。つまりCには、Jung, C. G.と同じように、神話的意識と近代意識の間の葛藤が生じていた。そのためにCには、神経症に近い症状が現れていたのであろう。Cは赤ちゃんの絵を描くことを通じて、母に包まれる現実性（リアリティ）に深く入りつつ、同時に母に包まれる現実性（リアリティ）から距離をとり、それを一つの全体として捉える主体が生じたと考察された。このことをCの意識の構成の変化と捉えることができる。Cの母に包まれる現実性（リアリティ）が現前してはいるが、それは既に距離をとって見られる対象となっている。母に包まれる現実性（リアリティ）は、絵の平面に移された見られる物となっていて、既に抽象的な否定性の次元に送られている。その意味でこの絵を描くことには、神話的意識を否定性——思考や概念——の次元で保存する、より高次な意識——近代意識——が発生している。その後Cは、怖いものの箱庭制作で怖いものの現実性（リアリティ）にしっかりと入っていく。ここでも同じように、怖いものの現実性（リアリティ）は箱庭の枠組みの中に移されて、否定性——思考や概念——の次元に送られている。その時「お化け屋敷やけど、本物のお化けが出る」と述べたように、Cは怖いものの現実性（リアリティ）を否定していて、その現実性（リアリティ）は虚構であり、設えられたものであることを見抜いていた。つまり、箱庭において怖いものが対象化されると、それはCに概念として把握され、設えられたものであると認識される。その認識を通じて、Cを翻弄していた怖いものの現実性（リアリティ）は否定されるのである。そのように考えると、Cが身につけた近代意識とは、自らを捉えていたもの——母に包まれる神話的意識や、自分を翻弄する死や攻撃性——を概念として認識する運動である。

5-2 遊ぶことによる認識する主体の生成

　本書で挙げられた理論と事例をもとに、遊ぶことによる思考や概念の生成について述べた。この観点を含めて、主体について考察していきたい。主体とは「主体的に動く」というような、単に人が能動的になることだけを意味し

ない。

　遊ぶことで自己の対象化――象徴化――が生じ、そこではクライエントが囚われていた即自的なあり方が区別され、対自的に向かい合うと繰り返し述べてきた。そこには反転があり、それが主体をとらえていたが、主体がそれを遊ぶようになる。しかしこの指摘はやや記述的な言及に留まっている。遊ぶことによる主体の反転には、状況を捉え認識する動き、つまり思考が生じていることを強調したい。クライエントの即自的なあり方が対象化――象徴化――されるとは、それが否定性の次元で概念として認識されることをいう。そのことをLacan, J. (1954/1991) は「象徴は否定性の世界を開」(p.174) くと述べたのである。思考も概念も認識する運動も、具体的な実体性を持たない、抽象的な否定性の次元で生じる。

　意外なことのように思えるかもしれないが、遊ぶことは否定的で抽象的な思考を生み出す運動である。もちろん遊戯療法は具体的な時間と場所を持っており、クライエントはバランスボールや卓球、あるいは怖いものの箱庭制作で遊んでいて、それらは外在化され具象化されている。クライエントは本当に、ただセラピストと玩具で遊んでいるように見える。Giegerich, W. (2021/2023) は、夢は感性の形式をとった思考であるとし、続けて「その空間の中にあり活動している人物や事物として外在化され、『具現化』されている思考」(p.47) であると指摘した。これは遊ぶことにも当てはまる。子どもが毛布やテディ・ベアのぬいぐるみで遊んでいるとき、それらがどれだけ外在化されていようとも、思考や概念である。

　Jung, C. G. が人形と石の遊びを屋根裏部屋に閉じ込めたように、また遊戯療法の枠組みが既に遊ぶことを閉じているように、遊戯療法で遊ぶことは、他のあらゆる日常的な思考から分離した場が生じるようにセッティングされている。それは「純粋空間」(Caillois, R., 1958/1990, pp.35-36) なのであった。Jung, C. G. にとって、遊ぶことは第一質料との最初の作業 opus であり、その作業は初めから第一質料を認知しようとする作業であると述べた。するとJung, C. G. は、この他のあらゆるものが排除された純粋空間の中で、錬金術

的な作業 opus を行ったことになる。Giegerich, W.（1999/2021）は第一質料を「単なる情動のようなものではなかった。また、単なるイメージでもなかった。それは、イメージの中に包まれた思考だったのである。つまり、それはみずからの内に本物の思考を含んでいた」（p.24）と指摘したのだった。それゆえ遊ぶことで生じる思考とは、日常的な思考ではない。与えられたいくつかの外部の情報についての推論や結論を導き出したり、それらを合理的に操作したり、記憶するといった、いわゆる知能検査で推し量られるような、推論・計算・記憶・処理といった形式的な思考ではない。Jung, C. G. が関わった第一質料は、Jung, C. G. を揺るがすジェスイットやファロスのイメージであり、Jung, C. G. の生涯にわたって取り組まれるべき、Jung, C. G. 自身の――未だ明らかになっていない――思考であった。本書で取り上げた三つの事例についても、遊ぶことで自らを即自的に捉えるあり方を認識する運動が生じたのであった。他のあらゆる思考が排除された、遊ぶことの純粋空間で生じる思考とは、主体に関わる思考を生み出すような思考である。あるいは主体としての思考を生み出す思考である。

　そうであれば、遊ぶことで生じる思考と概念によって、主体というものをどのように考えることができるだろうか。前節において、遊戯療法における遊ぶことは自らを捉えていたあり方を対象化――象徴化――してその現実性に入ることと、その現実性を否定する主体の二重の動きであると述べられた。三つの事例における遊ぶことの現実性に入る動きとは、鏡像的なセラピストから直接身体をくすぐられること、他者と向かい合い競い合う不安に入ること、母に包まれる世界や怖いものに入ることとして現れていた。それらは既に遊ばれていて、鏡像的なセラピストからくすぐられたり、セラピストと向かい合って競い合ったりする遊びの形式や、赤ちゃんの絵や怖いものの玩具といった具体的な形になっている。それらは外在化されているものの、既に思考や概念の形式を携えている。それらは遊ぶことの中で、既に遊びとして認識されている。つまりそれらは設えられた思考や概念として認識されていて、その現実性は思考や概念といったあくまで否定的な場所で実現して

いるのである。これが、即自的な現実性（リアリティ）を否定する、遊ぶことの認識する運動である。そうすると、遊ぶことにおける主体の二重の動きとは、自らのあり方を設えられた概念として——否定性の次元で——認識する運動であり、そこで自らのあり方が——否定性の次元で——概念として実現していることをいう。その意味で、遊ぶことにおいて生じる主体は、思考や概念と同じ否定性の次元で生じる認識する主体である。これが、意識の構成が論理的な矛盾を含んだ「石でない石」のようになるということである。

5-3　実体化する視点と、認識する運動

　このように考えると、事例2と事例3でクライエントをとらえているとされた「即自的な攻撃性」「クライエントの内に蠢く攻撃性や怖いもの」「死を連想するもの」「母なるものとの一体感」「母なるものに包まれるあり方」という表現には問題がある。実のところ、これらの表現はすべて、クライエントの自我意識から見られた表現である。

　母なるものとの一体感や母に包まれるあり方は、いわゆる神話的意識であると考えられた。それは、物の魂に囲まれ、それに主体を委ね、物の魂の現前に満たされる世界である。所与のものにただ受動的に従う意識である。しかし、現代においてそのような意識は既に失われていて、現代はまったく異なる意識が支配している。クライエントの自我意識は、母なるものと一体となった世界があたかもまだ存在しているかのように捉えている。それは、クライエントが作り出したファンタジーであり、神話的意識——無垢なあり方——を求め、神話的意識にしがみつく意識であるといえる。厳密に言えば、クライエントは神話的意識を実体化していて、母なるものに包まれようとする意識、無垢な世界を維持しようとする意識に囚われているのである。

　それと同じように、Jung, C. G.（1921/1987）が「イメージはむしろ無意識的な夢想活動に由来するものであり、その産物は多少とも唐突なもの」（p.447）と指摘したように、無垢にしがみつく自我意識の視点から見られているゆえに、クライエントにとって攻撃性や怖いものは自我意識がコントロールでき

ず、自分の内部にある──「内に蠢く」──と感じられ、そこから激しく突き上げてくる物となり、異物となる。自我意識を脅かす物となっている。自我意識はそれらも実体化して見ている。だからこそBは、他者との鏡像的な関係に身動きがとれなくなり、Cはそれらをコントロールしようと強迫的になり、また突如動き出す動物に恐怖を感じるのである。

　「クライエントの内に蠢く攻撃性や怖いもの」「母なるものとの一体感」という表現は、それらがあたかも人格内の実在する一要素であり、それが心理的現象の直接の原因となっているかのように受け取られる。人格というブラックボックスが設定されて、そこでは原因－結果の直接性が働いていることになる。このようにみなすと、事例の心理的問題や症状について、あるいはそれらの解決について考えることが非常に容易になる。それらは事例の進展を推し測る尺度となって、事例をその基準において計測することができる。その基準とは、例えば、クライエントは攻撃性を上手く表現したかどうか、あるいはクライエントは自分の人格に攻撃性を統合したかどうか、などである。筆者もまた日常的で常識的な、すべてが既知で理解可能な自我意識の視点から、事例を実体化していたといえる。

　Jung, C. G. が述べた唐突に生じる夢想活動に由来するイメージとは、第一質料に他ならない。幼い Jung, C. G. にとってそれは、ジェスイットやファロスのイメージなのであった。そうすると、事例2と事例3における「即自的な攻撃性」「クライエントの内に蠢く攻撃性や怖いもの」もまた第一質料と関係している。第一質料は思考や概念である。それらが遊ばれるや否や、それらは否定性の次元における思考や概念の運動となる。先ほど、遊ぶことを通じてCは、母に包まれようとする神話的意識や、自分を翻弄する死や攻撃性を、概念として把握し、設えられたものであると認識したと指摘した。つまりこの時Cは、母に包まれようとすることや自分を翻弄する死や攻撃性──と、思われるもの──は、自らの自我意識が作り出した、実体化されたファンタジーであると見抜いている。そのことはBにも生じていたと思われる。Bもまた遊ぶことを通じて、「語る主体の意識」を磨いたのであった。それは、

自らを取り囲む所与の環境——母なるもの——に囚われる意識ではなく、私が、私の思考——語る主体の意識——のもとで考え、判断する近代意識である。またそれは、生の直接性や攻撃性——と、さしあたり名づけられるもの——を捉え、また母に包まれるあり方を捉える、自らを認識する運動なのであった。Ｂもまた「即自的な攻撃性」や「母に包まれようとするあり方」を概念として、設えられたものとして捉えているのである。

　そのように考えると、自我意識の視点から実体化して捉えられた「即自的な攻撃性」「クライエントの内に蠢く攻撃性や怖いもの」とは、自我意識を概念として把握し、それが設えられたものであると認識する運動であると思われる。それはさしあたり母に包まれる無垢な意識に切れ目を入れ、自我意識を脅かす物として認識される。Ｃが死を連想する骸骨や墓を「怖いもの」と称したのは、それが母に包まれる無垢な意識に死をもたらすからである。

　遊ぶことによって、自我意識——私が母に包まれようとすることと、攻撃性や死を連想する物に私が襲われること——そのものが認識する運動によって捉えられる。自我意識は抽象的な概念として遊ばれ、その時自我意識は否定性の次元に送られるのである。自我意識は概念として——否定性の次元に——保持され、より高次な意識に含まれるような形で否定される。このことは、クライエントの視点が変わり、既に無垢な意識を完全に後にしていることをただ認識したにすぎないともいえる。確かに、母に包まれる無垢な意識は、クライエントに新しく生じてきた不気味なものに襲われ、死を迎えるのかもしれない。実はそのような神話的意識はクライエントが自ら作り上げようとしていた虚構であって、既に初めから死を迎えている。初めから存在しない虚構に自らしがみついているがゆえに、逆にそれはクライエントを強く縛りつける。そこには文字通り遊びがない。遊ぶことが生じるや否や、それらは単に遊ばれるものとなり下がる。それと同時に、クライエントはそれまで囚われていたものから自由になって、遊ぶことができるのである。「遊び」の辞書的な意味を紐解くと、自由に行われることや、価値のないことが挙げられている。本書の考察は、この遊びの辞書的な意味にまったく手を加えず

に、それとはやや異なる言葉でもう一度繰り返し語ったものにすぎない。

6. 本書の限界と今後の課題

最後に、本書の限界と今後の課題について3点挙げていきたい。

第一に、遊戯療法で遊ぶことがまるで自動的に生じるかのように理解されてしまう危険性が挙げられる。本書は、遊戯療法における遊ぶことに焦点を当てており、遊ぶことが立ち上がることに重心を置いていなかった。また、遊べないことについて三つの事例で考察したけれども、それぞれの事例では、遊ぶことが早い段階で明確に生じていたと思われる。

しかしながら、遊戯療法において遊べないことが生じたり、遊ぶことを拒否したり、遊ぶことが揺らいだりすることは、頻繁に生じる。本書では遊べないことについて、クライエントが即自的なあり方に囚われる状態であると指摘した。これは、クライエントがあまりに強い不安や攻撃性に囚われてしまう（伊藤, 2017）ことにもみられる。それに加えて、遊べないことには多くのヴァリエーションがあると思われる。このような事態は、Huizinga, J.(1938/1973) が指摘した遊ぶことの流動性にも関連している。遊ぶことは途端に別の状態になる。例えば、衝動性が高い事例では、遊ぶことがたちまちのうちに逸脱して、衝動的で暴力的な表現となることがあり、その時はセラピストの対応が強く問われるものとなるだろう。あるいは発達障害が疑われるような主体の脆弱性が認められる事例では、遊ぶことがなかなか成立しづらい。クライエントは遊んでいるつもりであっても、遊びのルールが次々に変えられていって、セラピストは一体何の遊びなのか分からなくなることがあったり、玩具は使っているけれどもそこにルールが生じていないことがあったりするなど、遊びに似ただけの行為がなされる場合もある。そこでは他者性も成立しておらず、そのようなクライエントの遊びに似た行為に、セラピストが関わることが難しい事態も生じる。特に現代においては主体の脆弱性が際立つ事例が見受けられる。そこではクライエントはプレイルームに

入ってもまったく玩具に興味を示さず、あるいはいわゆる物語が成立するような、意味内容を含んだ概念を伴った――生き生きとした――語りがなされるのでもない。あるいはアルゴリズムや情報量（ビットやバイト）に関連するもの、WEB上の実体のないキャラクター（ゲーム実況やVTuber）やその使用者にしか理解できないアプリなどに没入し、真に抽象的な――いわゆる電子データの――世界を生きているように思われるクライエントも存在する。クライエントはまったく心理療法に取り組まないように見え、もはや遊びに似た行為すらなく、真に抽象的な時空間が生じる。これらのことから、遊べないことのあり様を検討することで、遊戯療法における遊ぶことについてより明確な論理で捉えることができると思われる。

　第二に、本書では遊ぶことの治療的な意味として、主体の生成の視点を提示した。確かに遊戯療法は、遊ぶことをセッティングとして要請する心理療法である。ただし、遊ぶことのみが治療的であるのかどうかは、検討の余地がある。遊戯療法の枠組みや制限それ自体も、クライエントの主体が生成する契機となっている。また、遊ぶことの流動性とも関係して、遊戯療法では遊ぶことから別の状態となることも生じる。例えば河合（1994）は、遊びと聖と俗の間は「極めて相互交流的であり、相互滲透的である」（p.145）とし、聖・俗・遊の円環構造を想定した。同じように、遊戯療法においては聖的な世界の表現をはじめ、言葉以上に深い表現がなされることがあると指摘されている（伊藤, 2017）。Jung, C. G. の人形と石の遊びも神聖なるものが現前し、それは儀式の性質も帯びていた。またZulliger, H.(1951/1978, pp.48-53)が報告した例では、寮生活を送っていた少年たちが森の中で丸太を「雄山羊様」と称してご神体のように飾り、そこでたき火をおこす儀式に近い遊びが行われた。弘中（2002b）の事例では、クライエントは実際にマッチや紙に火を灯し、それらを消火する「聖なる儀式の性格」（p.183）を持つ遊びを行ったことが報告されている。このような儀式的な行為はJung, C. G. の石と人形の遊びと同じように、神聖なるものの現実性（リアリティ）がありありと現前している。そうでありながらも、遊戯療法の構造は守られていて、むしろその構造に伴って儀式的な

遊びも生じたのかもしれない。遊戯療法の枠組みの中で儀式の現実性は限定されている[*14]。儀式や神聖なるものの現実性との関連を含めた遊戯療法の治療的な意味を検討することも、今後の課題となると思われる。

　第三に、本書では遊ぶことが終わること、すなわち遊戯療法の終結についての考察がなされなかった。それは、本書で挙げた三つの事例が、クライエントの引っ越しやセラピストの異動によって終結したこととも関係している。これらはいわゆる終結とは言い難いかもしれない。本章で遊戯療法における遊ぶことの始まりには触れたけれども、その終わりを考察することも必要である。

　しかしながら、事例2で取り上げた遊ぶことから語ることへの移行が、それを考える一つの手がかりとなると思われる。事例2では遊ぶことそれ自体が徐々に背景に退き、むしろクライエントは語ることに移行していった。遊ぶことが十分になされると、遊ぶことそれ自体が消え、その形式は主体に保存されながら語ることに移行したのであった。河合（2000a）は、クライエントがかぐや姫のイメージを演じ尽くした後に、地上に戻ってきた事例について「天上の世界は心残りのままでやめられるのでなくて、いわば飽きてしまうまで演じられねばならない。最初から否定されるのではなくて、むしろ否定されるべきものにすすんで入っていくことによって、それはいわば自ら尽きてしまうのである」（pp.135-136）と述べている。これは、イメージに入ることが、むしろイメージを否定するという弁証法的な動きを示している。本書でも遊ぶことは、遊ぶこと自体に進んで入ることによって、遊ぶこと自体が消える運動であると捉えられた。それと同じように、遊戯療法の終結とは、遊戯療法によって遊戯療法それ自体が消えることとして捉えることができるかもしれない。

　もちろんWinnicott, D. W.（1971）は、遊ぶことと内的現実、遊ぶことと外的現実の弁証法について、「現実受容という作業は決して完結しないし、内的現実と外的現実を関連させる重荷から解放される人間はいない」（p.18）と述べた。内的現実と外的現実を共に深めていく作業は、〈私〉が生きることの課

題として続いていくと思われる。それでもなお遊戯療法それ自体が遊戯療法によって消えることが、遊戯療法の終結として考えられるという仮説を検討することは必要である。この仮説は、我々心理臨床に携わるものがこれまで遊戯療法の理論を実体化し、恣意的に使用し、テクニックとしてクライエントに無邪気に適用してきたように、遊戯療法の終結の基準を恣意的に作り出すことを控えさせ、我々がクライエントの主体の歩みを真に考察するよう要請するからである。

註

序　章　遊戯療法における遊ぶことの捉えにくさ

＊1　もちろん転移の概念が心理療法を考えるうえで不要であるということではない。現在問題となっているのは、その概念に対する理解である。

＊2　筆者が考えるに、すべての治療者はある程度人間的な欠落を抱えていて、もしその治療者がある程度「健康」なのであれば、その欠落の苦しみを引き受けながらも、市井の人間として生活している。

＊3　もちろんこのような理論も、一般的な考えからすると唐突で理解しがたく、現段階では仮定や思弁でしかないように思える。

第2章　精神分析における遊ぶこと

＊4　これに関連して、フロイトの "Wo Es war, soll Ich werden." は、「かつてエスであったところを自我にしなければならない」と訳されている（Freud, S., 1933/1971, p.452）が、Lacan, J.（1964a/2000, pp.58-59）はこれを、「それがあったところに、私はあらねばならない」あるいは「それがあったところに、主体は生じなければならない」と解釈している。

＊5　「failure」という名詞は、目標や期待に達しなかった状態、あるいは物事が正常に機能しないことを意味する。

＊6　「現実性」を意味することにも注意。

＊7　主体 subject には従属する、服従するという意味もある。本論の文脈では、逆説的であるが、遊ぶことに委ねることが主体が立ち上がる動きとなる。

第3章　ユング心理学における遊ぶこと──Jung, C. G. の遊びを通して

＊8　Jung, C. G. の象徴と精神分析の象徴は、異なる概念であると思われる。

＊9　日本人にとっても石は特別なものである。石と日本人については、中沢新一『アースダイバー神社編』（2021，講談社）などが参考になる。

＊10　そう考えると、意識とは機械や端末のようなデフォルトの機能が常に設定されたものではなく、そのつど新しく発明され、創造される必要がある。遊ぶことが繰り返しなされることに、意識がそのつど繰り返し創造されることが示唆されている。

* 11 魂が魂自身の自己表現であることを考えると、この分裂、この解離も、近代意識としての魂の自己表現である。Jung, C. G. を通じて魂が語っている。

* 12 Jung, C. G. の意識は、この近代意識としての魂に追いついていない。その意味で「誰がこれを語るのか」という Jung, C. G. の問いは正しい。魂が語っていて、Jung, C. G. が表現しようとしているのは、客観的な魂自身の語りである。

第5章　事例2　遊ぶことによる語る主体の生成

* 13 ここで言う象徴とは、Jung, C. G. の言う象徴であろう。生き生きとしていて、「まだ本質的には知られていない事柄を先取りして表して」（Jung, C. G., 1921/1987, p.510）いる。

第7章　まとめ──遊戯療法における遊ぶこと

* 14 Zulliger, H. の例においても、その儀式は自発的になされていて、古代のあり方と同じように繰り返され、次世代に引き継がれるわけではないだろう。

引用文献

Allen, F. H. (1942). *Psychotherapy with Children*. New York: W. W. Norton.（黒丸正四郎（訳）
（1955）．問題児の心理療法　みすず書房）

浅海健一郎（2006）．主体性と適応感の関係に関する研究──不登校児と登校児の比較を
通して　心理臨床学研究，24（1），44-52.

Asperger, H. (1944). Die 'Autistischen Psychopathen' im Kindesalter. *Archiv für Psychiatrie
und Nervenkrankheiten*, 117, 76-136. Frith, U. (Ed.) (1991). *Autism and Asperger
Syndrome*. Cambridge: Cambridge University Press.（富田真紀（訳）（1996）．子どもの
『自閉的精神病質』　自閉症とアスペルガー症候群　東京書籍　pp.83-178.）

Axline, V. M. (1947). *Play Therapy: The Inner Dynamics of Childhood*. Cambridge: Houghton
Mifflin.（小林治夫（訳）（1972）．遊戯療法　岩崎学術出版社）

Caillois, R. (1958). *Les jeux et les hommes*. Paris: Gallimard.（多田道太郎・塚崎幹夫（訳）
（1990）．遊びと人間　講談社学術文庫）

Eliade, M. (1958). *Birth and Rebirth: The Religious Meanings of Initiation in Human Culture*.
New York: Harper & Brothers.（堀一郎（訳）（1971）．生と再生──イニシエーション
の宗教的意義　東京大学出版会）

Erikson, E. H. (1950). *Childhood and Society*. New York: W. W. Norton.（仁科弥生（訳）
（1977）．幼児期と社会 1　みすず書房）

Erikson, E. H. (1977). *Toys and Reasons: Stages in the Ritualization of Experience*. New York: W.
W. Norton.（近藤邦夫（訳）（1981）．玩具と理性──経験の儀式化の諸段階　みすず
書房）

Freud, A. (1927). *Introduction to Psychoanalysis. The Writings of Anna Freud, Vol. 1*.
Pennsylvania: Indiana University of Pennsylvania.（岩村由美子・中沢たえ子（訳）（1981）．
児童分析に関する4つの講義　アンナ・フロイト著作集1　児童分析入門　岩崎学術
出版社　pp.3-68.）

Freud, A. (1930). *Lectures for Child Analysts & Teachers. The Writings of Anna Freud, Vol. 1*.
Pennsylvania: Indiana University of Pennsylvania.（岩村由美子・中沢たえ子（訳）（1981）．
精神分析に関する教師と両親のための4つの講義　アンナ・フロイト著作集1　児童
分析入門　岩崎学術出版社　pp.69-129.）

Freud, S. (1908). Der Dichter und das Phantasieren. *GW* 7. Frankfurt am Main: Fischer.（道
籏泰三（訳）（2007）．詩人と空想　フロイト全集9　岩波書店　pp.227-240.）

Freud, S. (1909). Analyse der Phobie eines Fünfjährigen Knaben. *GW* 7. Frankfurt am Main:

Fischer.（総田純次（訳）（2008）．ある五歳男児の恐怖症の分析〔ハンス〕　フロイト全集10　岩波書店　pp.1-174.）

Freud, S. (1914). Erinnern, Wiederholen und Durcharbeiten. *GW* 10. Frankfurt am Main: Fischer.（道旗泰三（訳）（2010）．想起、反復、反芻処理　フロイト全集13　岩波書店　pp.295-306.）

Freud, S. (1919). Das Unheimliche. *GW* 12. Frankfurt am Main: Fischer.（須藤訓任・藤野寛（訳）（2006）．不気味なもの　フロイト全集17　岩波書店　pp.1-52.）

Freud, S. (1920). Jenseits des Lustprinzips. *GW* 13. Frankfurt am Main: Fischer.（須藤訓任（訳）（2006）．快原理の彼岸　フロイト全集17　岩波書店　pp.53-126.）

Freud, S. (1933). *Neue Folge der Vorlesungen zur Einführung in die Psychoanalyse. GW* 15. Frankfurt am Main: Fischer.（懸田克躬・髙橋義孝（訳）（1971）．精神分析入門（続）フロイト著作集1　人文書院　pp.385-536.）

藤原勝紀（2004）．臨床心理学の方法論　氏原寛他（編）心理臨床大事典 改訂版　培風館　pp.16-20.）

Gendlin, E. T. (1964). A theory of personality change. In: Worchel, P. & Byrne, D. (Eds.) *Personality Change*. New York: John Wiley & Sons, pp.100-148.（村瀬孝雄（訳）（1981）．人格変化の一理論　体験過程と心理療法　新装版　ナツメ社　pp.39-157.）

Giegerich, W. (1978). Die Neurose der Psychologie oder Das Dritte der Zwei. *Analytische Psychologie*, 9, 241-268.（河合俊雄（編集・監訳）（2000）．心理学の神経症――二人における第三のもの　魂と歴史性　日本評論社　pp.1-45.）

Giegerich, W. (1987). Die Bodenlosigkeit der Jungschen Psychologie: Zur Frage unserer Identität als Jungianer. *Gorgo*, 12, 43-62.（河合俊雄（編集・監訳）（2000）．ユング心理学の底なしさ――ユング派としてのアイデンティティーの問いについて　魂と歴史性　日本評論社　pp.177-210.）

Giegerich, W. (1998). *The Soul's Logical Life: Towards a Rigorous Notion of Psychology*. Frankfurt am Main: Peter Lang.（田中康裕（訳）（2018）．魂の論理的生命――心理学の厳密な概念に向けて　創元社）

Giegerich, W. (1999). *Der Jungsche Begriff der Neurose*. Frankfurt am Main: Peter Lang.（河合俊雄（監訳）河合俊雄・猪股剛・北口雄一・小木曽由佳（訳）（2021）．ユングの神経症概念　創元社）

Giegerich, W.（著）河合俊雄（編集・監訳）（2001）．マルティン・ルターの「試練」と神経症の発明　神話と意識――講義・講演集　日本評論社　pp.131-243.

Giegerich, W.（著）河合俊雄（編著）田中康裕（編）（2013）．ギーゲリッヒ夢セミナー　創元社

Giegerich, W. (2021). *Working with Dreams: Initiation into the Soul's Speaking About Itself*.

London: Routledge.（猪股剛（監訳）宮澤淳滋・鹿野友章（訳）（2023）．夢と共に作業する──ユングの夢解釈の実際　日本評論社）

播磨俊子（2006）．10歳過ぎの時期の書きことば・話しことばと遊び　臨床心理学, 6（4）, 453-457.

林もも子（1999）．ロジャーズ派（クライエント中心療法）　鍋田恭孝・福島哲夫（編著）心理療法のできることできないこと　日本評論社　pp.17-32.

東山紘久（1982）．遊戯療法の世界──子どもの内的世界を読む　創元社

弘中正美（2002a）．遊戯療法の理論化をめぐって──遊戯療法・遊びの治療的機能の検討から　臨床心理学, 2（3）, 283-289.

弘中正美（2002b）．遊戯療法と子どもの心的世界　金剛出版

弘中正美（2014）．遊戯療法と箱庭療法をめぐって　誠信書房

Huizinga, J. (1938). *Homo Ludens: Proeve Eener Bepaling Van Het Spel-element Der Cultuur.* Haarlem: Tjeenk Willink & Zoon.（高橋英夫（訳）（1973）．ホモ・ルーデンス　中公文庫）

Hyppolite, J. (1966). Commentaire parlé sur la « Verneinung » de Freud. In: Lacan, J. *Écrits.* Paris: Seuil.（佐々木孝次（訳）（1977）．フロイトの《否定》についての、口述による評釈　J・ラカン（著）佐々木孝次・三好暁光・早水洋太郎（訳）エクリⅡ　弘文堂　pp.359-374.）

猪股剛（2013）．箱庭療法と、物との関わり　箱庭療法学研究, 26（2）, 103-122.

石田浩之（1992）．負のラカン──精神分析と能記の存在論　誠信書房

伊藤良子（1984）．自閉症児の〈見ること〉の意味──身体イメージの獲得による象徴形成に向けて　心理臨床学研究, 1（2）, 44-56.

伊藤良子（2001）．心理治療と転移──発話者としての〈私〉の生成の場　誠信書房

伊藤良子（2005）．〈心の器〉としての遊戯療法の場から見えてくる子どもの今　東山紘久・伊藤良子（編）遊戯療法と子どもの今　創元社　pp.339-352.

伊藤良子（2003）．心理臨床の研究──普遍性といかに出会うか［所収：伊藤良子（2011）．心理療法論　京都大学学術出版会　pp.219-226.］

伊藤良子（2017）．「遊び」とは何か　伊藤良子（編著）遊戯療法──様々な領域の事例から学ぶ　ミネルヴァ書房　pp.3-13.

Jung, C. G. (1916). *Über die Psychologie des Unbewußten.* Zürich: Rascher Verlag, 1948.（高橋義孝（訳）（1977）．無意識の心理　人文書院）

Jung, C. G. (1921). *Psychologische Typen.* Zürich: Rascher Verlag.（林道義（訳）（1987）．タイプ論　みすず書房）

Jung, C. G., Jaffé, A. (Ed.). (1962). *Erinnerungen, Träume, Gedanken.* Zürich: Rascher. (Richard, W. & Clara, W. (Tr.) (1963). *Memories, Dreams, Reflections.* New York: Pantheon Books.)

Jung, C. G., Jaffé, A. (Ed.) (1963). *Memories, Dreams, Reflections*. New York: Pantheon Books. (河合隼雄・藤縄昭・出井淑子（訳）（1972）．ユング自伝 I ——思い出・夢・思想　みすず書房）

Jung, C. G., Jaffé, A. (Ed.) (1963). *Memories, Dreams, Reflections*. New York: Pantheon Books. (河合隼雄・藤縄昭・出井淑子（訳）（1973）．ユング自伝 II ——思い出・夢・思想　みすず書房）

Jung, C. G. (1987). *Kinderträume*. Olten: Walter-Verlag.（氏原寛（監訳）李敏子・青木真理・皆藤章・吉川真理（訳）（1992）．子どもの夢 I　人文書院）

Jung, C. G. (Author), Shamdasani, S. (Ed.). (2009). *The Red Book: Liber Novus*. New York: W. W. Norton.（赤の書［図版版］創元社，2018）

Kalff, D. M. (1966). *Sandspiel: Seine therapeutische Wirkung auf die Psyche*. Zürich und Stuttgart: Rascher Verlag.（河合隼雄（監訳）大原貢・山中康裕（訳）（1999）．新版 カルフ箱庭療法　誠信書房）

Kanner, L. (1943). Autistic disturbances of affective contact. *Nervous Child*, 2, 217-250. *Childhood Psychosis: Initial Studies and New Insights*. New York: John Wiley & Sons, 1973.（十亀史郎・斉藤聡明・岩本憲（訳）（2001）．情動的交流の自閉的障害　幼児自閉症の研究　黎明書房　pp.10-55.）

河合隼雄（1967）．ユング心理学入門［河合俊雄（編）（2009）．ユング心理学入門　岩波現代文庫］

河合隼雄（1976）．事例研究の意義と問題点——臨床心理学の立場から［所収：河合俊雄（編）（2013）．新版 心理療法論考　創元社　pp.207-216.］

河合隼雄（1978）．遊戯療法［所収：河合俊雄（編）（2013）．新版 心理療法論考　創元社　pp.218-228.］

河合隼雄（1990）．小学四年生［所収：河合隼雄（2019）．河合隼雄と子どもの目——〈うさぎ穴〉からの発信　創元社　pp.202-204.］

河合隼雄（1994）．青春の夢と遊び［河合俊雄（編）（2014）．青春の夢と遊び　岩波現代文庫］

河合隼雄（1999）．「文化の病」としての不登校　不登校　金剛出版　pp.13-24.

河合隼雄（2002）．序文　弘中正美（著）遊戯療法と子どもの心的世界　金剛出版　p.3

河合隼雄（2005）．はじめに　河合隼雄・山王教育研究所（編著）遊戯療法の実際　誠信書房　pp.i-ii.

河合隼雄（2006）．児童文学における 10 歳前後の子どもたち　臨床心理学, 6（4），443-447.

河合俊雄（1998）．ユング——魂の現実性　講談社

河合俊雄（2000a）．心理臨床の理論　岩波書店

河合俊雄（2000b）．イニシエーションにおける没入と否定　河合隼雄（総編集）心理療法とイニシエーション　岩波書店　pp.19-104.

河合俊雄（2002）．箱庭療法の理論的背景　岡田康伸（編）箱庭療法の現代的意義　至文堂　pp.110-120.

河合俊雄（2010a）．はじめに――発達障害と心理療法　河合俊雄（編）発達障害への心理療法的アプローチ　創元社　pp.5-26.

河合俊雄（2010b）．子どもの発達障害への心理療法的アプローチ――結合と分離　河合俊雄（編）発達障害への心理療法的アプローチ　創元社　pp.27-50.

河合俊雄（2011）．村上春樹の「物語」――夢テキストとして読み解く　新潮社

河合俊雄（2013）．近代の心理療法とユング心理学的アプローチ　河合俊雄（編著）ユング派心理療法　ミネルヴァ書房　pp.18-31.

河合俊雄（2019）．ユング派のプレイセラピー　日本ユング心理学研究所第7回研修会での講義

Klein, M. (1923). Early analysis. In: *Love, Guilt and Reparation and Other Works 1921-1945*. New York: Free Press, 1975.（西園昌久・牛島定信（責任編訳）（1983）．早期分析　子どもの心的発達　誠信書房　pp.91-124.）

Klein, M. (1926). The psychological principles of early analysis. In: *Love, Guilt and Reparation and Other Works 1921-1945*. New York: Free Press, 1975.（西園昌久・牛島定信（責任編訳）（1983）．早期分析の心理学的原則　子どもの心的発達　誠信書房　pp.151-164.）

Klein, M. (1927). Symposium on child-analysis. In: *Love, Guilt and Reparation and Other Works 1921-1945*. New York: Free Press, 1975.（西園昌久・牛島定信（責任編訳）（1983）．児童分析に関するシンポジウム　子どもの心的発達　誠信書房　pp.165-204.）

Klein, M. (1928). Early stages of the Oedipus conflict. In: *Love, Guilt and Reparation and Other Works 1921-1945*. New York: Free Press, 1975.（西園昌久・牛島定信（責任編訳）（1983）．エディプス葛藤の早期段階　子どもの心的発達　誠信書房　pp.225-238.）

Klein, M. (1930). The importance of symbol-formation in the development of the ego. In: *Love, Guilt and Reparation and Other Works 1921-1945*. New York: Free Press, 1975.（西園昌久・牛島定信（責任編訳）（1983）．自我の発達における象徴形成の重要性　子どもの心的発達　誠信書房　pp.265-282.）

小松貴弘（1999）．A・フロイトからウィニコットまで――精神分析における遊戯療法　弘中正美（編）遊戯療法　至文堂　pp.26-36.

工藤顕太（2019）．欲望と享楽の倫理学――カント・フロイト・ラカン　早稲田大学大学院文学研究科紀要，64，821-836.

Lacan, J. (1949). Le stade du miroir comme formateur de la fonction du Je telle qu'elle nous est révélée dans l'expérience psychanalytique. In: *Écrits*. Paris: Seuil. (宮本忠雄・竹内迪也・高橋徹・佐々木孝次（訳）(1972)．〈わたし〉の機能を形成するものとしての鏡像段階　エクリ I　弘文堂　pp.123-134.）

Lacan. J. (1953). Fonction et champ de la parole et du langage en psychanalyse. In: *Écrits*. Paris: Seuil. (Fink, B. (Tr.) (2006). The function and field of speech and language in psychoanalysis. In: *Écrits*. New York: Norton, pp.197-268.)

Lacan. J. (1954). *Le Séminaire, Livre I: Les Écrits Techniques de Freud*. (Forrester, J. (Tr.) (1991). *The Seminar of Jacques Lacan, Book I: Freud's Papers on Technique*. New York: W. W. Norton.)

Lacan, J. (1964a). *Le Séminaire, Livre XI: Les Quatre Concepts Fondamentaux de la Psychanalyse*. Paris: Seuil. (小出浩之他（訳）(2000)．精神分析の四基本概念　岩波書店)

Lacan, J. (1964b). Du "Trieb" de Freud et du désir du psychanalyste. In: *Écrits*. Paris: Seuil. (Fink, B. (Tr.) (2006). On Freud's "Trieb" and the psychoanalyst's desire. In: *Écrits*. New York: Norton, pp.722-725.)

Lacan, J. (1986). *Le Séminaire, Livre VII: L'Ethique de la psychanalyse*. Paris: Seuil. (小出浩之他　（訳）(2002)．精神分析の倫理　下　岩波書店)

Landreth, G. L. (2012). *Play Therapy: The Art of the Relationship. Third Edition*. New York: Routledge. (山中康裕（監訳）(2014)．新版 プレイセラピー──関係性の営み　日本評論社)

Lowenfeld, M. (1939). The world pictures of children: A method of recording and studying them. *British Journal of Medical Psychology*, 28, 65-101.

町沢静夫 (1999)．不登校の分類　河合隼雄（編）不登校　金剛出版　pp.25-45.

文部省・学校不適応対策調査研究者会議 (1992)．登校拒否（不登校）問題について──児童生徒の「心の居場所」づくりを目指して　季刊教育法，87，60-81.

森さち子 (1991)．遊戯療法の技法をめぐる一考察──治療構造論的視点に基づいて　慶応義塾大学大学院社会学研究科紀要，32，53-60.

Moustakas, C. E. (1959). *Psychotherapy with Children*. New York: Harper & Row. (古屋健治（訳編）(1968)．児童の心理療法──遊戯療法を中心として　岩崎学術出版社)

向井雅明 (2010)．自閉症と身体　言語文化（明治学院大学言語文化研究所），27，103-111.

村上靖彦 (2010)．創造性と知覚的空想──フッサールとウィニコットを巡って　大阪大学大学院人間科学研究科紀要，36，99-116.

村瀬嘉代子 (1990)．遊戯療法　上里一郎・鑪幹八郎・前田重治（編）臨床心理学大系 8　心理療法②　金子書房　pp.158-186.

中沢新一 (2021)．アースダイバー神社編　講談社

新村出（編）（2008）．広辞苑　第六版　岩波書店　pp.23-24.

小倉清（1966）．遊戯療法　児童精神医学とその近接領域，7（3），172-185.

小倉清（1995）．プレイ・セラピィの基本的な考え方　山崎晃資（編）プレイ・セラピィ　金剛出版　pp.43-69.

小倉清（2006）．ライフサイクル上の10歳前後——生物・心理・社会的意味　臨床心理学，6（4），448-452.

Perera, S. B. (1981). *Descent to the Goddess: A Way of Initiation for Woman*. Toronto: Inner City Books. （山中康裕（監修）杉岡津岐子・小坂和子・谷口節子（訳）（1998）．神話にみる女性のイニシエーション　創元社）

Sullivan, H. S. (1953). *The Interpersonal Theory of Psychiatry*. New York: W. W. Norton. （中井久夫他（訳）（1990）．精神医学は対人関係論である　みすず書房）

高石恭子（1996）．風景構成法における構成型の検討　山中康裕（編著）風景構成法 その後の発展　岩崎学術出版社　pp.239-264.

高野清純（1972）．遊戯療法の理論と技術　日本文化科学社

高嶋雄介（2012）．遊戯療法における「否定的」な出来事に着目する意義——拒否や分かたれることがテーマとなった起立性調節障害と診断された男児との事例を通して　箱庭療法学研究，25（1），15-26.

高嶋雄介（2013）．箱庭の使い方を変えていった男児との遊戯療法——「箱庭で表現する」ことと「箱庭を作ることをやめる」ことの意義について　箱庭療法学研究，25（3），19-30.

田中千穂子（2011）．プレイセラピーへの手びき——関係の綾をどう読みとるか　日本評論社

田中秀紀（2005）．身体症状とイライラで登校渋りを呈した小学三年生女児　東山紘久・伊藤良子（編）遊戯療法と子どもの今　創元社　pp.85-96.

田中康裕（2001）．魂のロジック——ユング心理学の神経症とその概念構成をめぐって　日本評論社

田中康裕（2010）．大人の発達障害への心理療法的アプローチ——発達障害は張り子の羊の夢を見るか？　河合俊雄（編）発達障害への心理療法的アプローチ　創元社　pp.80-104.

立木康介（2007）．精神分析と現実界——フロイト／ラカンの根本問題　人文書院

Tustin, F. (1972). *Autism and Childhood Psychosis*. London: The Hogarth Press.（齋藤久美子（監修）平井正三（監訳）辻井正次他（訳）（2005）．自閉症と小児精神病　創元社）

氏原寛（1993）．意識の場理論と心理臨床——ユング派的実践をめざして　誠信書房

鵜飼奈津子（2010）．子どもの精神分析的心理療法の基本　誠信書房

梅村高太郎（2011）．アトピー性皮膚炎の心理療法における主体の確立——かゆみの増悪

を機に来談した高校生男子とのイメージを用いた心理療法　箱庭療法学研究, 24（3），3-17.

梅村高太郎（2014）．思春期男子の心理療法──身体化と主体の確立　創元社

Wing, L. (1996). *The Autistic Spectrum: A Guide for Parents and Professionals*. London: Constable.（久保紘章・佐々木正美・清水康夫（監訳）（1998）．自閉症スペクトル──親と専門家のためのガイドブック　東京書籍）

Winnicott, D. W. (1971). *Playing and Reality*. London & New York: Routledge.

山中康裕（1971）．精神療法的創造療法過程にみられる象徴表現について　名古屋市立大学医学会雑誌, 21（4），747-777.

山中康裕（1981）．治療技法よりみた児童の精神療法　白橋宏一郎・小倉清（編）児童精神科臨床2　治療関係の成立と展開　星和書店　pp.57-92.

山中康裕（1995）．箱庭療法とプレイセラピィ　山崎晃資（編）プレイ・セラピィ　金剛出版　pp.239-266.

山中康裕（2006）．心理臨床学のコア　京都大学学術出版会

山中康裕（2009）．深奥なる心理臨床のために──事例検討とスーパーヴィジョン　遠見書房

淀直子（2017）．自閉症を抱える子どもの遊戯療法　伊藤良子（編著）遊戯療法──様々な領域の事例から学ぶ　ミネルヴァ書房　pp.70-85.

Zulliger, H. (1951). *Heilende Kräfte im Kindlichen Spiel*. Stuttgart: Ernst Klett.（堀要（訳）（1978）．遊びの治癒力　黎明書房）

索　引

［ア行］

アニミズム　77, 120

意識性　33, 39, 63, 64

意識の構成　230, 231, 233, 236, 239

伊藤良子　5, 18, 40, 143, 159, 161, 166, 181, 242, 243

糸巻き遊び　75-77, 79-82, 105, 155, 219

イニシエーション　166

猪股剛　126, 127, 131, 133

因果論　37, 46

梅村高太郎　188, 211, 223

ウロボロス　125

Eliade, M.　128

Erikson, E. H.　7-9, 32, 75-78, 83, 219

［カ行］

外傷　11, 12, 69, 75-77, 82, 83, 108, 115, 116, 119, 133, 137, 138, 219

解離　13, 14, 31, 127, 130, 131, 248

Kalff, D. M.　9-11, 112, 122

河合俊雄　9, 117, 119, 122-127, 133-136, 142, 143, 154, 157, 159, 165, 166, 188, 205, 207, 212, 220, 224, 225, 244

河合隼雄　5, 9, 11, 35, 40, 165, 187, 188, 243

Giegerich, W.　17, 19, 20, 23, 25, 39, 128, 129, 140, 202, 203, 230, 231, 233, 237, 238

記号　48, 90, 98, 99, 107, 110, 134, 135, 138, 156, 157, 161, 179, 221, 234

儀式　121, 123-130, 135, 212, 243, 244, 248

鏡像　160, 161, 163, 164, 178, 179, 183,

215, 218, 223, 224, 226, 238, 240

───段階　166

近代意識　118, 125, 127, 130, 131, 135-139, 185, 187-189, 214, 222, 232, 233, 235, 236, 241, 248

偶然（性）　47, 94, 96, 151, 152, 162, 197

Klein, M.　6-9, 11, 19, 32, 57, 66-74, 83, 94, 105, 106, 108, 219, 227

形而上学的　13, 14, 51

形而上的　45, 48, 50, 109, 111, 137, 231

結合と分離　164, 222

───の結合　131, 139, 230

現前と不在　79-82, 158

攻撃性　18, 22, 28-31, 71, 178-180, 183, 202, 203, 205, 209-212, 218, 225, 226, 229, 231, 235, 236, 239-242

（理論の）行動化　23, 27, 33

コミット　33, 95-98, 108, 109, 114, 124, 134-136, 140, 178, 181, 207, 220, 222, 224, 230

［サ行］

在／不在　79, 80, 155-159, 218, 228, 234

作業（opus）　8, 15, 17, 31-33, 36, 65, 95, 112, 113, 118, 122, 133-135, 140, 147, 150, 158, 161, 162, 164, 181, 185, 186, 203, 207, 208, 214, 217, 223-226, 228, 230, 233, 237, 238, 244

Gendlin, E.　51-56

自我意識　63, 239-241

自己関係　220, 222, 227

実在性　29, 81, 91-96, 98, 99, 107, 108, 221

実体化　17, 27, 29, 32, 34, 37, 49, 63, 65, 83, 84, 100, 113, 138, 167, 207, 230, 239-241, 245

自閉症　71, 141-144, 153, 160, 164, 167,

215, 223

終結　151, 153, 201, 212, 244, 245

主体

　　──性　27, 50, 57, 62, 73, 74, 78, 129,
130, 135, 143, 155, 156, 159, 160, 163,
166, 179, 206, 223, 225, 231

　　──の脆弱性　215, 242

　　──の生成　108, 109, 166, 178, 180,
214, 220, 223, 227, 231, 232, 236, 243

　　──の成立　166

　　──の（が）分化　160, 166, 176, 212,
215, 222, 227-229

　　──の現実性（リアリティ）　60, 61, 78, 107

　　否定を被った──　155, 163, 223, 224

10歳　127, 131-133, 135, 138, 187, 188,
201

昇華　8, 70, 71, 106

象徴

　　──化　45, 46, 48, 50, 53, 54, 56, 57,
70-74, 80, 81, 83, 90, 98, 106-110, 137,
144, 155, 156, 161, 214, 219, 227, 231,
232, 234, 237, 238

　　──性　3, 11, 61, 66, 81, 160, 162,
223-226

　　──的（な）次元（象徴の次元）　29,
79, 81, 82, 107, 162, 221

　　──的な世界　81

　　──的な場　81, 82

所与のもの　110, 126-128, 137, 138, 183,
226, 232, 233, 239

事例研究　21, 31, 40, 201

神経症　19, 23-25, 29, 31, 34, 38, 39, 58,
65, 71, 112, 113, 165, 166, 182, 189, 203,
236

　　──症状　22, 28, 29, 31

　　転移──　58, 65, 68

身体像　143, 144, 156, 160-164, 166, 223

内なる──　162, 163, 223

神話的意識　117, 124-131, 134-139, 185,
188, 189, 222, 232, 233, 236, 239-241

垂直軸　158, 235

前意識　52, 54-56

　　──的体験　52-55

　　──的洞察体験　53, 54

前思春期　187-189, 201

想像的関係　29, 30, 166

［夕行］

第一質料　114, 117-119, 121, 122, 127,
133-135, 138-140, 230, 232, 233, 237,
238, 240

体験過程　52, 53, 56

　　──理論　50-54, 56

高嶋雄介　185, 201

他者性　88, 91-93, 101, 107, 221, 242

魂の現前　120, 123, 124, 130, 133, 139,
239

段階論　100

父の法　22, 29, 30

直接性　80, 100, 235, 240, 241

Zulliger, H.　8, 9, 35, 77, 78, 243, 248

転移　6, 7, 10-12, 20, 25, 35, 58, 59, 61,
63, 65, 67, 216, 217, 247

　　陰性──　61, 62

　　陽性──　6, 61-63

同一化　26, 27, 70-72, 103, 160, 164, 166,
176, 178, 184, 215, 223, 224, 228

［ナ行］

内面性　68, 69, 73, 105, 106, 110, 126,
127, 130, 157, 232

認識　14, 19, 39, 40, 51, 64, 74, 84, 89,
100, 106, 110, 112, 113, 118, 119, 137,
143, 231, 232, 234, 236-241

索　引　259

――する運動　234-239, 241
――する行為　110, 111, 232
――する力　234

[ハ行]
箱庭療法　9-11, 52
発達障害　142, 143, 159, 165, 224, 242
発達論　7, 14, 100
反省　205
反省する reflect 意識　158, 182-184, 206, 213, 229, 234, 235
反転　138, 160, 234, 237
反復　12, 28, 49, 50, 75, 81, 104, 128, 142
　――可能性　49
反復強迫　65, 128, 216
否定性の次元　80, 110, 155, 157, 162, 232-237, 239-241
表象　8, 53, 69, 70, 86, 89, 90, 92, 99, 105, 110, 123, 167
ファンタジー　24, 239, 240
不確定性　91, 94, 96
不気味なもの　210, 241
不確かさ　94-97, 101, 109, 120, 127, 131, 132, 138, 222
不登校　23, 165-168, 215
Freud, A.　6-9, 57-69, 113, 219
Freud, S.　6, 8, 9, 21, 33, 60, 64, 65, 67, 69, 74-77, 79-83, 105-108, 133, 155, 210, 216, 219
分節化　72, 110, 147, 156-160, 229, 234, 235
分裂　31, 63, 120, 127, 130-132, 134, 138, 139, 181, 248
弁証法　71, 72, 87, 95, 139, 182, 220, 222, 227-230, 233, 244
　象徴的――　79, 221
母子一体　100, 202, 204, 216

――性　10, 207

[マ行]
無意識　3, 7, 8, 11, 14, 52, 54, 55, 64, 66, 67, 73, 77, 78, 83, 112, 113, 115-118, 121-123, 133, 139, 218, 239
　普遍的――　112, 113, 117, 118
夢中　33, 47, 50, 81, 82, 90, 92, 97, 103, 104, 107-110, 221, 222
メリクリウス　133, 230, 231

[ヤ行]
夢　60, 64, 92, 93, 104, 113, 115, 116, 118, 121, 122, 124, 137, 165, 237
欲求不満　89, 99

[ラ行]
Lacan, J.　29, 75, 79-83, 99, 106-108, 110, 155, 160, 161, 166, 167, 179, 221, 237, 247
錬金術　118, 122, 128, 129, 135, 140, 230, 233, 237

初出一覧

序　章　遊戯療法における遊ぶことの捉えにくさ
　　　　▶田中秀紀（2015）．遊戯療法理論の現状と今後の展望　広島国際大学心理
　　　　　臨床センター紀要，14，1-19をもとに加筆修正
　　　　▶田中秀紀（2023）．遊戯療法の理論への理解について　遊戯療法学研究，
　　　　　22（1），99-106をもとに加筆修正
第1章　Huizinga, J.と人間性心理学における遊ぶこと
　　　　▶田中秀紀（2015）．遊戯療法理論の現状と今後の展望　広島国際大学心理
　　　　　臨床センター紀要，14，1-19をもとに加筆修正
第2章　精神分析における遊ぶこと
　　　　▶田中秀紀（2015）．A. FreudとM. Kleinの「子ども」と「遊び」　広島国際
　　　　　大学心理学部紀要，3，49-59をもとに加筆修正
　　　　▶田中秀紀（2015）．遊戯療法理論の現状と今後の展望　広島国際大学心理
　　　　　臨床センター紀要，14，1-19をもとに加筆修正
　　　　▶田中秀紀（2015）．遊ぶことの論理――D. W. Winnicottの "Playing and
　　　　　Reality" の読解　広島国際大学心理臨床センター紀要，13，29-38をもと
　　　　　に加筆修正
第4章　事例1　自閉症児における遊ぶことの生成
　　　　▶田中秀紀（2012）．遊戯療法による自閉症児の象徴化過程　箱庭療法学研
　　　　　究，25（2），3-11をもとに加筆修正
第5章　事例2　遊ぶことによる語る主体の生成
　　　　▶田中秀紀（2014）．遊戯療法による不登校児の語る主体の生成過程　箱庭
　　　　　療法学研究，27（1），65-74をもとに加筆修正
第6章　事例3　遊ぶことにおける入る動きと否定する動き
　　　　▶田中秀紀（2014）．怖いものを箱庭に置くプロセス　箱庭療法学研究，27
　　　　　（2），51-61をもとに加筆修正

謝　辞

　本書は、2020年3月に京都大学博士（教育学）の学位を授与された学位論文「遊戯療法における遊ぶことについての心理臨床学的研究」を加筆修正したものである。本書の出版にあたっては、一般社団法人日本箱庭療法学会2024年度木村晴子記念基金による学術論文出版助成を受けた。

　学位論文としてまとめ、またそれを書籍化するにあたり、多くの方々のお力添えをいただいた。現 放送大学の桑原知子先生は、京都大学ご退官前の大変ご多忙な時期に、主査を引き受けてくださった。また、筆者が書き出すまでじっと待たれつつも、筆者が動き出すと同時に応じてくださった。改めて深く感謝申し上げる。京都大学大学院教育学研究科の田中康裕先生、そして現 本郷の森診療所の岡野憲一郎先生には、副査をお引き受けいただいた。口頭試問で頂いた論文の課題は未だ十分に解決していないが、先生方にこの場を借りてお礼を申し上げたい。

　また、大学院時代の指導教員である伊藤良子先生には、臨床についてまったく何も思考できていなかった当時から、変わらず応援し続けてくださった。そして、現 京都こころ研究所の河合俊雄先生には、GSV等を通じて多くの教えを受けた。先生方に深く感謝申し上げる。

　最後に、スーパーヴァイザーであった故 三好暁光先生にも感謝申し上げたい。三好先生の温かい不思議な雰囲気のスーパーヴィジョンは、今も筆者を支えてくださっている。

著　者───田中秀紀（たなか・ひでのり）

1976年、大阪府生まれ。京都大学大学院教育学研究科博士後期課程研究指導認定退学。京都大学博士（教育学）。公認心理師。臨床心理士。現在は、中部大学人文学部教授。専門は臨床心理学、心理療法。

論文に「遊戯療法による不登校児の語る主体の生成過程」（箱庭療法学研究，27（1），65-74，2014年）、「怖いものを箱庭に置くプロセス」（箱庭療法学研究，27（2），51-61，2014年）、「遊戯療法の理論への理解について」（遊戯療法学研究，22（1），99-106，2023年）、「意識のウロボロス的変容───『引きこもり』青年との心理療法より」（箱庭療法学研究，36（2），3-14，2023年）。

箱庭療法学モノグラフ
第 23 巻

遊戯療法における「遊ぶこと」の意味
なぜ遊ぶことでクライエントは変化するのか

2024年10月20日　第1版第1刷発行

著　者―――田中秀紀

発行者―――矢部敬一

発行所―――株式会社 創元社

〈本　　社〉
〒541-0047　大阪市中央区淡路町4-3-6
TEL.06-6231-9010（代）　FAX.06-6233-3111（代）
〈東京支店〉
〒101-0051　東京都千代田区神田神保町1-2　田辺ビル
TEL.03-6811-0662
https://www.sogensha.co.jp/

印刷所―――株式会社 太洋社

©2024, Printed in Japan
ISBN978-4-422-11817-8 C3311

〈検印廃止〉

落丁・乱丁のときはお取り替えいたします。

装丁・本文デザイン　長井究衡

JCOPY 〈出版者著作権管理機構 委託出版物〉

本書の無断複製は著作権法上での例外を除き禁じられています。複製される場合は、そのつど事前に、出版者著作権管理機構（電話 03-5244-5088、FAX 03-5244-5089、e-mail: info@jcopy.or.jp）の許諾を得てください。